明治维新史

——自力工业化的奇

[日]石井宽治 著　　　贾雨桐

世界知识出版社

北京·2024

◇ 目 录 ◇

第 9 章　资产阶级的诞生

第 10 章　华族与士族的结局

前　言

世界市场与维新变革

◇欧美列强的对日战略◇

众所周知，美国东印度舰队司令马修·C.佩里将军的"黑船"打破了日本两百余年的锁国幻梦。紧接着，美国首任驻日总领事汤森德·哈里斯首次与幕府签订友好通商条约，将日本拉入了世界市场。佩里与哈里斯二人可以说是对日本打开国门贡献最大的人。

可是，横滨、长崎、箱馆（函馆）三个通商口岸于安政六年（1859年）依据条约开展自由贸易之后，掌握贸易主导权的并不是美国商人，而是英国商人。此外，在幕末维新时期主导对日外交的也是英国。当时的英国商人掌控着世界贸易，而且在对中国的贸易中也占据压倒性优势地位——从这一点上来看，英国商人主导对日贸易也可以说是理所当然的。因此，我们似乎应当思考这样一个问题：为何首先要求日本开国的不是英国，反而是美国？关于这一点，笔者将会在后文中阐述。

在这里，笔者想讨论英国对日战略的目标是什么，以及在这个战略中真正的主角又是谁。简而言之，英国对日战略的最大目标是为以棉制品为主的

"黑船"意为船身漆成黑色的西洋帆船。佩里访日后，它成了蒸汽船的代名词。此种船为明轮式，也可使用风帆动力航行

图0.1　"黑船"之图

英国工业制品赢得"新市场",而推进这一对日战略的真正主角则是曼彻斯特的棉工业资本家。英国首任驻日公使阿礼国[1]在其1863年所著《大君之都》[2]中有如下记载:

> 我们唯一的目的就是通商,无论对暹罗、对中国、对日本,都是如此。
>
> …………
>
> 我们的条约唯一而公开的目的,就是在避免诉诸昂贵武力代价的情况下扩大通商,并使其自由发展。……在没有冲突和中断危险的前提下获得新的市场,这既是曼彻斯特的梦想,也是我国广大制造业界的殷切希望。

上面这段文字经常被引用来说明英国人想尽可能通过和平方式实现自由贸易的愿望。但是这段文字还有下文,其中阐明了极其重要、不容忽视的条件:

> 我们需要向他们施加强大的压力。另外,如果使用所有其他手段都无法使他们忠实地履行条约,我们就必须让他们知道,我们既有意志采取强硬手段,也有能力采取强硬手段。

这段话把逐渐掌控世界市场的主角——英国工业资本家

的想法体现得淋漓尽致。他们的目标只有一个，就是获得销售自己产品的新市场并将其扩大。如果可能，他们并不想花费多余的人力和物力来发起军事冲突。但若有必要，他们随时会毫不犹豫地要求本国政府行使武力。

◇英国的外交与资本家◇

以阿礼国为首的英国外交官们的任务，就是保证这些聚集在曼彻斯特商业会议所的工业资本家能够在对日贸易中得到实实在在的利益。具体而言，就是保护在日本通商口岸的英国商人的生命财产安全，以及支援其商业活动。可以说，这些就是外交官们的核心任务。

举个例子：在英国诸多贸易公司里具有代表性的怡和商会横滨分店曾因被日本生丝销售商高须屋拖欠9万美元的巨额款项而一时陷入困境，当时，英国驻日领事温切斯特出面与幕府交涉，协助收回了这笔款项。英国剑桥大学的图书馆内保存着数目巨大的有关怡和商会的文字资料，其中有一封温切斯特于1864年（元治元年）6月23日写给商会横滨分店的一个叫霍普的人的信。此处摘译其中一段：

C.S.霍普阁下：

今天早上幕府的官员来访，给出了一个提案（另纸附后）。我和对方约定，与您就该提案进行商议之后尽快作出答复。对方提议采取长期返还的方式，且每月的返还金额并不大。这的确不是一个令我们满意的方案。但对方会立刻支付3500美元，且考虑到两国间通商关系的性质，恐怕很难取得比这更好的交涉成果了。

　　　　　　　　您忠实的仆人　查尔斯·A.温切斯特

　　在后面的正文里，笔者会再次提到此次"高须屋事件"在阻止外国贸易公司尝试支配日本国内流通机构这一点上所具有的决定性意义，以及英国领事在这件事上不得不妥协的理由。笔者在此想强调的是，在幕府官员面前以强硬态度著称的英国外交官为了本国公司的利益而拼尽全力，从这一点上来看，他们的确如信中所写，是为本国商人服务的"忠实的仆人"。

　　当然，"您忠实的仆人"（Your Obedient Servant）是公务信函末尾常用的书信用语，在词典中通常译为"敬上"。该用语通常用在写给身份尊贵的人的书信中，英国外交官却在给一个普普通通的英国商人写信时使用了这一表达，而且这样的自称还与当时的状况十分相符。这件事情从侧面很好地表现了当时英国的国家权力与经济社会之间的基本关系：政治家、外交官为贸易商服务，贸易商的活动则基于本国工业资本家的利益展开。

◇日本的资产阶级与权力◇

那么，被迫打开国门，开始了一场激烈的维新变革的日本，情况又是如何呢？迄今为止，关于明治维新的诸多研究都在强调本应主导变革的资产阶级的缺席或其软弱性。顶着以英国为首的列强的"外部压力"艰难维持日本独立并形成一个崭新的国家，"从上至下"推进日本的资本主义化的，是以萨长两藩下级武士为中心的维新官僚——这是一直以来的普遍观点。

藩财政的窘迫波及这些下级武士，贫困的生活使他们切身体会到封建制度正在瓦解。拥有杰出才能的人因严格的身份等级制度的束缚，无法发挥其能力，所以产生了追求变革的欲望。外部压力所激发的政治上的剧烈变动为他们进入藩政中枢提供了机会。这些人当中诞生了维新派的领导者，并且后来成为维新官僚。

在总结"开国与维新"这一过程的总体特征时，上述评价本身并没有错误。于明治六年（1873年）辞去大藏省的职位后，以第一国立银行为中心展开活动、成为金融界领袖人物并大显身手的涩泽荣一在明治二十九

农民出身，在幕府任职，后进入大藏省。明治六年辞官后担任第一国立银行行长，成为金融界的领头人

图0.2　涩泽荣一（1840—1931年）

年（1896年）的演讲中强调，即使在维新结束之后，资产阶级的社会地位仍然极为低下：

> 旧幕府时代，……社会对工商业人士颇为轻蔑，而工商业人士亦自安于卑屈。
>
> …………
>
> 天运循环，至明治之世，政府与民间皆论振兴工商业之必要性，然官尊民卑之风因袭已久，难以遽消；加之维新革命可谓依赖诸藩士之力，故天下之人皆倾心于政治，但有一技之长者悉望仕官，有大才之士更不待言。忧我日本工商业之衰颓且图其振兴者，实落落如晨星。

涩泽在之后的演讲内容中也提到，愿意投身工商业的优秀人才有所增加，但同时又担忧他们"缺少不羁独立之气"。另外，他还指出，中日甲午战争之后，国家权力依然压制着经济社会，并强调了后者缺乏独立性。

◇政治与经济的近代化◇

不过，国家权力也并不能无中生有。催生了新权力诞生的维新变革本身就是由幕藩体制内部培养起来的各个阶层在抵抗外部压力的同时不断推进的。其后的经济近代化也是基于国内资本积累、在尽力排除对外资依赖的基础上进行的。

既然如此，那么政治、经济巨大变革的推动者到底是谁？其成果又到底是什么？对于这两个问题，有必要站在全局的角度再认真思考一遍。笔者认为，解开疑问的关键在于对"豪农豪商阶层"（即"中间阶层"）所发挥作用的评价。豪农豪商在幕藩制社会中是被统治阶级，属于广义的"民众"；其通过自身经济实力的上升来动摇现有统治体系，同时，其中一部分人又变为特权商人或村吏，担当统治体系末端的角色。从这个意义上来讲，他们属于"中间阶层"。

假使开国再推迟一段时间，或许从这一群体，甚至更下层的群体里，会诞生许多真正的资本家。

可是，佩里访日时是19世纪50年代，此时的日本在经济上已经远远落后于完成了工业革命的欧美列强。不仅如此，独立个人构成的市民社会及建立在其基础上的国家权力的诞生也遭到严格的宗教管制，而且还受到了"禁止与国外进行交流"之规定的阻碍，一时几乎没有取得任何进展。

要在外部压力下创造出足以使国家保持独立的权力和经济力量，就必须想办法填补日本与发达国家之间在政治、经济领域的差距。豪农豪商与倒幕派及一些由倒幕派人士转变而成的维新官僚协力合作，解决了这个问题。这一时期，"三都"[3]的大商人不论是在国家层面还是在阶级层面上都已经开始逐渐丧失支配力，而现在，他们东山再起的机会来了。他们获得这个机会的原因在于他们担负起了"对抗外部压力"这样一个"民族课题"。不过，豪农豪商在政治领域取得的成果和在经济领域所取得的成果有很大不同。

在政治上，维新变革所催生的近代天皇制国家在本质上只是一个专制国家，而主张维护国民基本人权和财产权的国民主权原理在这个国家是遭到否定的；在经济上，维新变革勉强算是将近代化成功推进到了足以进行工业革命的程度。

近年来，日本国内外又开始流行高度评价明治维新的学说，而这些评价几乎都把重点放在工业化的成功，以及在此基础上的国家独立的维持。但是我们也有必要认识到在这些成功的背后，政治近代化（民主化）发展严重迟滞，以及这种迟滞带来的后果——贸然发起对外侵略战争。造成这一状况的原因，从历史层面来讲，恐怕一直根植在幕藩制社会构造的深处。这种根深蒂固的东西不但决定了维新变革的性质，也始终影响着诞生于维新的近代天皇制国家，直至现代日本社会。

在下文中，笔者将会在讨论"开国与维新"的总体过程时，探究现代日本政治与经济发展不平衡的原点。

译者注 ┄┄

1. 阿礼国（Sir Rutherford Alcock，1809—1897年），英国外交官，曾担任英国驻上海领事。

2. 英文原名为 *The Capital of the Tycoon: A Narrative of a Three Years' Residence in Japan*。"大君"是日本江户时代对外国使用的幕府将军的别称。

3. 即京都、江户、大阪。

第 1 章

"黑船事件" 的巨大冲击

1. 佩里舰队到达日本

◇从琉球到江户湾◇

嘉永六年六月三日（1853年7月8日）晨，由2艘蒸汽船、2艘帆船组成的美国舰队出现在伊豆半岛近海。其后，舰队以8—9节（时速15—17千米）的速度越过相模湾，通过江户湾入口的浦贺水道，于下午四时左右在浦贺町附近抛锚停靠。

这支舰队于6天前从琉球那霸港出发，是美国东印度舰队的主力。司令官马修·C.佩里所乘的旗舰"萨斯喀那"号（排水量2450吨）牵引风帆动力军舰"萨拉托加"号（排水量882吨），蒸汽军舰"密西西比"号（排水量1692吨）牵引风帆动力军舰"普利茅斯"号（排水量989吨），4艘船将追赶而来的日方船只甩在后面，驶入了江户湾。

前一年（即1852年）的11月24日，佩里接替其前任J. H. 奥瑞克并乘"密西西比"号从美国东海岸的诺福克港出发时，原计划是以一支12艘船组成的大舰队出航。如此看来，仅有4艘船的佩里舰队就显得规模很小了。可是，这4艘船里的蒸汽动力军舰"萨斯喀那"号是当时世界上最大的新型军舰，连最大的海军国家英国也没有这个级别的军舰。在"萨斯喀那"号加入后，美国东印度舰队一举成为东亚海域最强大的军事力量。

锁国状态下的日本禁止建造大船，普通的日本人顶多也就见过"千石船"（1000石米大约重150吨）。因此，人们看到佩里舰队巨大而漆黑的战舰时会被其壮观的外表震撼到，也就不足为奇了。

佩里命令各舰采取战斗姿态，在大炮里填入炮弹。这支舰队的火力远超江户湾各个守备炮台的火力。在老中[1]首座阿部正弘的指挥下，浦贺奉行所[2]以北（观音崎方面）、以南（剑崎方面）的守备分别由川越藩和彦根藩负责，对岸的房总方面的守备则由会津和忍两藩负责。虽说炮台一直在加强军备，但1850年的时候，所有炮台的大炮总数不过98门，其中6贯目[3]（50磅）以上的大炮仅有11门，战力相当薄弱。

而佩里舰队的火力虽未公布，但根据负责接洽的浦贺奉行所与力[4]香山荣左卫门等人的观察，船上60磅至80磅的大炮有70门左右（此外还有12磅的野战炮），双方的火力差距极其明显。

虽然拥有如此强大的火力，佩里却下令除非必要防卫，禁止主动发起攻击。另外，他已经做好了计划，如果与日本政府交涉失败，就占领琉球的主要港口。

佩里在一封自己从非洲西北沿岸的马德拉岛寄给美国海军部长J. 肯尼迪的信中写道，这种"占据"行为"不仅从严格的道德层面上来讲是完全正当的，而且是在特殊状况下不得不采取的手段"。作为一个拥有光辉战绩的正统海军军人，佩里认为，自己这么做可以为捕鲸船等船只提供避难、补给的港口，这种行为完全是正义的。

可是面对非武装的琉球人，佩里却采取了恐吓性的态度。随军传教士S. W. 威廉姆斯在日记中写道，琉球人"迄今为止从未受到过任何人的、如此傲慢至极的入侵。这是'正义的弱者'与'邪恶的强者'之间的战斗。身为入侵者的一员，我感到无比羞愧"。

虽然佩里以武力威胁为背景，在与日本政府的交涉中却始终贯彻和平的原则。不可忽视的是，他的这样一种态度实际上是基于"如果交涉失败，就占领琉球（以及小笠原群岛）"的前提条件的。在前往江户湾的途中，佩里先访问琉球，调查了当地的煤炭资源，之后又到小笠原群岛进行了调查。这些活动都对他的计划有着重大意义。

◇推动佩里远航日本的力量◇

佩里到达日本时带来了一封美国总统M. 菲尔莫尔致"日本皇帝"的国书。国书中写道："我派遣佩里将军带领强大的舰队前来访问陛下著名的江户，唯一的目的如下：友好交往（friendship）、通商（commerce）、煤炭与食物的供给（a supply of coal and provisions），以及对失事船只

美国海军军人，以擅长蒸汽军舰制造及实战指挥而闻名。很早就计划远征日本

图1.1 佩里（1794—1858年）

人员的救助（protection for our shipwrecked people）。"

日本于翌年给出的答复正如后述，即除"通商"以外的条件全部接受。佩里姑且也接受了这个结果。作为一个军人，佩里明白，锁国状态下的日本面对突如其来的武力要挟，能够接受的要求也已经到极限了。

因以上这些事实，在学术界时不时有人主张，之所以派遣佩里，与当时美国资本主义的发展，以及基于此基础上的对亚洲贸易扩大化并没有多大的关系。但是，持这种观点的人视野未免过于狭隘：他们只关注了佩里签订的和亲条约，却完全无视了哈里斯紧接其后签订的通商条约。而且，此种观点也忽视了在佩里出航前，美国国内贸易商人长年以来对议会和政府的请愿活动。从这一点上来看，该观点也缺乏说服力。

菲尔莫尔总统之所以决定向日本派遣使节，是因为有一件事成了直接的契机——美国东印度舰队"普雷布尔"号舰长J.格林前往长崎，经过交涉成功接回美国失事船只船员（1849年4月），回到纽约港后受到市民狂热的欢迎（1851年1月）。

可是,与此同时还有这样一个事实也很重要:以纽约贸易商艾伦·H. 帕尔默为首的五六十名贸易相关人员为了推动对日使节派遣所做的不懈努力终于开始取得成果。

1845年2月,向众议院提交的向日本及朝鲜派遣使节的申请,就是帕尔默主导策划的。1851年,菲尔莫尔总统决定向日本派遣使节,这在很大程度上要归功于受美国国务院雇用的帕尔默于该年1月制订的计划。

帕尔默是何许人也?他在1846年11月提交给国务卿J. 布坎南的请求向亚洲各国派遣使节的请愿书中写道,自己从15年前就开始在纽约经营贸易公司,向海外出口蒸汽船和发动机等机械工业制品并从中赚取佣金。除西欧以外,其业务范围遍布世界各地。帕尔默发送出了多达14万份附插图的商品目录,而且向亚洲各国寄送美国的杂志和年鉴类物品,在宣传上下了很大功夫。对于日本,自1842年2月以来,他通过荷兰友人多次向长崎寄送了大量商品目录和杂志等物品。

当时,美国造船工业的水平已经非常接近英国,甚至有超越英国的势头。考虑到这一点,应当认为向日本派遣使节的要求不仅来自主导对华贸易的波士顿商人及其背后的棉工业资本家,也来自对世界市场需求越来越大的美国东北部地区(新英格兰)工商业的总体发展需要。

19世纪60年代的南北战争后,美国经济开始向重视内需,也即内部增长型经济转变。可是在佩里出航时的19世纪50年代初，美国经济是"向外"的力量非常强的外向型经济。

从事亚洲贸易的商人们也为推动佩里远航日本出了自己的一份力。比如，纽约的霍兰德·阿斯平沃尔商会根据其与海军部的合约，向非洲南端的好望角和印度洋的毛里求斯岛各派遣了一艘满载煤炭的船，负责佩里舰队的燃料补给。该商会同时也是中国茶叶的重要进口商。

另外，佩里在抵达广东和上海的时候，均作为美国商馆拉塞尔商会的座上宾被安排入住豪华邸宅。不过，应滞留中国的美国商人及美国公使H. 马歇尔的请求，佩里不得不协助他们进行中国沿海的警备。

可以说，是19世纪50年代美国资本主义的独特结构推动了"黑船事件"的发生。于是，在英国人正热心于确保和扩大中国市场的时候，美国成功地抢在英国之前达成了对日交涉。

2. 签订和亲条约

◇以奉行名义前来接洽的与力◇

在佩里舰队停靠于浦贺之后，浦贺奉行所与力中岛三郎助乘小舟前来询问舰队的国籍和来访目的。

自称副奉行的中岛与佩里的副官J.康迪进行了会面。据《佩里日本远征记》（下文简称《远征记》）记载，舰队抵达的翌日，即六月四日，与力香山荣左卫门又来到了旗舰"萨斯喀那"号上。他自称"职位最高之浦贺奉行"与该舰舰长F.布坎南会面，并要求舰队返回长崎。

佩里将军一开始不打算与日本政府阁僚级别（如幕府老中）以下的人员直接面谈，所以当时并未与香山会面。不过，他坚决拒绝了返回长崎的要求。此时，江户城内，老中阿部伊势守正弘等人正为是否接受国书而犹豫不决。在"密西西比"号的援护下，佩里突然派测量船长驱直入驶进江户湾，对老中们进行威吓，终于迫使他们决定接受国书。

于是在六月九日（公历7月14日），双方于浦贺附近的久里滨进行了历史性的国书交接仪式。代表日本政府接受国书的是真正的浦贺奉行（二人制）户田伊豆守氏荣与井户石见守弘道。佩里相信了"日本皇帝"交给户田的证明书，认为户田就是自己要见的政府高官。

其实，浦贺奉行的主要工作是对进出江户的船只进行检查。在幕末时期又加上了防范外国船只的警备工作，该职位也变成了二人制，浦贺和江户各置一名。嘉永三年（1850年），两人手下又各增设了一名支配组头，而香山与中岛就属于支配组头管辖下的世袭与力（共有10余名）。与佩里舰队的交涉工作完全交给了香山与中岛二人。

佩里于久里滨登陆后，将国书交给了浦贺奉行（误认为对方是幕府高官）。整个过程中双方均沉默不语。——《远征记》

图1.2 递交总统国书

他们之所以诈称正副奉行，当然是因为料定佩里不了解日本的情况。另外，他们应该是事先与在浦贺的真正的浦贺奉行户田氏荣商量后决定这么做的。

在这10余名与力中，唯独香山从很早就开始留意美国船只将要来访的传言。嘉永五年（1852年）十二月，香山从浦贺奉行处拿到了长崎荷兰商馆的"别段风说书"（提交给幕府的国际形势报告）的抄本，所谓传言就来自于此。另外，他还向奉行提议，若美国船只果真来到浦贺，是否可以劝告他们驶往长崎——奉行接受了他的提议。等到佩里舰队真的出现，香山与他们进行交流之后，却从对方口中得知一个意外的事实。

◇美方事先已联络日本政府◇

通过浦贺奉行从老中阿部正弘处得到荷兰的"风说书"抄本时，香山得知长崎奉行说过这样的话：美国使节实际上不可能来日本。当他与布坎南舰长等人会面，要求对方退往长崎的时候，对方却称在此前一年就已经通知过日本政府将会派使节来到浦贺一事。他们表示强烈抗议，坚决不愿意返回长崎。

大吃一惊的香山急忙去询问江户的浦贺奉行井户弘道（井户一直到前一年都在担任海防挂目付[5]），为什么美方所说的与自己拿到抄本的时候听说的不一样，是否之前真的收到过那样的通知。这时，井户终于承认对方所言属实。也就是说，香山被推到对外交涉的最前线，非常辛苦，出力比谁都多，到头来日本政府却向他隐瞒了最重要的情报。此事之后，香山记述道："此事实为可悲，以致窃落泪数刻。"

其实，美国决定派遣使节的时候就向荷兰政府提出了请求，希望他们命令长崎荷兰商馆提供必要的侧面支援。荷兰政府答应了这一请求，命令荷兰东印度总督尽力为美方提供支持。

荷兰东印度总督于1852年6月25日寄送了一封秘密公文给长崎奉行，文书包括以下两个内容：一是美国舰队正前往日本，日方应做好准备；二是荷方派遣了能力出色的 J. H. 唐克尔·库尔提斯担任新的商馆长，以商定日荷间的新通商方法。

唐克尔·库尔提斯到达长崎之后提交了一份通商条约提案，提出将日荷间通过长崎官员进行的会所贸易扩大到其他国家。但老中阿部正弘犹豫良久之后终究还是把公文和提案都搁置一边，并未对美国舰队的来访预先采取任何措施。

东印度总督的公文本来就是在接到美国政府的协助请求之后写成的，其可信度远非商馆长的"风说书"可比。而如此贵重的情报被少数幕阁官员束之高阁，置之不理，这也可以看作是幕府气数将尽的前兆之一。

香山和中岛在日本翻译员的帮助下成功扮演了奉行的角色，给美方人员留下了好印象。《远征记》中记载，"他们拥有与其高尚的态度及温厚的言谈举止相匹配的知识与常识"，二人对欧美状况和机械技术的了解使美国人感到惊讶。

另外，《远征记》中还对二人完全相反的风格做了这样的记载："荣左卫门总是显得慎重而矜持，三郎助则十分大胆且健谈。前者富于理智且具有好奇心，后者喜欢不厌其烦地追问到底。"

喜欢"追问到底"的中岛三郎助后来作为西洋船舰构造方面的权威，在同年于浦贺建成的西洋式造船所担任建造主任，得以大展拳脚。而"慎重而矜持"的香山却遭到上司与同事的妒忌，还传出他与外国人私通的流言，浦贺奉行曾许诺他的晋升提拔也不了了之，导致他一直郁郁不得志。

翌年，佩里舰队再次来访。这一次，众人强烈主张应派遣身份高的人前去接洽，因此一开始派出了比奉行低一级的支配组头，但因其实力不够，难以应对，不得不再次把香山拉了出来。然而，当香山出色地完成了交涉之后，又开始出现"之所以交涉如此顺利就是因为香山与对方私通"的传言。有出色的人才却不能实现人尽其才，由此也可一窥幕府政治的局限性。

◇佩里再次访日与和亲条约◇

佩里于六月十二日离开江户湾之后，暂且回到了中国香港，并于翌年（即嘉永七年）一月十六日（1854年2月13日）返回。这次，他以最新式的蒸汽军舰"波瓦坦"号为旗舰，还率领了"萨斯喀那"号和"密西西比"号2艘蒸汽军舰及4艘（后增至6艘）风帆动力军舰，阵容规模很大。

不仅如此，他们还通过浦贺直接进入江户湾，在小柴村附近抛锚停靠，幕府得知后非常惊慌。幕府方面本来打算在浦贺与对方会面，且已经建好了用于会谈的建筑，无论如何都不想让舰队接近江户城。因此，浦贺奉行下的支配组头黑川嘉兵卫多次与美方参谋长H. A. 亚当斯交涉，要求舰队折回浦贺。可是佩里仍旧态度坚决，不肯让步，甚至还试图进入羽田附近。最后，幕府派遣香山荣左卫门前来，提出在小柴村以北的横滨村进行会面。于是，二月十日，双方终于在横滨村开始了交涉。

幕府方面全权委任儒学家大学头林韑（复斋）和町奉行井户觉弘与佩里进行交涉。前一年，老中阿部正弘曾将收到的国书向幕臣及诸大名公开并征求意见，结果，前水户藩主德川齐昭的"拒绝开国主张"（主战论）与以幕府寺社奉行、町奉行、勘定奉行为首提出的"允许通商主张"（主和论）两者针锋相对，难以得出结论。最后，幕府于当年十一月一日发布最终决定：采取折中的"拖延策略"，同时加强守备力量。

当佩里舰队再一次来到日本，负责接洽的林与井户等人却因畏惧美方的强硬态度，再一次提出了"允许通商"这一条件，他们也因此与德川齐昭尖锐对立。最终，幕府决定同意国书上"煤炭与食物的供给"及"对失事船只人员的救助"这两条要求，但坚决不同意通商。

出乎意料的是，佩里颇为干脆地接受了日本方面拒绝通商的态度。在二月十日的会谈中，佩里提出通商会带来巨大利益，林大学头则以人命问题与利益问题不同为由拒绝了通商的要求。佩里认同了他的观点。

这时，佩里从怀中取出一本小册子又塞了回去，又取出来，然后又塞回去，最后终于下定决心把小册子交给了林，称其可以做个参考。这本小册子的内容是《美清修好通商条约》[6]，以及在其内容上做若干修改而成的《日美修好通商条约（草案）》。

想必佩里是这么计划的：如果交涉顺利的话，在双方详细讨论通商事宜的时候再拿出这本小册子。可是既然日本坚决拒绝通商，自己最好也不要强迫对方。不过，佩里并没有忘记利用和亲条约中第十一条关于派遣领事的规定，如此便可以为不久的将来与日本进行通商条约的交涉事先铺好路。

交涉共四次，一直进行到了二月三十日[7]。根据交涉结果，双方于三月三日（公历3月31日）签订了历史性的《日美和亲条约》（《神奈川条约》）。条约规定：下田、箱馆（函馆）两港为美方船只提供薪柴、淡水、煤炭及其他必需品；日方应救助美方失事船只人员并将其引渡给美方。

◇赠送火车模型◇

交涉即将结束的时候，双方进行了礼物交换。尤其吸引眼球的是美方带来的电报机和火车模型。

据《远征记》所述，看到这些礼物，尤其是在圆形轨道上行驶的火车模型之后，"在场的人都露出了好奇和惊愕的表情"。《远征记》中还称，"这对'半开国国民'来说，是代表了科学与商业伟大成果的启示"。只是，佩里恐怕不知道，他们带来的火车模型并不是"最初"来到日本的"启示"。

其实，前一年（即嘉永六年）七月来到长崎的俄国使节普提雅廷就已经带来过火车模型。同年八月，幕府官员与肥前藩士在俄国舰队旗舰内观看了模型行驶。萨摩藩聘请的摄津国出身的兰学家川本幸明在嘉永年间就已经著书介绍过蒸汽机车的运行原理。

在此背景下，肥前藩主锅岛齐正与萨摩藩主岛津齐彬于安政二年（1855年）一同命令藩士制造火车模型。在幕臣中，也有韭山代官江川太郎左卫门英龙这种对火车模型抱有浓厚兴趣的有能之士。在江川的努力下，佩里带来的火车模型得以进入江户城，并在将军德川家定的面前行驶。然而，将军并不打算调用幕府之力来建造这种东西。由此看来，幕府对海外文明的吸收比萨摩、肥前两藩还要消极得多。

◇与列强签订条约◇

美国向日本派遣了具有强大武力的使节——这一情报使俄国政府受到了很大的震撼。俄国政府立刻开始制订计划，准备派遣海军中将 E. V. 普提雅廷前往日本。该计划于1852

年5月得到了沙皇尼古拉一世的
批准。

普提雅廷乘坐旧式风帆动力
军舰"帕尔拉达"号（1832年下
水）于1852年10月19日从喀琅施
塔得港出发，比交接班之后从诺
福克港出发的佩里还要早一个多
月。不过，普提雅廷沿途经过香
港、小笠原群岛，最后率领拥有4
艘舰船的舰队抵达长崎港时已是

俄国海军中将，分别于1855年
和1858年与日方签订《日俄和亲条
约》和《日俄友好通商条约》
图1.3　普提雅廷（1803—1883年）

嘉永六年七月十八日（1853年8月22日），此时距佩里舰队
离开浦贺已经一个月了。

普提雅廷之所以没有前往江户而是去了长崎，是因为
俄国政府的方针是尊重荷兰政府的建议，希望在与日本的
交流过程中展现友好的态度。可是通过长崎这一渠道进行
交涉过于花费时间，即使是颇有耐心的普提雅廷一行人也
难以掩饰其焦躁。

终于，在嘉永六年十二月，大目付筒井政宪、海防挂勘
定奉行川路圣谟等人从江户来到长崎，双方开始就国境问题
及通商问题进行交涉。交涉还未得出结果，普提雅廷就因预
料到俄国与英法间将会爆发战争（克里米亚战争）而于翌年
一月八日（公历2月5日）姑且先离开长崎，退到了马尼拉。

在佩里签订《日美和亲条约》的3天前，即1854年3月28日，英法两国对俄宣战。这对英国的对日政策也造成了巨大的影响。

驻华英国贸易监督官宝宁[8]从英国外交大臣处获得了对日通商交涉的权限，因此，当他一得知《日美和亲条约》签订，就开始计划率领大舰队前往日本，一举签订通商条约。另外，他同时也在和法国方面商谈，希望双方能够合作。

然而，克里米亚战争此时已爆发，又加上太平天国军队已接近上海，英国海军不得不将全部精力放在保护从事对华贸易的英国商人及其船舶上来。于是，宝宁访问日本的计划被无限推迟。

宝宁就是以1856年10月的"'亚罗'号事件"为借口，与英国驻广州领事巴夏礼[9]合谋挑起臭名昭著的第二次鸦片战争的主谋者，其"武力能决定一切"的强硬行事风格广为人知。

如果宝宁率领大舰队涌入江户湾，强行要求日本签订通商条约，恐怕条约的内容会与美国的哈里斯所签订的条约有很大区别，至少很可能和他与巴夏礼于1855年与暹罗王国（今泰国）所签订的通商条约类似。英国也会要求日本承认英国商人在日本内地的通商自由，接受包括鸦片在内的进口商品的低关税率（在泰国是3%）。

可以说，克里米亚战争带来了《日英和亲条约》这样一个偶然的产物。

英国东印度舰队司令斯特林于嘉永七年闰七月十五日（1854年9月7日）搜索俄国舰队的行踪时闯入了长崎港。斯特林质问长崎奉行水野忠德，日本是否严守中立，禁止交战中的英俄双方使用港口。水野本来对国际法不甚了解，再加上英语翻译为荷兰语的过程中出现了误译，于是他就误以为是英方舰船想要入港。

在与幕府老中商议后，水野于八月二十三日（公历10月14日）与英方签订了《日英和亲条约》。条约规定将长崎、箱馆两港向英国开放，为其船只提供补给和修理。因该条约不包含通商相关内容，宝宁大怒，认为条约对英国不利，但英国政府仍然批准了该条约。

再说退往马尼拉的普提雅廷。他避开处于优势的英国舰队，于嘉永七年三月二十三日再次进入长崎港，不过仅滞留了一周就离开，继续北上。如果此时他在长崎重新开始与日方交涉，恐怕他的舰队就会在这里被斯特林的舰队彻底击溃。可以说，这一次普提雅廷的运气还是不错的。

"帕尔拉达"号在俄国沿海州的阿穆尔河口进行拆解处理之后，普提雅廷换乘到了"戴安娜"号上。九月十八日，"戴安娜"号突然出现在大坂[10]近海，受到巨大震动的幕府和俄方约定，双方在下田（而不是长崎）进行交涉。十一月三日，普提雅廷开始与筒井和川路交涉。翌日即十一月四日，大地震与海啸袭击下田，造成了巨大的灾害，"戴安娜"号也破损严重。这一飞来横祸并未吓倒普提雅廷。十二月二十一日，双方终于签订《日俄通好条约》（《日俄和亲条约》）。

该条约在大框架上与《日美和亲条约》并没有什么差别。关于国境问题，该条约做了如下规定：两国国境定在伊图鲁普岛（择捉岛）与乌鲁普岛（得抚岛）之间，桦太[11]（萨哈林岛）则继续允许两国国民杂居。

最后一个和亲条约是于安政二年（1855年）十二月二十三日与荷兰签订的《日荷和亲条约》。荷兰方面是最早尝试通过长崎商馆长唐克尔·库尔提斯与日方开始交涉的，可是其友好而循序渐进的态度使条约的签订大大延后。佩里无视了荷兰政府提出的希望其前往长崎的建议，直接进入江户湾，并且以极其强硬的态度逼迫日方进行交涉——结果，他反而成了日本开国的大功臣。

要想扭转政治统治者幕府坚持锁国的强硬态度，佩里舰队到访所带来的巨大压力是不可或缺的。

◇ "戴安娜"号的遇难与救援 ◇

嘉永七年十一月四日，骏河、远江、伊豆、相模一带发生了大地震。另外，此前不久也发生了相模国大地震（嘉永六年二月）和近畿大地震（嘉永七年六月）。十一月五日，西日本一带又发生大地震。翌年（即安政二年）十月发生了安政大地震，该地震在江户造成约7000人死亡。"黑船"带来的冲击尚未平息，又接连发生大地震，日本人心中的不安开始逐渐加剧。

嘉永七年十一月的大地震引起的海啸使停泊在下田湾的俄国军舰"戴安娜"号被巨浪冲撞了4个小时以上，不仅造成船底严重破损，还出现了5名死伤者。遭海啸袭击的下田町856户几乎全部被毁，3907名居民中有85人死亡。普提雅廷试图将"戴安娜"号运送到伊豆半岛西北的户田港进行修理，但该船于十二月二日在途中沉没。

当500名俄国水兵在冰冷的海水中快要溺死的时候，骏河湾北岸的村民们把他们救了起来。"戴安娜"号上的马霍夫神父在自己的手记中做了如下记载："一大早就有多达千人的日本男女（向海边）涌来（对船员进行救助），我简直无法相信眼前的景象，一些日本人在我们面前脱下上衣，将衣服给了冷得瑟瑟发抖的水兵们，这让我感到非常惊讶。"

神父在手记中充满感激地写道："善良的、无比善良的、充满博爱之心的民众啊！愿这些善人们永远幸福！"其实，在普通民众心目中，对求救的人伸出援手乃是人所共有的一种情感。从这一事件也可以清楚地看出，对救助遇难船只及其人员的行为持否定态度的锁国政策其实有害无益。

听闻"戴安娜"号沉没的德川齐昭两次向老中阿部正弘进言,称应当利用好这个机会干掉500名俄国人。他的态度和那些民众采取的行动截然相反。当然,阿部终究没有同意齐昭的"鲁人[12]鏖杀策"。不过从此处也可以清楚地看出,作为幕阁最高顾问的齐昭所主张的"攘夷论"的本质是极其不人道且不现实的。

失去回国工具的普提雅廷立刻决定重新建造一艘帆船。幕府于十二月六日批准其计划,于翌日即十二月七日指定户田港为造船地点,并指派江川英龙为负责人。当然,在这种连船渠都没有的地方不可能建造出"戴安娜"号那种长60米、重2000吨的巨舰。最终,在户田港南岸的牛洞小造船所建造出来的是长24米、重不到100吨的小型纵帆船(两根桅杆的西式帆船)。

从户田、土肥、松崎等地找来的约200名造船工和搬运工在俄国技术人员的设计和指挥下开始了建造工作。来自户田村的寅吉在这一过程中作为管理人员发挥了重要作用。后来,寅吉与其手下的6名造船工(及其子),有的进入幕府指导水户藩设立的石川岛造船所或幕营横须贺制铁所工作,有的则自己创立了近代化造船所。原本伊豆一带的造船业就比较发达,现在又有了西方人的指导,虽说多少还有欠缺之处,但总算是达到了能够建造西式帆船的技术水平。

帆船于安政二年三月十日建造完成后，普提雅廷为其取名"户田"号。三月十八日，普提雅廷等48人乘坐"户田"号踏上了回国的旅程，剩下的部队则乘坐美国和德国的船只离开了户田。不过，后者在途中被英国舰队捕获，后来经由英国返回了俄国。

之后，幕府命令韭山代官江川（此时英龙已过世，其嗣子英敏任代官）在户田建造7艘同型号的纵帆船。此后，户田作为日本近代造船业的发祥地，给日本带来了巨大影响。

3. 风雨飘摇的幕府统治

◇征求对外妙策◇

从"黑船"出现到与列强签订和亲条约的这两年半之间，幕府高层的对外政策，其实一直都是蒙混敷衍的妥协策略。

老中首座阿部正弘为了巩固举国体制，就对外政策向幕臣和诸大名征求意见。实际上，采取这样一种罕见的做法就相当于公开表示幕府已经没有能力继续推行一直以来的独断体制。然而，不得不拿出方案的诸大名其实也没有良策，他们又只好征求有能力的下级家臣的意见。如此一来，各藩高层的无能也暴露无遗。

当时日本的封建统治阶级里到底有没有人明白佩里所说

水户藩主，积极推进藩政改革。虽参与幕政，但后来因与井伊大老对立而下台

图1.4 德川齐昭（1800—1860年）

的"交易"究竟是什么意思，其实非常值得怀疑。

比如后来受家臣桥本左内影响而转为支持"开国论"的福井藩主松平庆永这时候就在主张"必战之心得"，其理由是若以"本邦有限之财物"与诸国进行"交易"，定会造成"国力衰蔽"这样一种"贸易观"。在水户藩主德川齐昭与长州藩主毛利庆亲（敬亲）的报告中，对"交易"也同样如此理解。恐怕在这些人心目中，所谓"交易"就仅是指在长崎的出岛所进行的进口贸易，即用金银铜来交换昂贵的药材和香料。

曾与琉球进行走私贸易、本应最了解进出口贸易有利可图的萨摩藩主岛津齐彬一方面对"商法"避而不谈，另一方面以"若答应美方要求则情理上难以向荷兰国王交代"为由，坚持主张"拒绝开国"（主战论）。

坚决要求"攘夷"的主战派其实并没有胜算。在提交的报告中，甚至有诸如"用无数的大木筏堵住江户湾入口""拉起巨大的铁链阻止'黑船'入侵"等莫名其妙的对策。很明显，如果没有装备近代化武器的新式军队，以及能正面对抗"黑船"的巨型军舰，日本根本就不可能战胜列强。

另外，海防所需的巨额费用对窘迫的幕府财政来说也是毁灭性的。在江川英龙的指示下，品川接二连三地建立起了炮台。根据计划总共要建造11座炮台场，而建造到第7座的时候已经花费了约75万两黄金。之后，工程就因财政困难而终止。

嘉永六年（1853年）的时候，幕府金方岁入规模为148万两，仅是炮台建造就要花费相当一部分。而如果将海防费的负担转嫁给国内民众，恐怕会招致强烈的反抗，以幕府为顶点的统治体系也可能会从内部崩溃。

◇胜麟太郎的献策◇

此时，幕阁注意到了小普请组（即无官职）的胜麟太郎与向山源太夫二人提交的报告书，认为这是脱离眼下困境的妙计。此二人均主张以"交易之利润"来扩张军备。

虽然和向山长篇大论的报告书相比，胜的报告书内容较少，但其中充分考虑到了人才选拔、

通称"麟太郎"，虽身为幕臣，但其活跃领域已超出了幕府的范畴

图1.5 胜海舟（1823—1899年）

西式军队制度的采用及教练学校的开设等以人为主体的多个方面。胜还在报告书中提出，开始"交易"并不是对列强的屈服，而应当积极地将其视作对抗列强的手段。如此一来，在诸多报告书中，胜的报告书自然就显得鹤立鸡群。

胜麟太郎（名义邦，号海舟，后字安芳，"麟太郎"为一般称呼）生于文政六年（1823年），嘉永六年（1853年）时31岁。他是兰学家，在江户赤坂田町开办了一所兵学塾。

胜麟太郎之所以能够正确地理解"交易"的概念，当然得益于他在兰学方面的素养，同时和他的父亲恐怕也有关系。胜的父亲小吉一生无官无职，平日与市井无赖之徒来往，副业是经营小工具店。再往前追溯，可以看到其家系也颇为奇异：胜的曾祖父本来是越后的农民，后来却来到江户，购买了旗本[13]男谷家的股份。

虽然是地位最低的幕臣，但胜麟太郎与三河以来[14]的旗本之类的人不同，其成长的环境使他能清楚地认识到幕府的真实情况。明白此关键一点，就能理解他为什么能够超越幕臣的局限而大显身手了。

老中阿部正弘不但向诸大名征求了意见，还应岛津齐彬和松平庆永等雄藩大名的要求，任命"御三家"[15]之一的水户藩主德川齐昭为海防参与，使其得以进入幕政团队。不过，许多幕府官僚对任用齐昭持消极态度。海防挂勘定奉行川路圣谟就认为，让"老君大人"（齐昭当时54岁）参与幕政只不过是幕府笼络天下人心的一个象征性的手段而已。不管怎么说，起用齐昭的确提高了雄藩大名的发言权。

阿部还将佩里来访的情况奏报朝廷，并提交了美国总统国书的译文。孝明天皇命令畿内[16]七社七寺举行"异国船退散"的祈祷仪式，同时质问幕府此后打算采取何种应对措施。

幕府于安政元年（1854年）十二月命令诸国寺院将梵钟上交，为铸造大炮提供材料。为了压制寺院方面的反对声音，幕府特地取得了朝廷颁发的太政官符。这些事件其实成了朝廷重新参与政治的开端。

◇海军传习所与番书调所◇

要建立将诸藩和朝廷包含在内的举国一致的体制，幕府作为主轴，就必须进行政治改革。阿部正弘所推进的安政期幕政改革与上文中胜麟太郎所提出报告书中建议的路线完全一致，首先是从提拔优秀人才开始的。

永井尚志于嘉永六年、岩濑忠震和大久保忠宽（一翁）于嘉永七年被任命为海防挂目付。该职位设立于弘化二年（1845年），负责处理对外事务。

以岩濑忠震为例：后来与哈里斯等人进行的通商条约交涉实际上均由岩濑忠震一人负责。在此之前，嘉永四年的时候，34岁的岩濑曾因其丰富的学识而被母校昌平黉[17]聘为教授。在死板的幕府官僚机构中，各人所任职位几乎完全取决于其家世，若没有"黑船"带来的冲击，岩濑这个优秀的官僚必定终其一生也只是一位教授。

岩濑听从了同僚大久保忠宽的建议，推举胜麟太郎担任下田取缔挂手付。如此这般，就形成了"被任用的人才又起用新的人才"的连锁效应。后来共同处理幕府战败相关事宜的大久保、胜二人之间的联系，可以说就是从这时开始的。

然而，这样一个幕政改革派的"人才连锁"却遭到以井伊直弼为首的谱代大名[18]集团的排斥，并在不久之后的"安政大狱"中崩溃解体，被迫中断。拥有众多优秀人才却不能让他们充分发挥自己的才华，这也成为幕府统治被动摇和瓦解的内部原因之一。

幕府于嘉永六年（1853年）九月向长崎荷兰商馆长唐克尔·库尔提斯订购了数艘蒸汽军舰。当时，荷方劝说想要创立西式海军的幕府必须学习航海术和造船术等技能。这成了后来长崎海军传习所的发端。

安政二年（1855年）十月，胜麟太郎、矢田堀景藏、小野友五郎（由笠间藩临时派往幕府天文方）等幕臣传习生再加上肥前、福冈、萨摩、长州诸藩的听讲生，一同举行了传习所开所典礼。传习所以荷兰国王赠送给幕府将军的"森宾"号（后改名"观光丸"号，排水量400吨）作为练习舰，教师则由该舰舰长G. C. C. 佩尔斯·瑞杰肯海军大尉及船员担任。

安政四年（1857年），新建造完毕的"日本"号（后改名"咸临丸"号，排水量625吨）搭载着新任教官R. H. 卡滕代克等人从荷兰出发来到日本。

一直到安政六年二月关闭为止，海军传习所在这段并不算长的时间里培养了众多的优秀人才。以幕府海军奉行榎本武扬为首，川村纯义（萨摩藩）、中牟田仓之助（肥前藩）等明治前期的日本海军将领都是该所出身；后来成为横须贺造船所长官兼海军机关总监的肥田滨五郎也是该所的幕臣传习生。

由于学生们不懂荷兰语和西洋数学，授课需要通过翻译进行，课程进展困难。被临时派遣到幕府天文方的和算[19]家小野友五郎等人在协助翻译荷兰航海术书籍的同时，也迅速理解讲义内容并为其他传习生补课，而且自己还有精力单独找老师学习微积分等科目。

在后来"咸临丸"号横越太平洋的时候，小野担任起了"测量方"这样一个重要职责，并出色地完成了任务。另外，他还与肥田共同建造了真正的蒸汽军舰"千代田形"，在幕府海军史上留下了浓墨重彩的一笔。

番书调所的设立也是阿部正弘的幕政改革的一环。胜麟太郎和小田又藏被提拔为下田取缔挂手付之后的第一项工作，就是协助创设在外交、军事上必不可少的这样一个洋学机构。至安政三年（1856年）末为止，担任教授、教授手传[20]的12人中，除去浪人一名，其他全部都是诸藩出身的陪臣，只有其下的三名句读教授是幕臣。

被任命为教授的有津山藩医箕作阮甫和小滨藩医杉田成卿，担任教授手传的则有长州的村田藏六（大村益次郎）和萨摩的松木弘安（寺岛宗则）等人。不过，与其说这表明幕府有了广纳贤才的气度，倒不如认为在洋学的压迫下幕臣中已经选拔不出什么人才了。

安政四年一月，由九段坂下的旗本邸宅改修而成的番书调所正式开学，最初只允许幕臣子弟入学。而教授们的主要任务与其说是传授洋学，倒不如说是翻译西洋书籍（番书）和外交文书。番书调所作为成立于明治十年（1877年）的东京大学的前身，其依存于权力、实用至上的性质，对后来的东京大学产生了很大影响。

4. 哈里斯访日与通商条约的签订

◇寻求通商的动向◇

佩里签订完毕的和亲条约书被火速送回华盛顿，并于1854年7月15日得到参议院秘密会议批准通过。8月7日，总统F. 皮尔斯签字确认。

一直到总统签字为止的整个过程本来都应该是秘密进行的，但条约内容被一五一十地刊载到了7月17日的《纽约每日时报》（*The New-York Daily Times*）[21] 上。于是，称赞佩里伟大功勋的声音和要求扩大与东亚贸易的呼声响彻了美国。

其实，和亲条约的条款并未涉及贸易，不少人却误以为与日本的贸易就要开始了。

8月11日的《纽约每日时报》上刊登了佩里舰队"波瓦坦"号船员在条约签订前所写的信。信中称，佩里基本上达到了目的，"具体细节会在贸易开始前公开，不过预计贸易发展的速度会比较缓慢"。这样的报道毫无疑问也是造成民众误解的一个原因。

安政二年（1855年）一月二十七日来到下田港的美国船只"卡罗兰·福特"号上有一对商人夫妇，他们计划在下田开一家杂货铺，为来往船只服务。普提雅廷将军此前在建造回国用的帆船的时候曾借用过这艘船来运送俄国士兵，所以此番在其斡旋下，船上包括商人夫妇在内的11名美国人获准暂住在下田玉泉寺。

幕府官僚称和亲条约并未规定可以如此留宿，但美方无视他们的反对意见。而女性的留宿即使在长崎的荷兰商馆也是严厉禁止的。可以说这是一起前所未有的事件。然而，杂货铺未能获准开业，这些美国人不得不离开下田。不久，又有一艘美国船只抵达，乘船而来的两名商人想在下田开一家面向捕鲸船船员的酒馆，同样也遭到了日方拒绝。

被迫离开下田的美国商人们在回国后向联邦法院提出请求，要求日本政府对他们进行经济损失赔偿，据说还向国务卿提交了抗议信。美国媒体报道了这件事，并要求总统皮尔斯对日本采取相应行动。

打开日本国门的工作仅由佩里开了个头，还远远没有完成。彼时，美国国民把实现"开始自由贸易"这个大目标的任务推到了政府头上。挑起这个重担并出色地完成了任务的，就是汤森德·哈里斯。

◇赴日前的哈里斯◇

贸易商出身，以外交官的身份来到日本，与日方签订《日美修好通商条约》

图1.6　哈里斯（1804—1878年）

哈里斯出生于1804年。他曾经一边帮在纽约经营陶瓷进口生意的哥哥打点生意，一边抽空去图书馆学习。1846年，哈里斯被任命为市教育局局长，为了让贫困家庭的子女也能接受教育，他尽力创办了免费中学。

然而，兄弟二人的店在经济

危机中倒闭。1849年5月，哈里斯从纽约港出发。其后6年，他作为贸易商辗转太平洋、印度洋沿岸各地。开始的两年经营状况还不错，不过状况很快恶化，他甚至不得不卖掉自己的船。

1853年，哈里斯申请与佩里舰队一同前往日本，但因其并非军人身份而遭到拒绝。1855年7月，哈里斯回到久违的祖国，通过纽约的旧友推荐，被皮尔斯总统任命为驻日本总领事。总统与佩里商讨此事时，佩里也表示哈里斯适合担当与日方交涉的角色。佩里自己想必非常清楚，通商条约的交涉还没有简单到连军人都能轻松应对的地步。

而哈里斯也在给总统的信中表明了自己对交涉困难程度的认识和自己的决心："我非常清楚在日本期间将不得不面对社会的孤立和精神上的孤独，对此我早有准备，我是单身，没有家庭的牵绊，没有后顾之忧，在陌生的环境居住也不会因为心有牵挂而难以忍耐。"（哈里斯《日本停留记》）

在前往日本的途中，哈里斯顺路去了暹罗，费时一个多月成功签订通商条约。之所以能顺利签订条约，是因为在前一年（1855年），英国的宝宁和巴夏礼已经强行与暹罗签订过条约，为此次的条约提供了先例。

哈里斯乘坐暹罗造蒸汽船沿着用铁链加强防御的湄南河逆流而上，抵达了首都曼谷。之后，他除了提出英国与暹罗签订条约时同样的内容，还在此基础上附加了矿山开采权的要求，这招致了对方强烈的反感。

暹罗政府首相表示，他相信友好的美国人不会像贪婪的敌人——英国人那样提出那么多的要求。对此，哈里斯答道，美方的行动所基于的原则与暹罗方面所期待的并不一致，美方无论如何都要获得与英国同等的权益。

哈里斯还在日记中写道，与暹罗交涉只需要两三艘军舰。这是哈里斯的真实想法。美国资本主义极度渴求商品与资本的市场，而他就是美国资本主义的极端理性的代言人。

◇从下田到江户◇

安政三年（1856年）七月二十一日，哈里斯搭乘的美国蒸汽军舰"圣哈辛托"号抵达下田。时年52岁的哈里斯身边带着一个年轻的翻译——荷兰人H.C.休斯肯。

休斯肯于1832年出生在荷兰阿姆斯特丹一户肥皂工人家庭，他于1853年来到纽约，并在那里遇到了哈里斯。荷兰语在当时算是日本的外交语言。休斯肯还擅长法语和德语，英语水平也颇高，他被哈里斯雇为荷兰语翻译，年薪1500美元。

哈里斯访日对幕府而言无异于晴天霹雳。和亲条约第十一条中关于领事派遣的规定，在条约的英文版中为"两国

政府中任意一方认为有必要时即可派遣",在日文版中却是
"两国政府双方认为有必要时方可派遣"。因此幕府一直认
为,只要自己不点头,美方就不会向日本派遣领事。

当时,下田奉行本不打算让哈里斯留宿,但哈里斯称若
无法在此留宿就乘军舰前往江户。于是,下田奉行慌忙将城
郊玉泉寺作为住处提供给哈里斯。

其后3年间,玉泉寺就成了美国驻日总领事馆。根据奉
行的命令,寺内的正殿、厨房都被移交给了美方。据宫永孝
的研究,哈里斯与休斯肯各分配到一间八叠[22]大小的房间作
为卧室兼起居室,房间的纸隔门被换成木板门,挂上白色布
帘,地板铺上红色毛毯,另外增设了浴室和厕所(平面图如
图1.7所示)。

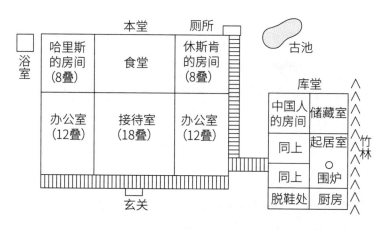

图1.7 玉泉寺平面图
(资料来源: 宫永孝《开国使者》)

哈里斯在玉泉寺居住时也在不停地申请前往江户，同时还在和亲条约的条款范围内向下田奉行提出了一系列要求。通过安政四年（1857年）五月签订的《日美条约》（《下田协约》），哈里斯获得了美国市民在下田、箱馆的居住权，以及美国人在日本的领事裁判权。另外，根据条约内容，美国人可用所持货币交换同种类、同重量日本货币（需支付6%改铸费）。

由于只有美方通过条约获得领事裁判权，所以该条约应当算作日本签订不平等条约的起点。同时，条约最后对货币交换比例的规定也有着重大意义——它成了贸易开始之后黄金外流的条件之一。

在玉泉寺安顿好之后，哈里斯在日记里写道：一分银[23]相当于1600文钱，而非常奇怪的是，1美元银币重量等于一分银的3倍，本应能交换4800文钱，实际却只能交换1600文钱。其实，当时的日本采用金本位制，且金银比价相较于欧美更高，而一分银将白银价格提高到本来的2倍左右，起的是一种辅助货币的作用，但哈里斯的言论无视了这个事实。

交涉陷入僵局时，哈里斯将国务卿寄来的暗示动用武力威胁的信偷偷展示给对方看，借此打开了局面。对此，他自豪地记述道："现在的1美元，价值已经超过了佩里将军签订条约时的3美元。"

从该通货条款中获益最大的不是别人，而是哈里斯本人。哈里斯在财务上计算得很细致。根据其记述，最初的9个月，哈里斯的生活费总支出为3476594文钱，最终以699美元将其结清。与佩里所定的标准相比，他节约了1474美元。

如此这般，年薪5000美元的哈里斯总领事就得以每年积蓄下一大笔钱。另外，开港后很流行用美元银币兑换的一分银去交换日本金币并将金币带到海外。关于这一点，笔者会在后文中详述。

孤军奋战的哈里斯眼看着幕府官员态度暧昧地对自己的要求敷衍搪塞，终于因长久以来的胃病恶化而吐血。休斯肯向下田奉行请求派遣看护人，于是，"唐人阿吉"就被派来照顾哈里斯。

阿吉3天后被解雇，然而被派来照顾休斯肯的阿福却仍然每天来玉泉寺。当时的情况很可能是这样的：试图对哈里斯施以怀柔之策的幕府官员和精力过于旺盛的休斯肯合谋，把本应是看护人的女性换成了带有其他任务的女性。

哈里斯强烈要求幕府批准其前往江户。对于是否批准该要求，幕府内部形成了两派，争论不休：一方是以岩濑忠震为首的

幕臣，桥本左内评价其"有断有识"。"安政大狱"时被令"隐居"，不久去世

图1.8 岩濑忠震（1818—1861年）

海防挂目付派，他们向老中首座堀田正睦（阿部正弘已于安政二年十月交接老中首座之位）提出应容许哈里斯前往江户；另一方则是以川路圣谟为首的海防挂勘定奉行派，他们对此持反对意见。这时，美国军舰"朴次茅斯"号进入下田港，反对派彻底噤声。哈里斯由陆路越过天城峠，经过东海道，终于在安政四年十月十四日如愿以偿地到达江户，住进了九段坂下番书调所的宿舍。

◇通商条约的交涉◇

问候过将军家定之后，又过了几天，哈里斯前去拜访老中堀田正睦，花费了两个多小时的时间向对方说明签订通商条约的必要性。

首先，哈里斯讲到蒸汽船的发明和应用彻底改变了世界形势，日本也无法再继续实行锁国政策；其次，他强调了鸦片战争中英国所表现出的侵略性姿态；最后，他提到英国舰队不仅对中国销售鸦片，还可能试图把鸦片卖到日本，要想避免这一逐渐迫近的危机，就必须事先和态度友好的美国签订包括禁运鸦片条款在内的通商条约。堀田在谱代大名中是数一数二的外国通，甚至有"兰癖"的绰号，他似乎清楚地理解了哈里斯想要表达的内容。

堀田将哈里斯的陈述记录分发给幕臣和诸大名并征求他

们的意见。诸大名中过半数支持签订通商条约，就连曾经的攘夷论者福井藩主松平庆永也因家臣桥本左内的影响而转变为"积极开国论"者。幕臣中对开国持消极态度的勘定奉行派，这次也由于对战争的恐惧而态度有所缓和。

与此同时，在倡导"积极开国论"的目付派中也出现了一些类似于岩濑忠震那样的，持有"将江户附近的横滨开辟为口岸，使江户成为不逊于大坂的大型商业都市，以此图幕府之'中兴一新'"这样宏大构想的人。于是，堀田于十二月三日任命下田奉行井上清直与目付岩濑忠震为幕府方面全权委员，开始与哈里斯进行交涉。

直到翌年（即安政五年）的一月十二日为止，交涉总共进行了十四次，而整个交涉过程可以说都是按照哈里斯的步调进行的。一开始，幕府方面主张施行以官员为中介的会所贸易，但哈里斯认为实现自由贸易才是通商条约的核心，于是断然拒绝，幕府方面也不得不收回该提案。

井上与岩濑的主张有两条获得了认可：其一是将京都从通商口岸中移除；其二是不承认美国人在日本国内的自由旅行权。幕府方面态度强硬，表示为了贯彻这两条内容甚至不惜发动战争。面对这样的状况，哈里斯也不得不妥协。

双方还就关税率的高低问题进行了讨论，对于重中之重的关税自主权，日本方面却没有提出任何主张就直接放弃了。关于领事裁判权也继续依据安政四年的《日美协约》

（《下田条约》），规定仅美国一方拥有领事裁判权。另外，本来美方应给予日方的最惠国待遇也作为出口税的交换而被撤回。

于是，单方面的协定关税制度、领事裁判权、最惠国待遇——不平等条约的三大特征全部都体现在了通商条约里。进入明治时代后，日本政府拼尽全力试图对不平等条约进行修订，但是列强并不会轻易放弃已经到手的有利地位。领事裁判制度于明治三十二年（1899年）废除，这得益于宪法及其他法律的制定以及审判制度的完善化。而上文所述之不平等性的全部消除，已经是条约签订大约半个世纪以后——明治四十四年（1911年）的事了。

不得不说，即使是在幕阁中出类拔萃、以三寸不烂之舌数次将哈里斯逼入困境的岩濑，对于国际法知识的了解也是少得可怜。岩濑等人身处封建统治阶层，即使主张"积极开国论"，仍然远未突破会所贸易的局限。如此一群人没有意识到关税自主权对于国内工业发展的重要性，也就不足为奇了。

于是，《日美修好通商条约》的内容确定完毕，之后便是等待最后的签署了。堀田为了安抚一部分反对派大名，表示自己要上京求得天皇敕许，于是向哈里斯提出将条约签订延后两个月。哈里斯此时身体状况不佳，就暂且回到了下田静养。

译者注 ··

1. 老中是江户幕府中地位最高的执政官，直属于将军。

2. 奉行为某方面政务的负责人，奉行所即为奉行的办公场所。

3. 日本尺贯法重量单位，1 贯目约合 3.75 千克。

4. 与力是行使行政、司法和警察职责的职位，隶属于奉行。

5. 目付相当于监察官。海防挂目付即监察海防相关事务的官员。

6. 即 1844 年清政府被迫与美国签订的《望厦条约》。

7. 该日期依据的是在日本一直沿用至明治五年的旧历（天保历）。

8. 宝宁（John Bowring, 1792—1872 年），曾任英国驻广州领事、贸易监督官及第四任港督。

9. 巴夏礼（Harry Smith Parkes, 1828—1885 年），英国外交官，主要在中国及日本活动。

10. "大阪"在江户时期写作"大坂"，江户后期存在着"大阪""大坂"并用的现象。1868 年"大阪府"设立后，"大阪"开始逐渐替代"大坂"，成为正式的写法。

11. 日称"桦太"，俄称"萨哈林岛"，中国称"库页岛"。

12. 即俄国人。

13. 江户时代直属将军的家臣中俸禄在一万石以上，有资格直接谒见将军的家臣。

14. 三河是江户幕府建立者德川家康的初期领地，"三河以来"即指德川尚未取得天下时就跟随德川家。

15. 同属德川一族的尾张、纪伊、水户三个藩，在众藩中地位最高。

16. 即京城（京都）附近地区。

17. 1790 年设立于神田汤岛的幕府直辖教学机构，正式名称为"昌平坂学问所"。

18. 关原之战前就跟随德川家的家臣，通常受到重用，在幕府中地位高。

19. 即日本传统数学。

20. 大致相当于副教授。

21. 即今《纽约时报》。

22. 即 8 张榻榻米大小，约 13 平方米。叠，日语写作"畳"，音译为榻榻米，亦可作量词用，"一叠"相当于 1.62 平方米。

23. "一分银"为当时的一种银币，重 1 分（1 分等于 1/4 两）。

第 2 章

反缔约浪潮与贸易之始

1. 朝廷政治影响力的提升

◇ "一桥派" 与 "南纪派" ◇

于安政五年（1858年）二月五日入京的老中堀田正睦乐观地以为，只要经过自己的一番游说就能轻易地从朝廷取得敕许。另外，他还预备了大量资金，在有必要的情况下发放给那些见钱眼开的贫穷公家[1]。考虑到当初发布宽永锁国令时敕许并没有成为一个问题，此时堀田的乐观倒也不是毫无根据。

然而，朝廷方面态度强硬，坚持攘夷路线，绝不妥协。尤其是孝明天皇（当时28岁），极其厌恶外国，他甚至还特意提醒公家众人不要被堀田的贿赂所迷惑。

公家们本来就因政治上的无知而犹豫不决，再加上

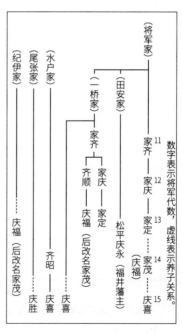

图2.1　德川家系略图

45

原若狭小滨藩士梅田云滨、汉诗人梁川星岩及赖三树三郎等尊攘派志士大肆鼓吹攘夷思想，堀田等人的拼命努力就此化为泡影，最终没有取得朝廷的敕许。

但是，考虑到幕府一直以来的状态，朝廷的政治权限可以说已经增长到了让人难以置信的地步，而这种权限的增长并非源于朝廷和天皇自身。自佩里初访日本以来，幕府已经无法单独解决对外危机，因此，阿部正弘、堀田正睦等幕阁才试图建立一个甚至将外样大名[2]也包括在内的举国一致的体制。而幕阁的这种做法就提升了诸大名的发言权，也使朝廷成为政治的焦点。

与此同时，第十三代将军家定身体虚弱且没有子嗣，其继承人问题很早就引发了一场对立。不少人企图利用朝廷来影响对继承人的选择，这也成了朝廷地位上升的原因之一。

将军家定继承者的候选人事实上锁定了两个人："三家"之一的纪伊家的庆福（13岁）和"三卿"[3]之一的一桥家的继承人庆喜（22岁）。

考虑到幕府重视血统的传统，家定的堂弟庆福本来是最合适的人选，但他的问题在于年龄太小。而庆喜作为水户藩主德川齐昭的第七子，坊间盛传其英明，不少人认为他才是能扮演好将军这个角色、化解国难的合适人选，而福井藩主松平庆永和萨摩藩主岛津齐彬就是这些人的代表。老中阿部正弘与其提拔起来的川路圣谟、岩濑忠震等开明派幕臣也加入了拥立庆喜的"一桥派"（不过阿部在安政四年六月去世）。

相对地，支持庆福的一方则被称为"南纪派"。"南纪派"以彦根藩主井伊直弼为领导人，在大奥[4]和将军的亲信中很有影响力。"一桥派"与"南纪派"的对立也是改革派与保守派之间的较量，其结果足以左右整体层面的幕政，有着极其重大的意义。

◇桥本、西乡对长野◇

堀田正睦上京的时候，松平庆永也将自己的心腹桥本左内派往京都，为堀田提供获取条约敕许的侧面支援。

左内曾在大坂的绪方洪庵开办的适塾中学习兰学，是能力颇强的优秀人才。他是积极开国论者，主张以交易图富强，也在将军继承人问题上代替庆永四处奔走。但是，左内的这种把开国路线和拥立庆喜联结在一起的想法实际上与德川齐昭和攘夷派志士的意见相左，因此也一直未能得到公家们的支持。

协助松平庆永进行藩政改革的杰出人才。"安政大狱"时遭斩首

图2.2　桥本左内（1834—1859年）

同时，受岛津齐彬提拔的当

时还很年轻的西乡吉之助（隆盛）也受齐彬之命与左内等人合作，以达到拥立庆喜的目的。西乡与左内友情极深，20年后西乡在城山兵败自杀时，仍然贴身携带左内写给他的信。清水寺的僧人月照与岛津家常有来往，在西乡通过岛津家姻亲近卫家在朝廷中做工作时，月照则从旁协助。

著名国学家，收井伊直弼为门生，成为井伊的亲信。后遭斩首
图2.3 长野主膳（1815—1862年）

与此同时，井伊直弼也秘密派遣谋臣长野主膳上京，劝说关白[5]九条尚忠支持拥立庆福。长野是伊势国出身的国学家，在仕官彦根藩之前就与公家有来往，此次他便借用了这些关系来接近九条家。

在桥本、西乡等人的不懈努力下，关于将军继承人的内敕中加入了"年长、英杰、人望"三个条件。然而就在敕许即将下达之时，主膳竟然成功地让九条关白擅自删除了这三个条件。面对情况复杂且变化不定的公家世界，长于辩论的左内等人明显比不过阅历丰富且熟识公家的主膳。

◇雄藩兴起◇

桥本左内、西乡吉之助这些年轻有为的藩士之所以能登上政治舞台的中央，是因为一些雄藩与幕府一样，也开始积极起用人才。

比如水户藩，自天保改革以来，以藤田东湖为代表的德川齐昭的支持者就以藩校弘道馆的建设为中心，致力于人才的培养与任用。在长州藩，坪井九右卫门、周布政之助等人陆续登场，桂小五郎、高杉晋作等年轻人也受到提拔任用。

在藩主松平庆永及其家臣中根雪江推行的天保改革中，福井藩也开始积极起用人才，于安政时期设立了藩校明道馆，并由桥本左内对其进行指导。至于萨摩藩，在调所广乡所发起的财政改革带来成果的前提下，藩主岛津齐彬开始推进各方面的改革，并积极运用被称作"精忠组"的下级藩士团体的力量，西乡即是其中的代表。另外，大久保利通也颇受齐彬信任。

土佐、肥前等藩也是类似的情况。活跃于幕末政局的这些雄藩，均在天保改革和安政改革中致力于起用人才，并推行军制改革和财政改革。与此形成对比的是，所谓"佐幕派"诸藩——比如大老[6]井伊直弼的彦根藩和京都守护职松平容保的会津藩——在藩政改革中并未取得多少令人瞩目的成果。

关于反复进行的军制改革，我们稍后再讨论，此处先说财政改革。财政改革的形式多种多样，既有福井藩这样采取三上一夫的"民富论"式富国政策的，也有萨摩藩这种彻底贯彻"三岛（奄美大岛、喜界岛、德之岛）砂糖总买入制"[7]、以剥削农民为基础的。

福井藩在进行改革时寻求了熊本藩士横井小楠的指点。横井的想法是用"藩札"[8]收购藩内的各种产品出售给外国人，并主张"价应于民有利而于官无损""官府之利应取自外国"。这是一种包含了追求民富思想的富国政策。

当然，政策的具体实施要等到安政六年（1859年）允许自由贸易之后了。在负责实施该政策的三冈八郎（由利公正）的不懈努力下，福井藩藩库充盈到让人难以置信的地步，长期保持着50万两左右的本位货币储备。

在调所广乡于文政十年（1827年）开始进行的财政改革中，萨摩藩通过"砂糖总买入制""藩债二百五十年赋偿还"[9]及琉球走私贸易获得了巨额利益，于弘化元年（1844年）达到了藩库储备50万两的目标（参见青木美智男《近代的预兆》）。

调所因走私贸易一事遭幕府问责，于嘉永元年（1848年）服毒自杀。芳即正认为，10年后岛津齐彬骤亡时藩库仍然有42万两储备，因此可以推断，齐彬经营的产业所用的资金就是以调所改革积蓄下的国产品收入为主（参见《岛津齐彬》，吉川弘文馆）。齐彬的产业以反射炉、机械厂、玻璃厂等构成的西式工厂群"集成馆"为代表，涉及多个领域，全盛时期工人与搬运工合计超过1200人。齐彬维持"砂糖总买入制"并扩大走私贸易的收益，为以上这些产业的经营筹措到了必要的资金。

◇地方的时代◇

由此应该可以看出，雄藩进行财政改革，提升经济实力，其基础来自各个地区以不同方式进行的特产品生产。根据当时的史料，无法在全国范围内从数量上对其进行统计，下文就以明治七年（1874年）各府县的工业产品产额占比作为代替来说明幕末的经济状态。

工业产品中的大部分是食品（酒、味噌、酱油、茶、砂糖等），其他则包括纤维制品（织物、生丝、棉纱等）和油类、纸类等多种类型的产品。在当时工业产品占比达到了50%以上的高水准的地区仅有大坂、京都、兵库、东京。这个现象并不算奇怪，但还有一点需要注意：工业产品占比在20%以下的纯农业地区也非常少。

明治初年（1868年），大多数县的工业产品占比在20%到40%。可以认为，这意味着在19世纪中叶的时候，即使在农村地区（即以东京、大坂、京都为代表的工业城市以外的地区）也生产非常活跃的面向市场的工业产品。同时，商业性农业也在工业的带动下得到了发展。

日本在19世纪中叶之所以各地经济差异不大，无非是以藩经济圈为基本单位的经济发展的结果。这意味着地区差异较小的国民型国内市场正在形成。无论是与18世纪初之前的将畿内隔离出来作为市场顶端的幕藩制市场相比，还是与工业革命后20世纪初将阪神、京滨作为两个中心的统一国内市场相比，这样一个市场都是与众不同的。可以说，这是日本历史上为数不多的可以称作"地方时代"的时期之一。

幕府掌控了迄今为止以大坂为中心的畿内发达地区并将其作为"天领"[10]，同时独占长崎的外国贸易，以此试图从经济层面控制诸藩。然而，在诸藩特别是雄藩的经济实力增强的状况下，幕府的控制力相对变弱。尤其在自由贸易开始之后，幕府对诸大名和民众的控制力遭到了不可扭转的削弱。

2. 通商条约的签订与反对浪潮

◇井伊大老登场◇

安政五年（1858年）四月，在京城努力斡旋两个月仍然未能取得条约敕许的老中堀田正睦回到了江户。之后他决定听从"一桥派"的意见，推举庆喜为将军继承人。虽然关于继嗣内敕中的"年长、英杰、人望"三个条件都已被删去，但也并未列上"血统为重"这种条件，实际上不过是把选择权交给了幕府。

　　还有一种说法是，堀田接到内敕的时候"年长"这一条件是口头传达的，这也成为堀田决心拥立庆喜的原因之一。当然，最大的原因还是堀田自身对当时状况的判断：既然条约签订只是时间问题，要渡过这个难关就必须定庆喜为将军继承人，并应部分人士的要求同意松平庆永就任大老。

　　然而，堀田的这个计划破产了。回到江户之后的第三天，即四月二十二日，堀田向将军家定提出任命松平为大老，但家定对此感到非常惊讶，并表示大老的人选无论从家世还是从人品、能力上来看都只有井伊直弼才合适。于是，推举松平庆永的提案就被否决了。

　　当然，这并不是家定自身的想法。在堀田离开期间，幕阁内反德川齐昭势力的中心——老中松平忠固等"南纪派"官僚偷偷在大奥中做工作并取得成果，才将这样一种想法根植在了家定的头脑中。如果庆喜成为将军，庆喜的亲生父亲齐昭就会在将军家中手握大权，也就有可能对大奥下手。可以说，是家定生母等大奥的私心影响了家定的决定。无能的将军在继承人和幕阁的人选问题上将自己的无能发挥得淋漓尽致，幕府也因此而自取灭亡。

　　翌日，即二十三日，将军家定任命井伊为大老。甫一上任，井伊就行使大老的大权，开始推进将庆福定为继承人的工作。五月一日，家定对大老及老中内部传达了将庆福定为继承人的意愿。

与此同时，试图拥立庆喜的"一桥派"勘定奉行川路圣谟等人陆续遭左迁，但对老中堀田和海防挂目付岩濑忠震等人的处置暂缓，原因是如果没有了他们，与美国领事哈里斯的交涉就无法进行。

◇擅自签订条约◇

井伊大老将未取得敕许一事对诸大名进行了说明并再次征求他们的意见，同时命令堀田前去与哈里斯交涉，推迟签订条约。

哈里斯对于日方多次推迟签订条约也颇有微词，但他认

彦根藩主，任大老之职。著有茶道作品及歌集。在政治上属于保守派
图2.4　井伊直弼（1815—1860年）

为如果此时中止交涉就可能被荷兰抢先，于是不得已同意延期到七月二十七日。井伊大老则计划在这段时间里将诸大名赞成签订条约的意见汇总并取得朝廷的敕许。

然而，美国军舰"密西西比"号与"波瓦坦"号分别于六月十三日和六月十五日进入下田港，并给哈里斯带来了这样的消

息：英法联军已经进入天津并迫使清政府屈服，不久之后，其庞大舰队就可能乘着势头驶往日本。

哈里斯立刻将此事告知堀田，并自己乘坐"波瓦坦"号前往小柴，于十八日夜与从江户派遣来的井上清直和岩濑忠震进行了会面。井上、岩濑二人希望在英法舰队来到日本之前就与哈里斯签订条约，因此，在取得哈里斯承诺在必要的情况下会在英法与日本间进行调停的保证书之后，二人回到了江户。

翌日，即十九日，江户城中召开了一场紧急会议。井伊大老主张在取得敕许之后再签订条约，但几乎没人支持他的想法。井上和岩濑从井伊处获得许可，如果延期交涉不成功，就即刻与对方签订条约。二人再一次来到小柴，一登上"波瓦坦"号就跳过延期交涉的步骤直接签订了《日美修好通商条约》。条约签订的时间是安政五年六月十九日（1858年7月29日）下午三时。

其后一个月内，日本陆续与荷兰、俄国、英国签订了修好通商条约，九月三日又与法国签订了条约。签订以上条约时，日方代表的中心人物都是岩濑忠震。然而，就在与法国签订条约的两天后，岩濑被贬为作事奉行，事实上被排挤出了幕政。

据说，在"一桥派"幕臣中，井伊最厌恶的就是岩濑。对"重秩序"的井伊而言，岩濑这些身份低微的海防挂官僚居然毫无顾忌地对地位高于自己的老中提意见，这就是犯下了"犯上不逊之罪"，绝对不可饶恕。

岩濑遭左迁的九月五日，在京都负责攘夷派联络事宜的豪商近藤茂左卫门被逮捕，所谓"安政大狱"正式拉开序幕。不过，要讲述这场"大狱"，就必须从六月十九日条约被擅自签订后产生的动荡与对立开始讲起。

◇ "安政大狱" ◇

条约签订后，井伊大老将责任推到堀田正睦身上并罢免其老中职位，就连在井伊就任大老一事上出过力的松平忠固也遭罢免。这实质上确立了井伊的独裁政权。

六月二十四日，松平庆永、德川齐昭、尾张藩主德川庆胜、水户藩主德川庆笃无视登城日[11]的规定进入城内指责井伊违敕缔约。七月五日，井伊对以上四人，以及同样就此事指责他的一桥庆喜分别处以谨慎[12]（齐昭）、谨慎及隐居[13]（庆永、庆胜）、禁止登城（庆笃、庆喜）。针对"一桥派"的大规模打压就此开始。

翌日，将军家定去世，庆福改名家茂，即将军之位。

与此同时，在京都的孝明天皇听闻条约签订一事后大怒，认为事态已无可挽回，甚至在敕书中写下"决心将帝位让与他人"之类的话。之后，八月八日，朝廷向水户藩下了一道敕令——"戊午密敕"。

敕令中有对条约签订的批判，也有对水户、尾张两藩藩主所受处分带来影响的担忧，都是一些涉及"一桥派"反击策略的内容。九条尚忠反对向水户藩下敕令，于是辞去了关白一职。

井伊认为其时的状况会危及幕府，于是决定对反井伊派进行全面打压。九月七日，在留驻京都的井伊谋臣长野义言的指示下，梅田云滨也继近藤茂左卫门之后被捕。为就条约签订一事进行说明而来到京城的老中间部诠胜将志士、藩士和攘夷派公家的家臣陆续逮捕。在这样一种威胁下，九条尚忠得以恢复关白职位，家茂也由天皇下旨任命为将军。十二月九日，幕府终于获得了事实上的条约敕许。

公家中，左大臣近卫忠熙与右大臣鹰司辅熙辞官；前关白鹰司政通、前内大臣三条实万被处以落饰（出家）、谨慎；其他还有许多人也受到了谨慎等处分。以上事件均发生在安政六年（1859年）二月到四月。

同年八月，德川齐昭被井伊大老处以永蛰居[14]；一桥庆喜则被处以隐居、谨慎。其他被视作"一桥派"的幕臣也遭到了处罚。岩濑忠震与永井尚志二人所受处罚最重，不仅被免职夺禄，还被处以永蛰居。被拘禁在向岛别宅"岐云园"的岩濑身体状况逐渐恶化，于文久元年（1861年）七月郁郁而终，年仅44岁。

安政六年八月到十月，遭逮捕的75名藩士、志士被处以严刑。水户藩家老安岛带刀被令切腹；被判死罪的6人中包括福井藩士桥本左内、儒学家赖三树三郎、长州藩士吉田松阴。另外，梅田云滨等数人被捕后死于狱中。

◇左内与松阴◇

对桥本左内的审讯内容涉及其为拥立庆喜而在京都等地的活动。左内理直气壮地表示自己是光明正大地奉主命行事。左内作为开国论者，就连固执于攘夷论的天皇本人也是其批判的对象。从这一点上来讲，他是一个和松阴等人有着决定性不同的现实主义者，是一个主张以英明的将军为中心、建立统一国家的非常现实的政治改革论者。

审判左内的井伊大老仅能代表幕府内井伊派的立场。毫无疑问，处死左内一事相当于否定了从外部支持幕府的最优秀人才的贡献。

与左内合作为拥立庆喜而奔走的西乡吉之助在井伊大老就任后便在京都等候举兵上洛[15]、试图扭转形势的岛津齐彬，然而齐彬于安政五年七月病死。

西乡得知幕府已经查到了月照身上，于是将月照送往萨摩。然而，齐彬去世后的萨摩藩已经无力为其提供帮助，西乡与月照二人最终在锦江湾相拥投水自杀。其后，西乡获救，并在藩厅的帮助下隐姓埋名隐居奄美大岛。所幸幕府并没有查到这里来，西乡总算是躲过了这场大狱。

长州藩士吉田松阴则与拥立庆喜一事毫无关系。他坦白自己反对幕府违敕缔约并谋划暗杀老中间部，因此被处死。

松阴是长州藩下级武士杉家的次子，后来成为山鹿流兵学师范吉田家养子，师从佐久间象山等人并在长崎、江户等地游学。嘉永七年（1854年），吉田登上佩里的军舰企图偷渡海外，但以失败告终，后被送回长州藩并被打入野山狱[16]。翌年（即安政二年）年末，松阴被安排到杉家的一个房间，不久开始致力于藩士子弟的教育，这就是有名的"松下村塾"。

松阴以佐藤信渊的《经济要录》、赖山阳的《日本外史》等作为教材，进行以实践为目标的教学，塾内充满了积极的学习气氛，与藩校明伦馆有很大不同。该塾培养了众多人才，久坂玄瑞、高杉晋作等人都是该塾出身。松阴不断向塾生灌输统一国家对抗外敌需要有一个核心，而这个核心就是"对天皇的忠诚"。一言以蔽之，这其实是为了使在强大欧美列强压力下被迫开国的幕末日本能够对抗外部压力所创造出的政治思想。按奈良本辰也的话说，这不过是一种"敷衍一时的专制主义政治思想"罢了。

为什么松阴只能创造出这种程度的政治思想？这一方面与他的思想并未重视一般民众有关，另一方面也是涉及始自宗教镇压的整体近世思想史的大问题，在此无法进行深入讨论。无论如何，松阴的思想来自动摇幕末政局的"尊王攘夷"思想，并取得了令人瞩目的成果。幕府认为松阴"恶谋拔群"，并将其送往江户处以极刑。可以说，这是幕府出于自保本能所作出的一个理所当然的决定。

◇"樱田门外之变"◇

井伊大老的大量处罚行为立刻招致了激烈反抗，其导火索是幕府要求水户藩将反对缔约的密敕交还给朝廷。水户藩内部分为以会泽正志斋为代表的支持交还密敕的稳健派与认为不可交还密敕的激进派，两派争论不休。安政六年（1859年）十二月，藩内意见统一为交还密敕。

激进派的金子孙二郎、高桥多一郎、关铁之介等人此前就一直与萨摩藩士有马新七等人谋划暗杀井伊大老，此次交还密敕一事使他们下定决心将暗杀计划付诸实施。但萨摩藩"精忠组"头领大久保利通对于组内有志者的脱藩计划非常慎重，他通过藩主监护人岛津久光促使藩主岛津茂久（忠义）向"精忠组"全员下达亲笔谕书，将脱藩一事平定了下来。以此事为契机，大久保开始进入藩政中枢。

安政七年（1860年）三月三日，以水户藩关铁之介为首的18人（水户脱藩武士17人、萨摩脱藩武士1人）做好了在樱田门外对登城诵读节日 [17] 贺词的井伊大老发动袭击的准备。

当日下了一场罕见的春雪。上午九时，总人数60余人的队伍从外樱田的大老宅邸出发，队伍中的26名武士穿戴着雨披，将刀收入刀套，围绕在主君的轿子四周。鉴于水户藩近来形势不稳，有人向井伊建议加强警备，但井伊表示自己作为大老不能破坏幕府的规矩，坚持拒绝了该提议。

当队伍行进到樱田门外的杵筑藩邸门前时，出现了一群手拿武鉴（记载了旗本、大名一览表的刊本），似乎是前来观看大名登城的人。由于这些人看起来像是手拿诉状前来越级告状的，井伊的随从就朝他们走过去。这时，这群人突然拔刀砍了过来。紧接着，一声枪响，道路两旁的浪人一齐朝大老的轿子发动了袭击。

彦根藩士们虽然尽力奋战，但由于雨披和刀套阻碍了行动，因此一个接一个地被袭击者砍倒。井伊大老本人被刚才发出信号的短枪击穿了腰部，无法行动，结果被示现流 [18] 高手、萨摩脱藩武士有村次左卫门拉出轿子，当场砍下头颅。但随后抱起井伊首级的有村也身负重伤而自杀身亡，井伊的首级被井伊家取回，之后与井伊的身体缝合到了一起。

在前往老中胁坂安宅邸自首的浪人提交的《斩奸趣意书》中，签订条约、发起大规模迫害的井伊大老被称作"天下之巨贼"。另外还写道，对其施以"天诛"并不代表要与幕府为敌。其后，逃走的浪人在各地被逮捕、处死，参与袭击的人里最终活下来的只有两个。

井伊大老的强权幕政不到两年就迎来了终结。这种政治可以看作幕府的"老旧部分"在外压之下逐渐崩溃时发出的"临终痉挛"，是一种政治反冲力。在这样的政治反冲力下，将幕藩体制彻底瓦解的自由贸易业已开始。接下来，我们将目光转向新的通商口岸——横滨。

3. 涌向通商口岸的人们

◇横滨居留地的建设◇

根据通商条约规定，神奈川、长崎、箱馆三地于安政六年六月二日（1859年7月1日）作为通商口岸开放。公历7月1日这一日期是日俄、日英条约上的规定，在此之前签订的日美、日荷条约中规定的日期是7月4日。哈里斯本来是将美国独立纪念日指定为开港日，但俄国的普提雅廷认为没有必要什么事都遵从美国的想法，于是就变更了日期。

与长崎、箱馆不同，三个口岸之中最大的贸易口岸神奈川需要从零开始建设新的港口。幕府认为作为东海道宿驿的神奈川宿交通频繁，如果在此处设立口岸，让日本人与外国人接触过多会非常危险，于是就考虑将附近拥有优良港湾的横滨村作为通商口岸开放。

此时已成为公使的哈里斯对幕府的这一决定提出了反对意见。他认为幕府这么做是想将外国人限制在交通不便的横滨，就像在长崎的出岛一样对外国人进行管制。他的确看穿了井伊大老等人的真实想法。

幕府无视哈里斯的反对，继续实行在横滨建立通商口岸的计划。安政六年三月，幕府拿出超过9万两的预算开始建造码头、道路桥梁、运上所、夷人贷长屋[19]等设施。运上所即海关，建立在码头附近（现神奈川县厅所在地），其东侧为外国人居留地，其西侧则为日本人街。

幕府还计划将南边的太田屋新田地内的沼泽填埋后建造游女町[20]。品川宿旅店老板佐吉承接了这一工程，工程于同年十一月竣工。佐吉经营的"岩龟楼"以其大气而壮丽的建筑风格成为横滨的一处名景。

横滨村的村民被强制搬迁到了山手丘下（即"本村"，后改名"元町"）。万延元年（1860年）四月至六月，本村与居留地之间建造了一条运河，横滨由此成了四面环水的岛屿，进出均需要通过设置在桥上的关口。"关内""关外"的称呼就来自于此。

开港当日（六月二日）的四时半（约上午11时），首次从横滨登陆的英国总领事（后担任公使）阿礼国即在所著的《大君之都》中对自己当时的印象做了如下记载：

"桑普森"号抛锚停靠之后，我们立刻就上了岸。看到日本政府斥巨资并早早就建好的漂亮的花岗岩建筑，我们都很吃惊。又宽又大的突堤（长108米、宽18米、高出水面4米，共2处）突出到港湾之中，上面还连接着很长的阶梯，可容纳20艘船同时卸下客人或货物。在正面有一幢看起来像是官厅的建筑，他们告诉我那是海关（运上所）。走过去之后看到有几个官员和一个翻译。进了海关的门就是一个中庭，地上铺着从海边取来的石头。中庭的四面是海关的办公室，其中一部分明显能看到还有工人在施工。

其后，阿礼国来到满是"由木墙和土墙建成的漂亮而坚固的房子"的日本人街，他拿出自己在运上所里以美元硬币交换来的同重量的日本货币并试着消费。当得知换来的货币的价值只有他预想的1/3的时候，他极其惊讶。笔者将在后文讲述此事。

阿礼国与哈里斯一样，也要求将外国人居留地设置在神奈川宿附近。后来，荷兰领事也加入了他们的行列。在这些国家的强烈要求下，幕府只好妥协，暂且决定将居留地设置在神奈川地区。然而，外国商人们更愿意继续住在横滨。于是，在翌年（即安政七年）三月，外国代表们终于也正式认可将居留地设于横滨。

◇大型贸易公司与中小型贸易公司◇

安政六年（1859年）六月二日，横滨港开港。如果除去前一天与公使哈里斯乘坐的军舰"密西西比"号同时入港的美国商船"流浪者"号（由奥古斯丁·哈尔德商会派遣），进入横滨港的商船就只有当日下午四时入港的荷兰船只"席勒"号。其后到六月十一日为止，共有4艘荷兰船只入港，十七日首家开张的店铺也是荷兰人的。

紧接着来到横滨的是于六月三日入港的英国船只"卡特基"号。这艘500吨的蒸汽船隶属于活跃在中国的大型贸易公司登特商会，后来转手至登特商会的竞争对手怡和商会，再后来又到了肥前藩手上。六月十四日，怡和商会的年轻合伙人W.凯斯维克乘帆船"诺拉"号入港，船上载着货物和价值4万美元的银币。

凯斯维克于这一年年初就被怡和商会上海分店派遣到长崎进行过交易。此时的长崎已经开始以会所贸易的形式与荷兰以外的国家进行贸易。登特商会的船只"范迪克斯"号在这一时期也一直往返于上海和长崎之间。

可以这样说，在开港之初就来到横滨的，主要是在中国和东南亚的贸易中积蓄了资本，同时也有在长崎进行交易经验的大型贸易公司。它们靠自营交易成功地赚取到财富，具

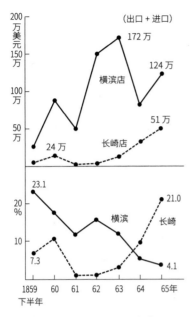

图2.5　怡和商会的贸易额（上）
与各口岸贸易总额中该商行所占比例（下）
（资料来源：石井宽治《近代日本与英
国资本》）

备了将满载货物和白银的商船派往日本的经济实力。

图2.5显示了怡和商会横滨、长崎两个分店的贸易额与该商会贸易额在两口岸贸易总额中所占比重。从中可以看出，在初期阶段，怡和商会的贸易额在横滨占有极大的比重，这得益于它大力出口生丝的策略。贸易开始初期的生丝贸易几乎是怡和商会和登特商会两家独大。

文久三年（1863年）四月，攘夷运动达到顶峰，通商口岸面临锁港危机。根据此时对驻横滨英国商会的资产调查（主要是库存商品的金额，参见表2.1），这一时期在横滨进行贸易活动并占据绝对优势的英国各商会中，仍然是将总部设在中国（尤其是香港）的大型商会势力更强。

可是到后来，以下的情况越来越多：两手空空的外国年轻人来到横滨或长崎，开办中小型贸易公司，主要靠赚取佣金盈利。比如怡和商会横滨分店的生丝采购负责人J. S. 巴伯

表2.1　英国贸易公司的资产（1863年4月23日，横滨）

公司名称	资产（美元）	百分比	总部所在地（员工数）
1.Jardine, Matheson & Co.	763719	26.6	香港（51）
2.Fletcher & Co.	478423	16.6	香港（20）
3.Macpherson & Marshall	224065	7.8	
4.W.Kemptner	161200	5.6	
5.Ross, Barber & Co.	152079	5.3	
6.G.Barnet & Co.	140662	4.9	上海（5）
7.D.Sassoon & Co.	120580	4.2	香港（14）
8.Dent & Co.	100793	3.5	香港（33）
9.Adamson & Co.	100697	3.5	上海（5）
10.H.J. Hooper	82164	2.9	
11.Aspinall, Corns & Co.	77289	2.7	
12.Hughes, Willgoss & Co.	53835	1.9	
13.其他	419930	14.6	
总计	2875436	100.0	

资料来源：斋藤多喜夫《幕末的横滨居留地》，载《玉楠》第5期。
注：表中总计的数据进行过修正。

（在日本的史料中被称作"巴尔伯尔"）和上海某商会职员
罗斯合伙在横滨创立了罗斯·巴伯商会；著名的格洛弗商会
的创立者T. B. 格洛弗最初也不过是怡和商会长崎分店的一
个负责人。

　　文久三年（1863年），英国的中央银行（总部设于孟
买）与商业银行（总部设于伦敦）在横滨设立支行。翌年，
即元治元年（1864年），P&O汽船公司开通上海—横滨的定

期航线。如此一来，中小型贸易公司的创立与活动开展就变得更加容易了。

阿礼国之所以把横滨居留地讥讽为"欧洲的垃圾堆"，多半因为这里是中小型贸易公司（而不是大型贸易公司）的天下。对那些在自己的国家被古老传统和身份阶级所束缚，无法发挥实力的年轻人来说，日本各地的居留地简直就是充满了"自由与平等"的开放空间。

不少外国人在赚到一笔钱衣锦还乡后，会再次来到日本。产生这种现象是由于居留地与他们本国社会之间的这样一种异质性。当然，毋庸置疑，所谓"自由与平等"其实是建立在领事裁判权所带来的"白人社会"的特权之上的。

◇来自江户的商人们◇

在同一时期，也有一些日本人为了与外国人交易而聚集到横滨。这又是怎样的一群人呢？幕府于安政五年（1858年）年末就开始鼓励江户等地的商人前往神奈川开设店铺，有很多江户商人提出了开店申请。

安政六年（1859年）七月在横滨新开张的71家主要商店中，有34家都属于江户商人，其中包括应幕府邀请而来的三井家等。此前，幕府担心前来开店的大商人太少，于是就特别向这些大商家发出了开店邀请。

三井做的是绸缎生意，本来对在横滨开店一事并不积极，但由于幕府提出他们可以独占贸易相关的拨款，于是就接受了开店邀请。三井在横滨的店并不售卖生

位于横滨本町答道一端的三井绸缎店店内景象。外国人直接穿着鞋进入店内

图2.6　《异人三井店仕入买之图》

丝，而是从事丝织品批发。安政六年下半年，该店销售额为822贯目白银，纯利润为49贯目白银。但此后，店铺经营陷入困境，文久元年（1861年）开始出现赤字，文久二年的火灾之后，该店便停止了绸缎销售。

与此同时，三井将针对外国人的借贷业务逐渐扩大，比如借款给横滨的生丝商人。后来，三井成为横滨的一个重要金融机构，但在庆应二年（1866年）时积下了10万两的呆账，甚至因此陷入危机。

进驻横滨的江户商人中也不乏创业不久但有活力的新兴商人。神秘的大商人中居屋重兵卫就是其中一个。

重兵卫于文政二年（1820年）出生于上州吾妻郡中居村（现群马县吾妻郡嬬恋村）名主[21]黑岩家。他于天保十年（1839年）偷偷来到江户，在书店和泉屋善兵卫方打工，并

于嘉永二年左右开始独立经营书籍、药品生意，甚至还从事火药制造（据说"樱田门外之变"时水户浪人使用的短枪就是他私下提供的）。重兵卫应幕府邀请，很早就开始着手在横滨开店的准备。其店铺位于本町四丁目，占地超过1000坪[22]，用工人数超过60人，主要销售生丝、茶叶等。

开港后4个月内出口的总共17500千克生丝中，大约有一半是由中居屋销售给外商的。同时，它又从上州、信州等地收购生丝。通过这些贸易，中居屋获得了巨大的利润。万延元年（1860年）八月，中居屋建成了豪华的西式风格店铺，因店铺屋顶铺铜瓦，故被称为"铜御殿"。

翌年，即文久元年，重兵卫因某项嫌疑被幕府没收财产，离开横滨后不久便死去了。关于这一事件的真相尚未有定论。

在这些江户商人中，大多为从外商手中收购商品的进口商人。当时与前川太郎兵卫同被列为"东京三大布料批发商"（根据明治中期的营业税纳税额统计得出）的杉村甚兵卫与萨摩治兵卫就是从事的进口贸易。两人均是从近江出身的新兴江户商人丁子屋小林吟次郎家（丁吟）独立出来的，分别经营毛织物和棉布的进口生意，积累了巨额的财产。

杉村与萨摩两人分别于弘化四年（1847年）和庆应三年（1867年）开始独立经营。近江商人前川也是在幕末的万延元年独立开店的。该店以横滨的野泽屋（茂木惣兵卫）为大本营经营西洋布匹进口生意，生意发展迅速。

多数进口商品就是这样经江户出身的进口商人之手，进入了传统的商品流通渠道。这些进口商人依靠进口贸易一举赶上并超越了旧式的都市批发商。

◇地方商人进军横滨◇

然而，构成了横滨金融界中心的生丝销售商大部分并不是江户商人，而是从生丝产地来到横滨的各地地方商人。尤其是上野、武藏两国，涌现出了龟屋源善三郎、野泽屋茂木惣兵卫、吉村屋吉田幸兵卫等著名的生丝销售商。

据横滨开港资料馆所刊行的《吉村屋幸兵卫关系书简》所记载，幸兵卫于天保七年（1836年）出生于上野国势多郡新川村（现桐生市新里町）的一户经营当铺的家庭。他从安政初年就开始经营蚕丝生意，万延元年时因出货生丝而首次来到横滨。

文久二年（1862年），幸兵卫正式作为经销商开店。其后，他靠父亲经营的当铺寄来的资金大量收购奥州丝、上州丝，业务迅速扩大。庆应年间，他渐渐将经营方式从风险很大的收购方式转变成安全的靠委托贩卖赚取佣金的方式。这一时期，与前文中的中居屋同为初期代表性生丝销售商的甲州屋忠右卫门因蚕卵投机失败而没落，而吉村屋渐渐取得了横滨代表性商人的地位。

这些聚集在横滨的日本商人都仅是与在居留地开店的外国商人进行交易，他们并不具备前往海外进行贸易的实力。同时，又有不少外国商人通过日本的商人或店铺负责人，尝试进行被条约禁止的内地通商。比如高须屋清兵卫从怡和商会得到巨额资金后从生丝产地收购大量生丝，又如大谷嘉兵卫担任了美国史密斯·贝克商会的茶叶收购负责人，这些都是比较著名的例子。

众多日本进出口商人的参与使横滨居留地的交易活动能够更加顺畅地进行。同时，这种做法也避免了外商侵入内地的状况发生。

然而，在横滨开港之初发生过一阵巨大的骚动，甚至使商品交易都无法正常进行：开港当天，阿礼国在横滨使用日本新货币"二朱银"时，发生了一件让他意想不到的事情，并在当时引发了一场风波。

4. 金币外流与通货膨胀

◇苦肉之计——新"二朱银"◇

安政六年（1859年）六月二日，即横滨开港当日，阿礼国在运上所用1美元银币交换到了2枚名叫"二朱银"的新种类货币——而不是他一开始预想的3枚一分银。论重量，"二朱银"有一分银的1.5倍重，但由于1分等于4朱，所以1枚"二朱银"只相当于一分银的一半，2枚"二朱银"加起来才相当于1枚一分银。也就是说，哈里斯和阿礼国本来预计1美元价值相当于3枚一分银，实际上却暴跌到了他们预想的1/3。

这种"二朱银"是根据幕府外国奉行兼勘定奉行水野忠德的提议，在开港前一日即六月一日刚刚发行的新货币。水野试图以这种货币来防止日本黄金流向海外。

幕府在《日美修好通商条约》中——与之前签订的日美条约一样——不仅认可了国内外货币的同种同量交换（同重量的外国金币交换日本金币，同重量的外国银币交换日本银币），甚至还允许日本金银货币的自由出口，连哈里斯都为此感到震惊。如此一来，肯定会有人公然进行通货投机。每1枚1美元银币（重7.2匁[23]，即27克）可兑换成3枚一分银（1枚重2.3匁，即8.6克，3枚合计26克），只要用4枚一分银交换1两的金币（小判）并将其带到上海等地，就可以用1枚小判交换到4枚1美元银币。也就是说，最初的1美元银币增加了300%的价值。

在这一机制的背后有两个地方值得关注：首先，日本的金银比价高达世界水平的1.5倍；其次，一分银实际上是一种辅助货币，幕府赋予其的价值是其本身所含纯银价值的

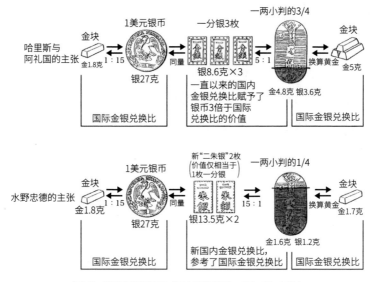

图2.7　通货交换的矛盾（日本通货制度：1两=4分=16朱）

2倍。无视其含银量而刻上了"一分"这一货币单位的一分
银，其实已经不再是称量货币了。

　　也就是说，幕末的日本已经开始脱离金银复本位制而朝
着金本位制发展，而哈里斯来自仍然采用金银复本位制这一
"落后制度"的美国，自然无法看穿背后的道理。正因如
此，他才能堂而皇之地发表谬论，要求美元银币与只是辅助
货币的一分银同量交换。

　　此前，岩濑忠震就《日美修好通商条约》进行交涉时，
已经意识到了货币同种同量交换的危险性。幕府在佩里第二
次访日时就对美元银币的品位重量进行了调查。根据该调查
结果，再参考日本国内的银块收购价，幕府确认1美元银币

相当于16匁（基于1两=60匁的法定兑换率）通用银，即重约1分的黄金。根据这一结论，幕府规定1美元可交换1600文钱。

正如前述，哈里斯对该规定提出抗议，因而造成了一场混乱。岩濑本人似乎在签署通商条约时想到了某些对策，但他此后不久遭贬职，换了水野来负责此事。

那么，用水野提议发行的新"二朱银"来交换美元银币又会怎样呢？由于1枚1美元银币等于2枚"二朱银"，要换得一两小判就必须花费4美元，而把一两小判拿到上海去兑换只能换到4美元。无论谁进行这样的兑换都只是白白花费路费罢了。这样一来，就能防止黄金外流。

但是，新"二朱银"有个巨大的缺陷。一直以来使用的一分银仍在国内流通，这一点无法改变。然而，多次以货币恶铸的方式来补贴财政收入的幕府如今已经没有经济实力来全面实施银币良铸了。运上所会要求日本人交出从外国商人处取得的新"二朱银"，以二朱的价值兑换成一分银。因此，新"二朱银"实际上成了通商口岸的专用货币，有人批判这是拉低外国银币价格的手段也就不奇怪了。

幕府接到阿礼国与哈里斯的强烈抗议后，于六月二十二日宣布废止新"二朱银"的使用，且规定1美元银币可兑换3枚一分银。

◇盛极一时的金币投机◇

新"二朱银"的尝试遭受挫折之后，幕府限制了运上所的一分银供给量，这使正常的贸易也受到了一定的限制。"金币热潮"真正开始是在八月下旬，外国银币改铸的一分银大量供给之后。从这时起到十月十七日幕府以江户城本丸火灾为由大幅减少一分银供给为止（中间不到两个月的时间）是外商囤积小判的鼎盛时期。

下面展示的是最大的外商——怡和商会的金币出口情况。如图2.8所示，金币发出总额（成本）为47893美元，其中一半于十月二十二日由横滨发往香港，该次获得的利润接近成本的60%。其后，随着利润率的下降，这方面的交易也在减少。

十月初的时候，横滨的外国商人们为了得到金币几乎

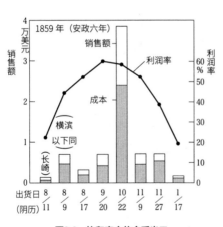

图2.8　怡和商会的金币出口
（资料来源：石井宽治《近代日本与英国资本》）

陷入了疯狂状态。他们争相奔向运上所，要求兑换巨额的一分银。比如，怡和商会就以店员巴伯的名义要求兑换价值

400万美元的一分银。面对这种情形，运上所也不得不限制一分银的兑换；而阿礼国等人终于也开始担心金币投机会影响到正常的贸易活动。

然而，之所以实际的利润率顶多到60%左右，是因为用一分银兑换金币的时候金币价格已经大幅上涨了。在近江商人丁子屋小林吟右卫门（丁吟）于九月二十八日从江户店（吟次郎）寄往京都店的书信中提到，天保小判100两的价格现在已经涨到了140两，希望对方在京都多收购一些。而其在十一月六日的信中也提到，小判100两已经涨至152两到153两。根据图2.8中利润率的下降情况可以清楚看出，在那之后，小判价格仍在上涨。

不过，要完全消除金币投机现象，就必须将金银比价修正到国际水平。既然没有财力进行银币良铸，幕府只好计划采用金币恶铸的方法来达到这一目的。在与外国代表商谈之后，幕府于安政七年（1860年）一月二十日宣布，从二月一日开始，天保小判1两相当于3两1分2朱，直到下一次改铸。于是，金币外流终于停止了。

关于这一时期从横滨外流的金币总额，战前的山口和雄认为达到了100万两；1960年前后，石井孝基于运上所兑换的一分银总额推算，认为应在30万两左右；J. 麦克马斯特则根据怡和商会资料中的数据，又提出了外流金币总额不超过10万两这样一个崭新的见解。笔者再次对怡和商会的资料进行了研究，推定其总额应在10万两到20万两之间。石井基本同意笔者的观点，作出了总额为10万两左右的新推定。

虽然金币外流总额比想象的要少很多，但这一结论并不能否定金币外流所造成的巨大影响——因为，防止金币外流的对策实际上成了幕末发生通货膨胀的导火线。

◇幕末通货膨胀◇

通商口岸开放前后，物价开始上涨。虽然物价一直在波动，但纵观整个幕末时期，能看出其上涨非常明显。根据新保博的计算，以白银标价的大坂批发物价在安政六年到庆应三年（1867年）这8年间上升到了原来的6.6倍。这次给民众生活带来巨大影响的急遽物价上涨堪称史上罕见，仅次于太平洋战争末期到战后复兴期的那次严重通货膨胀。造成此次物价上涨的原因之一——正如当时的人们所推测的——就在于通商口岸的自由贸易。

自安政六年贸易开始，直到庆应二年为止，对外贸易一直保持着连年大幅出超的状态。比如代表性的出口商品——生丝在横滨的价格，最初只有伦敦、里昂等地的生丝价格的一半左右，但其后不久便上升到这些地方的80%到90%之间，同时也拉高了日本国内的物价。与此同时，幕末时期的进口商品暂时还无力拉低同类国产商品的价格。可以说，幕末的贸易总体上抬高了日本的物价水平。

　　然而，更应该关注的是万延货币改铸对物价造成的影响。这次改铸的开端是安政七年二月天保小判价值上涨。同年四月，仅有原重量1/3的万延小判（以及一分判）被铸造了出来。这种小判体积极小，小到甚至让人怀疑这是否真的是一两小判。这一时期，1枚天保小判可以兑换3枚以上的万延小判，这唯独让持有大量金币的商人获得了利益。

　　彦根藩御用近江商人丁吟的安政六年年度决算（安政七年一月二十五日）中列出了巨额的金币增铸金，这得益于他们较早获知消息并大量囤积金币。这些增加的金币流入市场之后当然会造成物价上涨，但万延小判和一分判加起来也不过铸造了62万两左右，很难说这是造成物价上涨的主要因素。

　　持续物价上涨背后最大的原动力，是大量的万延二分判。因贸易出超，横滨囤积了大量外国银币，幕府将银币买下，改铸成了这些万延二分判。万延二分判是一种很奇怪的金币。作为辅助货币，其含金量只有22%，剩余部分都是白银，1两重的万延二分判中所含的纯金量比小判还要少得多。万延二分判也可按照其面额与旧货币进行兑换，因此，幕府通过其铸造就获得了巨额的改铸利润。文久三年（1863年）幕府收入的一半以上都来自改铸利润。

　　如此一来，幕府财政支出的增加就造成了持续性的物价上涨。

译者注··

1. 服务于天皇与朝廷的、身份较高的官员。

2. 关原之战后臣服德川家的大名，地位相对较低。

3. 同属德川一族的田安、一桥、清水三家，地位仅次于"御三家"。

4. 将军夫人及妾室、侍女们的住所。

5. 辅佐天皇处理政务的朝廷要职。

6. 江户时代的非常设官职，必要时在老中之上设置一名。

7. 即该地区所有产出砂糖均由藩进行收购的制度。

8. 江户时代各藩发行且只在藩内流通的纸币。

9. 由萨摩藩向债权人（多为商人）借款，约定分 250 年还清且无利息，其实是带有强制性质的政策。

10. 江户幕府直辖领地。

11. 当时，大名进入江户城须按照规定日期。

12. 封锁受罚人住处出口，禁止其自由行动的刑罚。

13. 将受罚人的家禄让与子孙，剥夺其官职，将其幽闭家中的刑罚。

14. 受罚者被关在一个房间里，且终身不得外出。

15. 即从地方前往京城（京都）。

16. 长州藩的一个用于关押武士等地位较高之人的监狱。

17. 三月三日是日本的女儿节，又称桃花节。

18. 日本古剑术流派之一，由萨摩藩士东乡重位创立，在萨摩藩流行。

19. 为外国人服务的旅馆。

20. 游女即妓女，此处的游女町即为幕府官方认可的"红灯区"。

21. 相当于村主任。

22. 1 坪等于 3.306 平方米。

23. 日本尺贯法重量单位，1 匁约合 3.75 克。

第 **3** 章

攘夷运动的影响

1. 尊攘志士的活动与日本民众

◇幕藩经济的瓦解◇

随着通商口岸的开放，大量生丝开始从横滨出口到国外，而日本国内的京都西阵、上州桐生等丝织品产地因此受到了巨大的冲击。横滨开港的安政六年（1859年），西阵的生丝收购量减少到了往年的一半左右，这导致失业的丝织工人发起了暴动。京都町奉行所不得不向穷人们施与口粮钱，并且让洛中富豪出资施粥，以此来防止暴动再次发生。布施活动一直持续到了第二年。

桐生的织布作坊同样也面临严峻的生丝不足、丝价暴涨的问题。安政六年十一月九日，桐生35个村的总代表直接向大老井伊直弼和老中间部诠胜发起"驾笼诉"[1]，要求禁止出口生丝。桐生的布料经销商也通过江户的绸缎批发商人多次向幕府提出禁止生丝出口。

另外，初开港时由于菜籽油大量出口，导致江户市内用于点油灯的菜籽油不足。于是，江户的菜籽油批发商和买卖中介人也纷纷要求幕府限制菜籽油的出口。

面对这样的事态，幕府于万延元年（1860年）闰三月十九日发布了所谓的"五品江户回送令"。该命令规定，杂粮、菜籽油、蜡、绸缎、生丝这5种商品不可从地方直送横滨，必须先运送到江户的批发商店后再出售给横滨商人。

为防止走私贸易，江户的批发商本来计划将店开到横滨，但外国奉行和神奈川奉行担心这会招来外商的不满，提出了反对意见，该计划因此搁浅。总之，自此以后，凡是没有江户批发商发货单的货物均被视作违法货物，国内产品必须经过产地—江户—横滨这样的一条渠道才能出口。

然而，在此之后，生丝以外的4种商品出口量剧减，而生丝通常是横滨商人直接向地方货主购买，这些商人只需要向江户批发检查所支付少许手续费即可。岩濑忠震曾经设想通过江户批发商掌握贸易并以此支撑幕府财政，但如此看来，他的计划并没有实现。

"五品江户回送令"看似没有起到作用，但该命令在文久三年（1863年）下半年发生的横滨锁港风波中充分发挥了威力。该命令在此前之所以"没有起到作用"，包括以下两个原因：第一，江户生丝批发商本来实力不强，天保改革时工商行会又被下令解散，虽然嘉永年间幕府发布了"行会再兴令"，但这群商人的流通管制特权已经无法恢复；第二，制丝蚕农的增加与手摇缫丝机的普及带来的制丝效率上升缓解了纺织业地区原料丝不足的状况。

因此，西阵、桐生地区的暂时经济衰退不能被看作是开埠给经济带来影响的典型代表。这一时期,东日本的生丝生产与西日本的伊势、山城等地一直到骏河地区的茶叶生产突破了幕府及诸藩的管制,开始迅速发展——这样一个事实其实更加具有重要意义。

在这一时期的进口商品中,棉布占的比例并不大。文久二年(1862年),幕府允许诸藩进口舰船,诸藩由此增长的军事力量在幕末政治斗争中发挥了重大影响。

幕藩体制的基本秩序,是以将军、大名、家臣的顺序,以大米产量("石高")为基准,对领地、俸禄进行分配的"石高制",而幕府独占的对外贸易(锁国制下)成了这个体系中的例外。当这个独占的例外被打破之后,诸藩的实力就变得无法仅用"石高"来衡量。但是这样一来,各藩也无法靠收取米纳年贡来取得领民的商品生产发展成果。在自由贸易的影响下,幕藩统治体系的根基开始了不可逆转的瓦解。

安政七年(1860年)三月的"樱田门外之变"引燃全国,各地尊攘志士纷纷展开活动。而其基础,就是开放通商口岸带来的社会经济的剧烈变动。

◇"夷人斩杀"频繁发生◇

攘夷志士们的活动引发了横滨和江户的外国人被杀伤

事件。首先是在刚开港不久的横滨，俄国舰队的士官遭到袭击。

安政六年（1859年）七月二十七日傍晚，正在访日的俄国使节N. 穆拉维约夫护卫舰队中的3名船员在横滨本町三丁目遭到暴徒袭击，见习士官R. 莫菲托与水兵I. 索科洛夫两人身亡。时任神奈川奉行的水野忠德得知此事后却不亲自前往现场，只是安坐在户部的奉行所里发布指令，导致嫌犯轻易逃走。此事让赶到运上所的各国领事愤慨不已。

然而，俄方对此事表现得十分克制，提出的要求仅是幕府出面道歉，罢免奉行，以及为死者建造坟墓。墓建在了横滨元村的增德院内（现横滨外国人墓地），外表为西式风格，大气华丽。墓的基石现在仍保存在该墓地中，是该墓地现存最古老的基石。

翌年（即安政七年）的二月五日，荷兰船长W. 德·福斯与商人N. 德克尔在横滨被杀，嫌犯成功逃走。其后，幕府向两名死者家属各支付了1000两新小判的赔偿金，并在横滨的关卡加强了对带刀人员的检查。

各国的公使馆人员也未能逃过攘夷派的毒手。万延元年（1860年）十二月五日，曾与哈里斯同甘共苦的美国公使馆译员休斯肯在骑马从赤羽接遇所（饭仓）的普鲁士使节返回麻布善福寺的美国公馆途中，遭到数名攘夷志士袭击。休斯肯负重伤濒死，被运回善福寺几个小时后断了气。当时，普鲁士使节来日本进行条约的交涉，而擅长德语的休斯肯则是去提供协助的。

坊间传闻杀人者是水户藩浪人，实际上真凶伊牟田尚平等人的身份是萨摩藩武士或该藩的脱藩浪人。失去了左膀右臂的哈里斯悲恸不已。事后，他设法为休斯肯远在荷兰的老母亲向幕府索要了1万美元的赔偿金。此事甚至导致哈里斯于半年后向美国总统林肯提出辞职。

文久元年（1861年）又发生了一起大事件——在150名日本人护卫看守下的高轮东禅寺英国公使馆遭到袭击。当时，英国公使阿礼国去香港出差后，从长崎经陆路返回江户。14名水户浪人认为阿礼国的行为污染了"神州"并因此愤怒不已，在阿礼国抵达的翌日（即五月二十八日）夜对公使馆发动了袭击。

公使本人虽逃过一劫，但用马鞭进行抵抗的书记官L. 奥利芬特身负重伤，使用手枪还击的驻长崎领事G. S. 莫里森也受了伤，在公使馆外的战斗中还有不少日本人死伤。这一次，逃走的浪人几乎都被逮捕归案，幕府向负伤的两名英国人支付了1万美元的赔偿金。

以攘夷为名进行"夷人斩杀"这种恐怖活动的并不只有水户、萨摩等藩的武士，在农民中也有一些人计划进入横滨发起"夷人斩杀"。本书开头所提到的涩泽荣一就是其中一个。

涩泽荣一出身于武藏国榛泽郡血洗岛村（现埼玉县深谷市）的一户豪农家庭，是家里的长子。他于文久三年与亲戚尾高惇忠、涩泽喜作等人计划"火攻横滨，将所见外国人尽数斩杀"。他瞒着父亲，挪用蓝玉[2]买卖所得的销售款购买刀枪，募集人手。十月末，该计划在即将实施的时候却因遭到从京都返回的同伙反对而终止。可以说，这件事也体现了当时的"攘夷热"影响之大。

曾创作过文久元年到文久二年的日本旅行记，后来担任瑞士驻日本领事的R.林道就曾慨叹埋葬于横滨外国人墓地的牺牲者之多。他记述道："这座墓地用血淋淋的文字记载了欧洲与日本之间短暂而又阴暗的交流史。到这里之后，我已经不会对外国人总是随身携带连发手枪这一习惯感到惊讶了。"（森本英夫译，《瑞士领事眼中的幕末日本》）在外国人看来，当时的日本俨然就是一个"以命相搏才能活得下去的国家"。（《一位外交官眼中的明治维新》）

◇外国医生的贡献◇

虽然恐怖事件频发，但来到通商口岸的外国人的数量仍在持续增加（图3.1）。他们中的大部分人都从事贸易，不过早期来到日本的外国人中也有医生和传教士。当然，对日本人传教是被禁止的，所以这些传教士名义上是为居留地的外

国人服务的神职
人员。

美国长老教
会的J. C. 赫本博
士夫妇于安政六
年（1859年）作
为传教医来到横
滨，在进行医疗
活动之余，也从
事日语研究、日

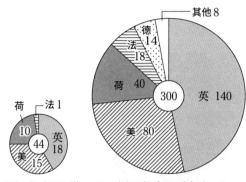

安政七年（1860 年）一月　　文久三年（1863 年）十一月

图3.1　欧美人士居住于横滨的人数统计

（资料来源：《横滨市史》资料篇3；《横滨商工会议所百年史》）

英词典编纂、《圣经》翻译等工作。"赫本式罗马字"就是
通过赫本博士于庆应二年（1866年）在沃尔什·霍尔商会资
助下出版的《和英语林集成》普及的。

赫本的专业是眼科，不过他也能做内科和外科的手术。
据说，当时江户的医生只要碰到自己无法医治的患者，就会
将其转诊给赫本博士。赫本还受幕府委托给9名学生讲授英
语，学生包括村田藏六。文久三年，在赫本夫人开办的英语
私塾招收的学生里，有当时还很年轻的林董（后任外务大
臣）和高桥是清（后任首相）等人。

在长崎，被派遣到海军传习所的荷兰军医庞培于安政四
年到文久二年向松本良顺等来自幕府或诸藩的学生讲授了西
洋医学。另外，庞培还亲自治疗过很多患者。尤其是安政五

作为传教医来到日本，明治二十五年回国。该照片为赫本夫妇于明治二十三年拍摄的金婚纪念照

图3.2　赫本夫妇

年霍乱大暴发的时候，庞培的治疗法成了当时独一无二的对抗霍乱的方法。其实际取得的成绩也使幕府于文久元年九月开设了日本第一家西式医院。

另外，在箱馆，隶属俄国领事馆的俄国东正教神父（安政六年五月来到日本的马霍夫与文久元年五月来到日本的尼可莱）和巴黎外国传教会派遣的天主教传教士M.卡雄都各自制订了建造医院的计划。最后，俄国一方的计划成功实现。未能如愿的卡雄凭借自己高超的日语能力，于元治元年（1864年）开始担任法国驻日公使罗什的翻译官。

然而，这些人作出的贡献并没能阻止攘夷情绪的扩散。在长崎的庞培很遗憾地说，曾经很友好的日本人在安政六年后态度开始转变；箱馆的卡雄也遭遇过好几次暗杀；横滨的赫本博士被和他接触过的日本人尊称为"耶稣的君子"，但他的夫人在文久元年遭人用棍棒殴打肩部，赫本夫妇不得不离开日本暂时回国。

◇ "草莽志士" ◇

　　志士们的活动不断使日本对外关系紧张化，还把天皇这一攘夷的精神依托奉为新的效忠对象。这群"尊王攘夷的志士"到底都是些怎样的人？他们突破幕府、诸藩的限制四处活动的时候又是谁在给他们提供经济支持呢？

　　发起"安政大狱"的大老井伊直弼遭到暗杀，此事之后，幕府权威扫地。以此为契机，全国各地开始出现众多的所谓"草莽志士"。"草莽"即草丛，以此为名则表示这些人有意识地脱离幕藩制的身份等级秩序。对于藩士而言，脱藩就是其最高级别的做法。所谓"志士"，是指心怀大志、为社会献身的人。下级武士与豪农豪商出身的人都以"草莽志士"的身份活动，将一直以来的幕藩制下地域、身份等级的秩序逐渐打破。他们四处活跃的巅峰时期是幕末的文久年间（1861—1863年）。

　　此处举关东一例。文久二年一月十五日，一伙人在坂下门外袭击了老中安藤信正，后者负伤并最终下台。这起事变的最终实行者不过6人，其中3人是水户藩士，但其背后团体的控制权掌握在下野一带的豪农豪商阶层手中。

　　根据秋本典夫的研究，该团体的领导者是宇都宫出身的江户大商人佐野屋当主菊池教中及其姐夫儒学家大桥讷庵，一些与佐野屋有来往的真冈町商人、农民、医生等也加入了该团体。这些人之所以进行尊攘活动，原因是他们的经济基础遭到了动摇和破坏。其实，教中与讷庵都主张举兵反抗，而并不赞同袭击老中。但该团体的活动资金来自佐野屋，后来此二人均被逮捕，出狱不久便死去。

秋本典夫认为，"黑船事件"后的商业环境恶化导致菊池教中转变为攘夷论者，选择了将江户方面的资金回收，转向新田开发地主化的经营路线。这样的观点大概并没有错，但是我们应该注意到这样一个事实：自文化十一年（1814年）以来，教中的父亲大桥孝兵卫（佐野屋孝兵卫）作为新兴都市商人已经在江户积累起了相当高的地位，因此，佐野屋江户店的负责人们坚决反对撤出江户，佐野屋实际上并未实现全面转型。

根据嘉永四年（1851年）批发店行会再兴时进行的调查，佐野屋的棉花进货量在新兴商人中遥遥领先，甚至超过了10家旧批发商。如果再算上绸缎批发、当铺这些业务，江户商人佐野屋的经营状况虽然多少有些上下波动，但在整个幕末时期基本上算是地位稳固。另外，在文久元年，幕府下属的江户国益会所制订的关东物产控制计划因老中安藤下台而告吹，这对佐野屋的商业活动而言也是一件幸事。

菊池教中的嗣子菊池长四郎（教中死时长四郎仅9岁）后来成了明治时期东京府屈指可数的富豪，甚至获得了贵族院[3]"多额纳税议员"的位置。

◇高杉晋作及其支持者◇

说到西日本的例子，就要提到著名的下关回船[4]货物批发商小仓屋白石正一郎。不过，小仓屋的发展轨迹与关东的佐野屋有很大不同。幕末的志士有一个特点，就是有着同样志向的人会结伴四处旅行，在此过程中互相交换意见并共同展开活动。而下关的白石家就是他们极好的住处、隐秘据点和交换情报的场所。

根据中原雅夫的研究，在正一郎的《日记中摘要》（可能只是已佚失的原本的一部分）中，自安政四年（1857年）到明治十一年（1878年）的共1200名登场人物里，约有400名为国事奔走的志士及西日本的著名志士几乎都受过小仓屋的照顾。在这些人里，福冈藩脱藩浪人平野国臣与长州藩士高杉晋作交情颇深。正一郎的弟弟廉作与平野在文久三年（1863年）十月参加生野（但马）举兵，后两人一同自杀，正一郎就将自己的所有资产都投给了高杉晋作的"奇兵队"组建计划。

白石家在位于下关的支藩清末藩[5]领内的竹崎经营面向北前船的回船货物批发，虽然在正一郎的父亲资阳这一代就有所积蓄，但是其资产规模想必并不大。小仓屋想方设法成为萨摩藩、福冈藩的御用商人，还从萩本藩借了1500两，可以说都是为了突破局限而做的努力。

　　文久三年八月的京都政变以后，萨长交易中断，刚刚开始抓住业务扩大机遇的白石家因此在商业活动上受到了巨大打击。庆应年间萩藩越荷方[6]的活跃也使白石家的生存空间进一步缩小。与此同时，高杉于文久三年六月在白石家组建的"奇兵队"的相当大一部分花费都依赖于白石家的资助。因此，白石家的衰落其实是不可避免的。正一郎明知如此却仍然帮助高杉等人，可以说他已经超出了"资助"的范畴，把自己也当成了一个"草莽志士"。

　　为了避免商人们私自展开活动，西南诸雄藩将经济力量集中于藩权力中枢并以此强化军事力量。同时，幕府已经丧失了这么做的统制力。如此背景就催生了小仓屋没落、佐野屋兴盛这样一种形成强烈对比的状况。

◇攘夷运动的性质◇

　　前文一直在以尊王攘夷运动的"对外的一面"为中心展开论述。那么，"攘夷"的性质究竟是什么？仅是一种极端的排外主义（所谓病态的民族主义），还是说是一种保护国民利益的健全的民族主义？这是一个难以得出答案的复杂问题。

　　"民族主义"这个词本身有很多种含义。如今，追求"以统一国内市场为基础的国家形成与发展"的近代固有的思想、运动正推动着全球一体化进程。在这样的环境下，姑且可以认为，民族主义的历史使命已经开始终结。而在民族主义鼎盛时期的19世纪中叶，幕末的日本正处于抵抗欧美列强的压力、不知能否维持国家独立的生死关头。

幕府屈服于"黑船"的军事压力而被迫签订的通商条约中包含了攫取裁判权和关税自主权的不平等性，日本因此不得不处于一种"对外从属"的地位。外国商人在条约保护下，无论是在交易中还是在日常生活中都态度蛮横，这招致了日本人的反抗。与此同时，在外国商人里，也有一些人钻条约的空子，借助日本人的渠道秘密开展国内贸易。

因对外国人做法的反感而使攘夷思想在国内扩散，这个现象本身可以算作民族主义的自然表露。但是，攘夷论者的对外思想其实是非常主观、非常片面的。比如，参加"坂下门外之变"的水户浪人就在《斩奸趣意书》中写道，再这样下去，日本人也会变成"和外夷一样的禽兽之群"。像这种几乎将外国人视作"禽兽"的排外主义是当时攘夷思想的普遍特征，"夷人斩杀"的恐怖活动就是基于此种单纯而主观的攘夷论。

当然，也有人主张将外国人视作和日本人同样的人类，并以人类普遍的公理来回应对方。比如熊本藩儒学家横井小楠就在佩里和普提雅廷来到日本的嘉永六年（1853年）提出，"凡我国应对外夷之国是无非有二：有道之国则与其通信，无道之国则拒绝之。不分有道无道而尽数拒绝，此为不明天地公共之实理，终必失信义于万国"。也就是说，横井小楠主张依据万国共通的"实理"来制定对外政策。

曾认为美国是"无道之国"的小楠在这一时期改变了自己的认知，转为提倡开国论。同时，他也在反省"或许日本才是无道之国"，这样的想法促使他立志帮助福井藩主松平庆永进行国内政治改革。

然而在当时的日本，像横井小楠这样能够以冷静的心态平等看待外国人的日本人极少。这一时期的日本本来还处在封建等级制度和藩割据的状况之下，包括普通民众在内的"一般国民"这一概念还未形成。在这样的环境下要求日本人将外国人看作是和自己平等的人类，的确是强人所难了。

即使在实行了开国政策的幕府内部，大部分幕臣的真实想法其实更接近于排外主义。只不过他们认为攘夷并不现实，所以才不得不作出让步，打开国门。在这样的想法之中，既包含了幕府自保的企图，也有对外国无原则的妥协。而在这背后，则隐藏着使日本丧失独立主权的危险性。

要让攘夷运动脱离恐怖活动的低水准，使其具有健全的民族主义性质，就必须将攘夷活动扩大到普通民众中去。然而，除了一部分豪农豪商，大部分的民众并未与攘夷运动扯上什么关系，他们仅在心里依稀期待志士们展开的活动能够引发社会变革。后来尊攘志士所进行的动员民众的尝试，全部都以失败告终。

　　这一时期的幕府甘于从属外国的状态，而攘夷论者们的活动不仅大大地动摇了以幕府为核心的统治体系，还引发了以摆脱从属状态、建立新的统一政权为目标的国内政治变革。从这一角度来讲，倒不如说他们所发挥的作用是值得肯定的。正如下文所述，攘夷论者们接下来要走的路，充满了艰难险阻。

2. 沸腾的朝廷"攘夷热"

◇皇妹和宫的悲剧◇

　　大老井伊直弼遭暗杀后，幕阁恢复了被罢免的久世广周的老中首座职务，以安藤信正、久世广周为中心的"安藤、久世政权"成立。该政权一方面撤销对一桥庆喜、松平庆永等人的谨慎处分，以图缓和与"一桥派"的对立关系；另一方面则试图让将军家茂迎娶孝明天皇的异母妹——和宫亲子内亲王，以此改善幕府与朝廷的关系。

磐城平藩主，担任老中时大力推动和宫下嫁一事，"坂下门外之变"后下台

图3.3　安藤信正（1819—1871年）

　　幕府以"公武一和"为旗号向朝廷提出了通婚的要求，而孝明天皇最初对此是拒绝的。拒绝的理由有二：一是和宫已经与有栖川宫之子炽仁亲王订婚，且很快就将举行婚礼；二是让皇妹远嫁到夷人聚集的关东之地实在过于可怜。

　　鉴于幕府仍然反复提出强烈请求，天皇于万延元年（1860年）六月二十日表示，只要幕府答应恢复锁国体制，就同意和宫下嫁。天皇的这一表态出自侍从岩仓具视的提议。同年七月二十九日，幕府提交了一份老中联名的《奉答书》，表示将在"七八年到十年以内"以交涉或武力的方式恢复锁国体制。

　　于是，和宫下嫁一事就通过幕府、朝廷双方的政治交涉而确定了下来，并未征求当事人的意见。对此，和宫本人虽不愿意，但也不得不答应。翌年（即文久元年）的十月二十日，和宫一行人从京都出发前往江户，队伍总人数超过6000人。从大津至江户的中山道被分为10段，由12个藩分别派人跟随队伍，实施警备。

　　根据队伍投宿地之一的美浓中津川宿的记录，负责警备的尾张藩派3000余人加入队伍。也就是说，因为担心尊攘志士夺回和

为实现"公武合体"被迫与将军家茂结婚。后改名"静宽院宫"
图3.4　皇妹和宫（1846—1877年）

官，总人数将近1万人的大部队始终保持着临战态势，在地势崎岖的中山道上前进。为了这不到一个月的大旅行，沿途的村庄都被课以极重的助乡役[7]，仅在中津川宿与邻近的落合，被动员的人员总共就超过16000人。

岛崎藤村的《黎明前》不但生动描写了这支庞大的队伍通过木曾路的场面，还写道："在街道上，发现了许多死在中途的搬运工的尸体。"

作为将军家茂的夫人，和宫在江户城大奥的生活并不十分如意：一方面，御所[8]的生活与武家的生活差别太大；另一方面，她与家茂的养母天璋院的关系也不好。不过，据说和宫与年龄相仿的家茂相处得倒是不错。

然而，对于和宫而言，真正的悲剧在于政治联姻的两个目的——"攘夷"和"公武合体"——均告失败。如后文所述，和宫于庆应二年（1866年）相继失去夫君家茂和皇兄孝明天皇，在那两年后她又不得不在官军的面前祈求保存德川家——而官军的大总督就是她曾经的未婚夫有栖川宫炽仁，先锋总督则是她的表兄桥本实梁。

◇萨长两藩的"公武合体"策略◇

政治联姻这样一个仿佛停留在战国时代的求和之策，体现出了幕阁思想之陈旧，同时也更加招致尊攘志士们的反感。

随着幕府地位逐渐下降，外样雄藩又开始活跃起来。

首先站出来的是长州藩。该藩的直目付长井雅乐于文久元年向藩主提出"航海远略策"。后来，长州藩以此作为大方针，长井也开始向朝廷、幕府提出自己的建议。长井的主张是，既然幕府签订的对外条约有效，就不应采取"破约攘夷"的方式，也不应拘泥于所谓"三百年来之御法"的锁国政策，朝廷应当命令幕府将活动范围扩大到海外。总的来说，长井的立场是偏向幕府的。

可以想见，幕府肯定支持这一主张。但问题在于，朝廷真的同意了长井的计划（虽说只是暂时）。孝明天皇于同年五月末仔细阅读了长井的建言书之后，称自己心中的疑惑终于解开，并命令长井说服幕府尽快进军海外。孝明天皇的确一贯持佐幕立场，不过此次他采取这样一种态度，可能是因为本来就对以再次锁国来实现攘夷这一计划的现实性抱有疑问。

虽说长井雅乐才能出众，但他提出的这一计划有一个缺陷：他把思想老旧、不思进取的幕府设想成为推进开国的主体。久坂玄瑞等长州尊攘激进派抓住这一点指责长井是"大奸臣"，并试图将其处死；长州藩政务役周布政之助也不再

长州藩士中被誉为"智辩第一"的人才。后因情势转换而切腹自尽

图3.5 长井雅乐（1819—1863年）

支持长井。其后，朝廷又听信了尊攘志士的游说，再一次回到了攘夷路线，长井的努力也全部化为了泡影。文久二年七月，长州藩的藩论从"开国"转变成了"攘夷"。为了表明作出这一巨大转变的决心，藩主命令长井切腹自尽。想必此刻的长井心中还是颇有不甘。

同样是采用"公武合体"策略，萨摩藩的情况和长州藩就大不相同。首先，萨摩藩继承了已故藩主岛津齐彬的政策路线，同时在进行幕政改革。其次，萨摩藩将"攘夷"或是"开国"的选择交予"天下之公论"，自身却回避了这个问题。藩主岛津忠义的亲生父亲岛津久光与其心腹小松带刀、大久保利通等人商议后推敲出了一种"犀利"的政策。该政策的"犀利"之处在于以军事实力为依托，贯彻武力至上主义。

文久二年三月十六日，久光率领千余精兵从鹿儿岛出发前往京都。一个无官无职的人率兵上洛与朝廷交涉，这是以前从未发生过的，是对传统幕藩制秩序的公然挑衅。然而，此时的幕府已经无力阻止他了。

久光带兵上京的消息使全国各地的尊攘志士振奋不已。聚集在京都、大坂一带的激进派计划趁机袭击佐幕派关白九条尚志与所司代酒井忠义，迫使朝廷向久光降敕以达到举兵倒幕的目的。先于久光一行出发的西乡隆盛担心事态发展难以控制，于是试图安抚激进派，但此时有人对久光说西乡其

福井藩主，号春岳、砺川等，
曾担任幕府政事总裁职

图3.6　松平庆永（1828—1890年）

实是在煽动这些人。久光相信了谗言，大怒之下再一次把西乡隆盛流放到了孤岛。

在没有了西乡这一抑制力之后，萨摩藩激进派的有马新七等人几乎就要脱离控制。面对这一状况，久光终于决定下手镇压。四月二十三日夜，久光派遣镇使到伏见的船舶旅馆寺田屋将6名主谋斩杀，史称"寺田屋之变"。萨摩藩尊攘激进派就此瓦解。将违抗藩政方针的尊王家臣毫不留情地斩杀，久光的这一大胆举动让朝廷也畏惧不已。久光率兵入京后，朝廷就委托他严厉打击脱藩浪人。"寺田屋之变"发生后，朝廷再一次下敕令传达了同样的意思，并且还将久光的京都驻兵合法化了。

此后，自信心大涨的久光开始试图插手幕阁人事。五月二十二日，久光等人跟随敕使大原重德从京都出发前往江户。此行的目的是让幕阁将一桥庆喜任命为将军监护人，将松平庆永任命为大老。文久二年一月十五日的"坂下门外之变"后，"安藤、久世政权"瓦解，幕阁根本无力反抗敕使的命令。七月一日，幕阁同意庆喜就任将军监护人、庆永就任政事总裁职（因庆永为将军一族，故未使用由谱代大名担任的"大老"这一职位称呼）。

◇横井小楠与幕政改革◇

　　"庆喜、庆永政权"的诞生可以看作在"安政大狱"中遭镇压的"一桥派"政治构想的实现。而促成这一政权建立的岛津久光此时脑海中想必浮现出了他兄长的身影，后者是曾试图举兵上京以对抗井伊大老，却在出发前就病死的岛津齐彬。在4年的时间里，幕府的威信不断降低，朝廷的地位却迅速上升。"寺田屋之变"后，尊攘志士的势力反而越来越大，他们甚至以与年轻的激进派公家联手的方式插手朝政。

　　以久光为首的萨摩藩的武力至上主义者们并没有提出足以应对眼下新环境的改革构想。代替他们提出幕政改革构想的是松平庆永的智囊——横井小楠。小楠最著名的献策就是"国是七条"。"国是七条"的基本方针是将幕府独裁转变为雄藩联合。可以说，这就是后来"大政奉还"路线的原型。

横井小楠"国是七条"

● 大将军上洛以谢列世之无理。

● 止诸侯参勤，改为述职。

● 放归诸侯家室。

● 不拘外样谱代，选贤任官。

● 大开言路，行天下公共之政。

● 兴海军，强兵威。

● 止相对交易，行官方交易。

　　熊本藩士，儒者，平等看待外国人与日本人的思想家
图3.7　横井小楠（1809—1869年）

最为清晰地体现该方针的，就是文久二年（1862年）闰八月发布的"参勤交代制[9]改革"。此后，隔年参勤被改为每三年参勤一次，并且允许大名的妻儿回到各大名的领地。这样的改革不但减轻了诸藩的经济负担，不再以大名妻儿为人质的做法也体现出了意图改变幕府独裁状况的态度。

再说说军制改革的情况。此时已被提拔为军舰奉行并[10]的胜海舟在被问及"要过多久才能召开将军出席的大舰队建设会议"时，他给出的回答是"五百年"，于是这一计划被彻底否定。海舟的构想是广纳全国人才，与诸大名协力组建海军。这一构想是排除"幕私"（德川家的私利），站在国家立场上的。从这一点上来看，海舟与小楠的主张不谋而合。

翌年（即文久三年）的四月，幕府决定建设神户海军操练所，胜海舟的构想自此得到了部分实现。该所不仅聚集了旗本和御家人[11]，还有许多萨摩、土佐等藩的家臣。这些人都跟随塾长坂本龙马操练学习。应当认为，日本海军——不是幕府海军也不是萨摩海军——正是自此开始逐渐成形。

与此同时，幕府为恢复自身在京都一带被削弱的控制权，于文久二年闰八月设立京都守护职。京都守护职位列京都所司代与大坂城代之上，负责统率藩兵维持畿内治安。这一重要职位由会津藩主松平容保担任。容保于同年十二月率领千余藩兵上京，从那时起直到"王政复古"为止，他几乎都处在推进"公武合体"的最前线。

◇势头凶猛的尊攘派◇

即使横井小楠的所谓"公共之政"得以实现，那也顶多是以幕府为中心的雄藩联合，而联合中的各方力量平衡一旦改变，整个权力体系也会受影响，是非常不稳定的。要建立一个打破幕府、诸藩割据体制的统一政权，就必须有一个经过了激烈武力对抗的洗礼、摆脱了"自藩意识"的主体出现。

在幕末的日本，首先扮演起这一角色的是尊攘派的志士们。从文久二年年中开始，尊攘志士的活动主要以朝廷为中心展开。岛津久光顺利达成"公武周旋"，于闰八月七日从江户回到京都后，朝廷却对他十分冷淡。久光一气之下于同月二十三日离开京都返回藩领。

久光滞留江户期间，朝议的风向发生了变化。其原因是岩仓具视等"公武合体"派的公家遭到排挤，而在以三条实美、姊小路公知为首的少壮派公家中，越来越多的人选择与尊攘激进派联手。七月二十日，九条家家臣岛田左近遭萨摩藩田中新兵卫等人斩杀，首级被置于四条河原。自此，所谓"天诛"开始流行，众多幕臣和公家都陷入了恐慌。

尊攘志士们的背后，除了藩论大转变的长州藩，还有另一个藩——土佐藩。在武市瑞山（半平太）率领的土佐勤王党暗杀参政吉田东洋后，土佐藩藩主山内丰范应朝廷的邀请

与三条实美同为少壮派公家的代表
人物，遭暗杀身亡
图3.8　姊小路公知（1839—1863年）

土佐勤王党盟主，通称"半平太"，
因触怒前藩主山内容堂而切腹自尽
图3.9　武市瑞山（1829—1865年）

率兵上京。闰八月一日，武市在京都被任命为"他藩应接役"。其后，武市与长州藩久坂玄瑞等人展开密切联络，同时在朝廷内部做工作，必要时还偶尔派自己一手培养的冈田以藏等人实行"天诛"。

文久二年（1862年）十月，朝廷派遣三条实美、姊小路公知二人作为敕使前往江户督促攘夷。文久三年三月，将军家茂上洛[12]，朝廷借机催促其给出实行攘夷的期限，双方最终约定期限为五月十日。然而，幕府面向大名发布的命令是"若对方发动攻击，我方则进行还击"，尊攘志士和公家却理解为"由我方主动发起进攻"。如此疯狂的想法已经完全跟外交没有关系了。

◇ "睿虑"与廷臣 ◇

为什么这群人会激进到这个地步？难道长州藩为了对抗萨摩藩，不惜拉上朝廷也要坚持愚蠢的攘夷路线吗？这当然也是原因之一。不过，朝廷同时也在对长州藩论进行操纵。

长州藩尊攘派头目久坂玄瑞于文久二年八月向藩主提出策论"回澜条议"。该策论主张废除违敕签订的通商条约，退回到签订和亲条约时的状况。但是当时的朝廷希望回到和亲条约签订前的完全锁国状态，并将此意向传达给了长州藩藩主。若单方面实行如此方针，那就意味着对外国的断交或者宣战。朝廷在政治上的无知、无主见已经到了让人震惊的地步。然而，此后的政局正是被朝廷的这样一种想法推动着。

在传统幕藩体制下，朝廷不过是赐予幕府权威的一个存在，一直被远远隔离在政治体系之外。而现在，"睿虑"（天皇的意见）成了拥有最高政治价值的东西。朝廷曾经长期处于失去政治功能的状况，而如今，朝廷在决定自身意志时能够接触到天皇的廷臣（公家）集团，因此具有巨大的影响力。将军地位虽高，但无法直接与天皇交涉，获知其"睿虑"。如此一来，有权势的公家以及和他们有密切联系的尊攘志士就一时独占了"睿虑"，将幕府逼入了险境。

文久二年十二月，三条、姊小路两名敕使滞留江户期间，与萨摩藩联手的青莲院宫（中川宫朝彦亲王）设置了

"国事御用挂"一职。因为该职位由上级公家（"公武合体"派）主导，三条等人返京后发起了激烈抗议。文久三年二月，久坂玄瑞与姊小路公知等人前往关白鹰司辅熙宅邸进行谈判。根据谈判结果，新设置了以激进派公家为中心的"国事参政"和"国事寄人"两个职位。于是，尊攘派又从"国事御用挂"手中夺回了实权。

这次事件表面上是天皇身边的众多廷臣围绕主导权的激烈争夺，其背后则是萨摩藩（"公武合体"派）与长州藩（尊攘派）之间的对抗。五月二十日，姊小路遭暗杀，凶手身份不明，但萨摩藩被认为有重大嫌疑。这也是在双方的对抗中发生的一起事件。

在政治、外交上没有经验的朝廷却在独断专行——最应该对这种状况负责的其实是幕府。"安藤、久世政权"承诺要实施攘夷，"庆喜、庆永政权"却在如何实施的问题上一直拿不出主意。在尊攘派对幕府擅自签订通商条约的批评面前，松平庆永的智囊横井小楠不知为何也难以作出反驳。在幕政改革中与小楠联系紧密的"侧御用取次"（将军与老中之间的联络人）大久保忠宽（一翁）建议幕府向朝廷提出开国，若朝廷不同意则实行"大政奉还"，并因此遭到幕府贬官。

当时的德川庆喜也能够发表一番思路清晰的"开国论"，甚至让小楠都感到惊讶，但是他并没有不惜违抗朝廷也要贯彻自己主张的胆识。将军家茂向督促攘夷的敕使三条、姉小路表示将奉命攘夷，于是，幕府终究还是一点一点地被朝廷拉下了水。

◇八一八武装政变◇

那么，此时天皇的"睿虑"到底是怎样的呢？关于这一点，由于孝明天皇在后来提到当时的朝旨和诏敕有一部分是伪造的，所以很难得出定论。不过朝廷长久以来一直希望攘夷，而如果幕府实施该策略，应该说天皇完全没有理由反对。但是，要说朝廷真的下定了决心不惜发动战争也要把攘夷贯彻到底，那倒也未必。

德川庆喜在他后来的回忆录《昔梦会笔记》中，对于"关于攘夷一事，真正的'睿虑'到底是怎样的"这一问题作出了如下回答：

> 说到真正的"睿虑"，恕我直言，先帝其实对国外的状况并不了解。由于一直听闻那些人乃禽兽之类，因此先帝并不愿看到这样的人进入国门。说到底，其实和不愿与犬猫共处是一样的想法，并非有什么大不了的计划。先帝虽说想远离那些人，但也不愿挑起战争，只是想方设法地试图让那些人离开。

后来，当长州藩、萨摩藩与列强军队交战，对外关系已经紧张到极点的时候，出现了主张天皇带头率兵攘夷的"攘夷亲征论"，并且此事在违背天皇意愿的情况下就被确定了下来。终于，忍无可忍的天皇与中川宫联手，借助会津、萨摩两藩的武力，将尊攘激进派和长州藩的势力赶出了京都。

筑后的神官。尊攘派的理论与实践上的领导者

图3.10　真木和泉（1813—1864年）

朝廷应当代替幕府挑起攘夷大旗，这样一来，幕府就失去了作用。主张此"攘夷亲征论"的核心人物，就是尊攘派的理论指导者真木和泉。真木是久留米水天宫的神官，在"寺田屋之变"时被捕并被幽禁在家乡，文久三年（1863年）被释放后上京，向长州藩士和时任"国事挂"的三条实美等人鼓吹"亲征论"。

真木一直主张"王政复古"。他草拟了"五事建策"，提议创立陆、海军以备外国军舰侵入浪华海（大坂湾）的时候天皇能够立即带兵亲征，并且朝廷应直辖畿内五国[13]以便为军队提供军资。另外，他还建议迁都至大坂，实行新政。由于三河以东的防守由德川家负责，所以该计划虽然不是直接倒幕，却是一个在事实上瓦解幕府的计划。

朝廷作为超越幕府的权威，也成了尊攘志士们的精神支柱。真木身为尊攘志士的一员，之所以能大胆提出针对朝廷自身的改革方案（恢复古代天皇制），其原因之一恐怕是他的神官身份。真木当面要求孝明天皇应当像天智天皇[14]那样亲力亲为、英明果断，而这样一种自立的精神恰恰是以"尊王"为信条的一般志士所缺乏的。

攘夷态度激进，同时也是支持幕府的佐幕派攘夷论者，1846—1866年在位

图3.11　孝明天皇（1831—1866年）

　　然而，真木提出的改革方案的根据也不过是"古代天皇制"这样一个历史事实，绝非有什么普世的理念作为依据。但就算是坚决主张尊王的人，也随时可能被天皇当成违敕的逆贼——真木和泉的命运就完美验证了这样一种可能性。

　　文久三年八月十三日，朝廷发布了一通诏书，称天皇将前往大和国的神武陵、春日大社进行攘夷的祈祷，并召开亲征的作战会议。萨摩藩在京代表高崎左太郎（正风）很早以前就通过中川官得知天皇本人反对亲征，于是他说服担任京都守护职的会津藩主松平容保，将换班后已经动身返回藩领的会津藩兵叫回了京都。其后，萨摩、会津两藩与中川官商议制订了周密的计划，在取得了天皇许可之后，于十八日晨发动了武装政变。

当日凌晨一点，中川宫和以松平容保为首的"公武合体"派公家、大名在会津、萨摩两藩藩兵的严密保护下进宫参见天皇，宣布天皇的大和行幸延期，并将三条实美等尊攘激进派公家与长州藩逐出京都。长州藩士一时表现出了可疑的动向，不过他们其后还是计划退回长州再从长计议。十九日，千余人护卫着以三条为首的"七卿"离开了京都。于是，武装政变在兵不血刃的情况下成功了。

然而，以长州藩为代表的尊攘派的攘夷态度其后仍然十分坚决，天皇本人也坚持主张攘夷。下面，笔者就将时间倒回，围绕"八一八武装政变"前的对外关系紧张化，按幕府、萨摩藩、长州藩的顺序从各自的角度进行叙述。

3. 对外军事危机严重化

◇ "因循开国"派的幕府 ◇

文久二年（1862年）十月，政事总裁职松平庆永提交了辞呈。他之所以辞职，是因为一桥庆喜向朝廷大肆宣扬了一番"开国论"，但很快又收回自己说过的话，向朝廷承诺攘夷。

庆永在辞呈中指出，幕府并不打算攘夷，但还是向朝廷许下了承诺，实际上，幕府是非常惧怕列强的。他还指责庆喜和老中所主张的都只不过是所谓"因循开国"。一心只想维持现状的保守态度在当时被称为"因循姿态"，而这个说法就成了批判幕府的惯常用语。实际上，从幕府对外政策的很多方面来看，这种批判都是有道理的。

文久元年，俄国军舰占领对马，当时幕府采取的是典型的明哲保身态度。同年二月，俄国军舰"波萨德尼克"号以修理船身的名义在对马停泊。该船船员在登陆后开始建造建筑物，开凿水井，试图在此地建设海军基地。岛上居民发起抵抗，但遭到了杀害。幕府在收到对马藩的多封急报后终于在五月派遣外国奉行小栗忠顺前去处理此事，然而小栗仅象征性地表示了一下抗议就回去了。最后，英国驻日公使阿礼国派遣两艘军舰介入此事才终于扭转了事态，俄国军舰于八月离开了对马。

小栗忠顺于文久三年四月率领幕兵上京，在军事上控制了京都。当时，将军家茂上洛后被尊攘派扣下，陷入了类似人质的境地。因此，小栗计划发动武装政变迫使朝廷下达和亲开国的敕令，并将家茂带回。但此计划遭到反对，他的步兵奉行一职也被免去。该计划的背景其实是英法两国公使承诺向他提供支援。

类似的计划在不久后就得到了实施。同年五月至六月，老中小笠原长行率兵上京，在英法两国公使的协助下，1600人的大军乘坐4艘船（其中2艘为从英国租借的蒸汽船，另外2艘属于幕府）前往大坂。由于将军的命令，这支军队没有进入京都，武装政变最终失败。不过，为了回报英法两国的协助，幕府保留了之前给予两国的横滨居留地驻兵权。之后，英法两国开始在横滨山手一带长期驻兵。

迄今为止失败的这些武装政变，其目的都是扫除尊攘派，重建以幕府为核心的统治体系，然而政变发动者的态度是不惜牺牲一部分国家主权也要设法获得外国的支持。从这个意义上来讲，"因循开国"派的幕府的做法，其实潜藏着非常危险的因素。

◇ "隐藏"的开国派 —— 萨摩藩 ◇

萨摩藩高层对于攘夷的真实态度如何，从文久二年（1862年）闰八月岛津久光在关白近卫忠熙的命令下秘密提交给天皇的建白书中就能看出来。

岛津齐彬的异母弟，藩主岛津忠义的亲生父亲，掌握着萨摩藩实权

图3.12 岛津久光（1817—1887年）

建白书中提出，如今条约已然缔结，若在没有正当理由的情况下对横滨、长崎等地发动进攻，外国肯定会以讨伐"不义非道"为名派遣联合大舰队来日本，如此一来，"皇国"将重蹈

"中国之覆辙"。因此，现在应当专心于"武备充实"——这算是相当明确的"开国论"了。萨摩藩的"开国论"与幕府的"开国论"的不同之处在于，萨摩藩确实是真正在进行"武备充实"，只不过此时和岛津齐彬掌权时相比进度有所减缓而已。

久光从江户回到京都后，对"激烈之士"的攘夷论甚嚣尘上的状况感到十分惊讶，并私下对其表示了批判。然而，有意思的是，攘夷派的志士、公家们此时都把久光当作率先实行攘夷的"勇者"，对他非常敬畏。这是因为久光在返回京都的途中，于神奈川宿附近的生麦村引发了一起杀伤英国人的事件（"生麦村事件"）。

八月二十一日，从上海来日本观光的29岁的年轻英国商人C. L. 理查德森与横滨的3个朋友一同从神奈川出发。他们骑马沿着东海道向川崎方向行进，并在中途遇到了岛津久光一行人。道路很窄，几个英国人试图骑马沿着路左边的篱笆走过去，然而久光的轿子附近人太多，他们无法通过，久光的队列也停了下来。

于是，走在最前面的理查德森试图将马头往右边拽。这时，从轿子右后方冲过来的当班卫队长奈良原喜左卫门拔刀就向理查德森的左腹部砍去。理查德森试图逃走，然而队伍前列的铁炮手久木村利久又向他砍了一刀。理查德森落马后，非当班卫队长海江田武次（信义）又过来用短刀给了他最后一击。另外两名负伤的英国人拼命逃进了美国领事馆。唯一一名没有受伤的女性在即将昏迷前骑着马逃到了居留地。

根据久光的回忆，当时奈良原大喊了一声"是异人吗？！"之后整个队列就停了下来，而他自己在轿子里，还在担心会不会与对方发生冲突。也就是说，久光本人确实没有下达砍杀对方的命令。由此可见，将这起事件视作萨摩藩在实行攘夷政策显然不合适。即使是日本人，如果在路上遇到大名的行进队伍还骑在马上等着对方队列通过，也会被视作无礼而遭斩杀。

然而，这起事件中下手砍人的奈良原和海江田二人均为攘夷论者。事后，英方虽要求处死凶手，但二人并未受到任何处罚，这也说明当时萨摩藩内部并非所有人都赞同开国论。与此同时，久光暂时也用"攘夷实行者"这一身份来为自己打掩护。因此可以说，萨摩藩的开国论是"隐藏的开国论"。

◇萨英战争◇

英国代理公使J. 尼尔依据英国政府的指令向幕府索要10万英镑的赔偿金，并于文久三年五月九日拿到了这笔钱。不仅如此，尼尔还派遣A. L. 库珀将军率领7艘军舰从横滨出发，前去与萨摩藩进行直接交涉。舰队于六月二十七日傍晚进入了鹿儿岛湾。

二十八日晨，舰队在鹿儿岛城区附近海域抛锚停靠。萨摩藩使者登上英方旗舰"尤里雅里斯"号后，尼尔向使者提出萨方应当将凶手处死，并向受害者及其家属赔偿25000英镑。在要求遭到拒绝后，尼尔命令库珀将军行使武力。七月二日拂晓，英方舰队扣留了停泊在樱岛附近的3艘萨方蒸汽船。萨方大本营接到消息后，下令各炮台一齐向英方舰队开炮。

从正午开始，激烈的炮击战在暴风雨中持续了3个半小时。萨方各炮台遭受了巨大损失；鹿儿岛城区北部区域、集成馆工厂、铸钱厂均毁于大火，3艘萨方蒸汽船也被烧毁。这就是所谓的"萨英战争"。英国舰队配备的总共101门火炮中，有24门为射程长达4000米的最新型后装线膛式阿姆斯特朗炮，其火力远超萨方当日应战的9座炮台配备的68门旧式前装圆弹炮。

不过，在死伤人数上，英方（63人）远超萨方（17人），旗舰的正、副舰长中弹阵亡，这对英方舰队来说更是一个巨大打击。萨方旧式火炮的射程至多不过1000米，但城区海岸炮台与樱岛炮台相隔仅4000米。此前，萨方于六月十九日进行了射击演习，而此次英方的旗舰及其他船舰刚好驶到了演习射击目标的内侧，因此受到了炮击。翌日（即七月三日）下午，英国舰队离开城区附近海域，驶往鹿儿岛湾口，然后返回了横滨。

从萨英战争的结果来看，萨方财产损失大于英方，英方人员损失大于萨方。经此一役，双方对于对方的评价都发生了巨大变化。此后，萨摩藩继续修筑、扩大炮台，同时试图向英国求和，并向幕府借款支付了赔偿金。经过如此一番交涉，英方也得知萨方的立场是支持开国。其后，萨英双方的关系迅速缓和。

◇ 下关炮声 ◇

文久三年（1863年）五月十日是攘夷的最终期限。在这一天，率先实施武力攘夷的是长州藩。这一天傍晚，美国的小型蒸汽商船"彭布洛克"号碰巧计划从横滨出发经长崎驶往上海。该船在关门海峡入口的丰前田之浦等待潮流转向为西的时候，被城山的岗哨发现，于是遭到了乘小舟前来的长府藩（长府藩为长门萩藩，即长州藩的支藩）武士的盘问。

由于"彭布洛克"号持有神奈川奉行签署的文书，海防总奉行毛利能登在接到消息后下令不许对其进行炮击。然而，为攘夷而专程从京都赶来的以久坂玄瑞为首的激进派决定发起夜袭。翌日凌晨一时左右，待月亮下山后，长州藩的"庚申丸"号与"癸亥丸"号两艘舰船突然向"彭布洛克"号发起炮击。受到惊吓的"彭布洛克"号全速朝丰予海峡方向逃走，其后直接驶往了上海。事后，长州藩高层没有处罚擅自行动的久坂等人，反而罢免了毛利能登。由此可以看出，长州藩采取的是对于外国船只不问来由直接炮击的方针。

不用说，这样的方针与幕府的策略是完全对立的。幕府此前虽与朝廷约定五月十日为攘夷的最后期限，但其实根本没有真正实行攘夷的打算。就在这最后期限的前一天，刚从京都回到江户的德川庆喜还指示老中小笠原长行向英方支付了"生麦村事件"的赔偿金（名义上是小笠原擅自作出的决定）。在支付赔偿金的同时，小笠原通告各国公使随后将进行锁港交涉，但幕府其实并不真正打算进行这样的交涉。其后，小笠原还告知横滨商人，表示他们的交易不会受到影响，让商人们放心。

因攘夷"成功"而士气高涨的长州藩又分别于五月二十三日和二十六日攻击了法国通信舰"金翔"号与荷兰军舰"密托沙"号。这两次攻击都是"庚申丸"号和"癸亥丸"号，以及各炮台在没有任何警告的情况下突然发起的炮击，目的在于驱赶对方船只。长州藩尊攘激进派越来越不择手段，但由于其炮台都是临时建造起来的，比萨摩藩的炮台火力弱得多，再加上对岸的小仓藩并不积极协助攘夷，使得它在战斗中占不到什么优势。五月的三次攘夷行动其实都是因为对方完全没有迎战准备才侥幸成功。

最清楚这一状况的人是长州藩从长崎聘请来担任炮术示范的中岛名左卫门。在五月二十九日召开的作战会议中，中岛指出了军舰、炮台的缺陷，并主张在内陆迎战对手。气急败坏的激进派当夜就将中岛暗杀了。

六月一日，美国派遣军舰"怀俄明"号对长州藩发起攻击，以报复此前长州藩炮击"彭布洛克"号一事。此次战斗证明了中岛是正确的。"怀俄明"号的两舷各配备4门32磅的火炮，中央甲板上还有2门11英寸口径的回转式巨炮。长州藩动用炮台上30门火炮及3艘军舰与美方激烈交战超过一个小时。最终，龟山炮台被击毁，"庚申丸"号、"壬戌丸"号两舰被击沉，"癸亥丸"号严重损毁。也就是说，在此战中，长州海军被全歼。

六月五日，法国东洋舰队旗舰"塞米勒密斯"号（配备大炮35门）、军舰"唐克雷德"号（配备大炮4门）来袭，对前田炮台发动了猛攻。其陆战队登陆后不但将炮台破坏，还烧毁了充当兵营的寺院和民房。赶来救援的长州藩军队举着旗帜在海岸边进军，刚好成了舰炮的活靶子，最后不得不撤退。

长州藩虽然连吃两次败仗却仍然不改攘夷方针，还继续对炮台进行加固。朝廷派来的攘夷监察使夸赞了长州藩的作战表现，这也使他们很快恢复了元气。七月下旬，幕府的使者前来质问长州藩擅自动武一事，却遭长州藩杀害。

◇尊攘诸派的长州藩◇

统率尊攘激进派的长州藩与外国和幕府的关系越来越紧张，处于一种孤立的状况。如果不改变现状，恐怕长州藩难逃灭亡的命运。

然而，长州藩的尊攘派也并非全都是主张武力攘夷的激进派。这些非激进派人士后来就为长州藩打开了新的局面——比如组建了奇兵队的高杉晋作和组织5名藩士偷渡英国的周布政之助。这里简要介绍一下后者。

长井雅乐隐退后，周布政之助进入长州藩政中枢。在藩内存在不少尊攘激进派的状况下，为了长州藩的将来，周布计划让一些藩士偷渡到英国去。他委托长州藩御用商人大黑屋榎本六兵卫的副手佐藤贞次郎安排此事。最初定下的人选是野村弥吉（井上胜）和山尾庸三两人，后来又加上了志道闻多（井上馨）、伊藤俊辅（博文）和远藤谨助，最终总人数定为5人。

经佐藤斡旋，由英国怡和商会横滨分店负责人S. J. 高尔协助此次偷渡。商会收取的5000美元在江户藩邸的村田藏六的担保下由大黑屋垫付。于是，五月十一日夜，在高尔的引导下，这5个人偷偷登上了前往上海的蒸汽船。想必伊藤在出发当晚咏的一首和歌最能表现他们当时的心境："大丈夫忍耻远行，须知此为皇御国。"

可以看出，长州藩尊攘派构成比较复杂，并非仅由单纯的激进派构成。这样一群人在面对翌年内外交困的危机时，又将如何化解险境？

译者注

1. 越级上诉的一种，指人们拦下幕府高官或大名的轿子，直接呈递诉状。

2. 一种染料。

3. 日本旧宪法下帝国议会的一院，相当于两院制的上院，由皇族、华族、敕任议员（敕选议员、多额纳税人、帝国学士院会员）构成。

4. 从事日本国内沿岸物资运输的货船。

5. 清末藩是长州藩的支藩的支藩，相当于长州藩的"孙藩"。

6. 长州藩设立于下关的藩营贸易公司。

7. 当驿站人手不足时，附近乡村按照幕府或藩的命令提供人马的劳役。

8. 天皇的住所。

9. 各藩大名轮流到江户居住、供职一段时间的制度。

10. 大致相当于军舰奉行的副手。

11. 直属将军的家臣中不能直接谒见将军的下级武士。

12. 上洛本为上京，即前往都城之意。洛指洛阳，中国周代以后常定都此地，故渐被代指都城。日本京都的别称是洛阳，日语中的"上洛"即指前往京都。

13. 即山城、大和、河内、和泉、摄津五国。大致相当于现在的大阪府、京都府、奈良县、兵库县一带。

14. 天智天皇（626—671年，亦有卒于672年一说），668年正式即天皇位，系第三十八代天皇。身为皇太子时主导了大化改新政治，即位后迁都大津，制定《近江令》，编制"庚午年籍"，奠定了律令体制的基础。

第 4 章

从尊王攘夷到倒幕

1. 不断受挫的尊攘运动

◇大和、生野之变◇

文久三年（1863年）八月十八日武装政变的前一天，一群尊攘激进派志士袭击了大和国五条（现五条市）的幕府代官所，将代官铃木源内杀害。这群人在天皇的大和行幸前先行赶到目的地，征集"数千之义民"以迎接天皇亲征。这就是所谓"天诛组"的一群人发起的"大和之变"。

"天诛组"的主力是土佐勤王党的吉村寅太郎等人，首领则是以极端激进而闻名的公家中山忠光。然而，这些人完全没有将此次举兵告知策划天皇大和行幸的真木和泉等人，可见其计划之草率。真木等人听闻此事后大惊，急忙派遣平野国臣前往安抚，但"天诛组"刚刚将代官血祭，正处于士气高涨的状态，完全听不进劝告。

在得知京都发生武装政变之后，这群人又假传天皇之命，动员千余名十津川乡士[1]向五条东北5里[2]以外的高取藩要隘高取城发起了进攻。最后，进攻方因畏惧守城方的大炮迎击而作鸟兽散。其后，吉村、中山等40余人不但遭到十津川乡士的反戈一击，还不得不在地势险峻的山中四处躲避诸藩藩兵的追击。吉村在战斗中阵亡，只有中山等7人最后侥

福冈藩士，脱藩后召集西国尊攘派，于"生野之变"中被逮捕

图4.1 平野国臣（1828—1864年）

幸逃脱追杀，于九月二十七日到达了大坂的长州藩邸。

中山忠光原本打算继续逃亡至长州，但在翌年（即元治元年）的十一月遭不明人士暗杀身亡。中山作为明治天皇生母的弟弟，其死亡真相一直是一个谜。

原福冈藩士平野国臣没能阻止"天诛组"的疯狂举动。十八日的政变后，他又开始与原萨摩藩士美玉三平以及但马豪农中岛太郎兵卫、北垣晋太郎、进藤俊三郎（原六郎）等人商议举兵以支援"天诛组"。中岛等人从前一年秋天开始就一直在以加强海防为名组建农兵组织，于是，平野等人便计划利用这支力量。

由于该时期组织的首领名义上是公家，平野便特地前往长州将被驱赶出京都的7位公家（所谓"七卿"）之一的泽宣嘉偷偷带了出来，随行的还有当时负责"七卿"护卫工作的奇兵队总管河上弥市等37人。

然而，当一行人走到播磨国饰磨港的时候，却接到了大和的"天诛组"已被击溃的消息。平野与北垣等人提议就此终止计划，一路从长州赶来的河上等人却坚持主张进行复仇反击。十月十二日黎明，一行人占领生野代官所（现兵库县朝来市生野町）并立即发布征募农兵的檄文。至十三日上午为止，共有2000余名手持竹枪、铁炮的农兵前来应募。

　　近邻诸藩接到代官所报告后立即派兵前来镇压，于是，生野占领军也开始动摇。十三日深夜，泽宣嘉和志士陆续逃走。见此情形，愤慨不已的农兵反戈一击，大半的志士在战斗中阵亡，主谋者平野也被丰冈藩兵抓获，后在京都狱中被杀。其后，农兵开始将矛头对准这群人背后的组织者，即豪农，逃脱失败的中岛自杀身亡。就这样，尊攘激进派在生野也未能获得农民的支持，最终自取灭亡。

◇水户"天狗党"起兵◇

　　元治元年（1864年），尊攘派分别在东边和西边起兵举事，规模比以往更大且呈遥相呼应之势，但最后全都以失败告终。其中在东边的，是尊攘派鼻祖水户藩士"略显传统"的起兵。

　　元治元年三月，藤田小四郎（东湖的第四子）等人打着"敦促幕府攘夷"的旗号于筑波山起兵。这群人即使在水户藩尊攘激进派中也算是比较极端的。他们为了获得攘夷资金，四处袭击豪农豪商，招致众人厌恶，被称作"天狗党"。

　　虽说打着"敦促幕府攘夷"的旗号，但"天狗党"既没有足够的行动力亲自作为攘夷先锋一路突击到横滨，也没有

水户藩家老，曾推进藩政改革。
与"天狗党"合谋，后遭斩首

图4.2 武田耕云斋（1803—1865年）

办法以强硬手段逼迫幕府开始攘夷。由于此次起兵是基于水户藩传统的佐幕路线，自然也就无法摆脱其局限性。与此同时，因为"天狗党"出现恶作剧性质的掠夺行为，招致了民众的反感和抵抗，幕府和水户藩高层（门阀派）不得不介入干涉。

"烈公"德川齐昭死后，水户藩政被家臣把持。在被称为"好好大人"的藩主德川庆笃治下，整个藩四分五裂，所拥有的力量几乎全都消耗在了血腥的权力斗争中。水户藩就这样脱离了幕末政局。

被孤立的藤田与武田耕云斋等人组成了反门阀派联合军。联合军中有千余人计划前往京都以寻求一桥庆喜的庇护，却在十二月十七日行至越前国时向加贺藩兵投降。幕府将其中350余人判处斩首，因此被不少人指责残忍暴戾。庆喜本人也因求自保杀死"飞入怀中的穷鸟"而遭到批判，很多人认为他在此事上表现得冷酷无情。

水户藩之所以走上了绝路，是因为水户学的思想观念倾向于佐幕，是脱离现实的，因此具有局限性。不过究其根本，原因还是在于藩内高层与豪农豪商阶层对土地荒芜、生产力低下的农村一味剥削，导致自身与普通农民阶层的对立不断加深。

◇ "新选组" 的活动 ◇

据说，藤田小四郎在筑波山起兵后，在江户与长州藩的桂小五郎（木户孝允）取得了联系，从其手上获得了1000两的军资金，并且双方还约定各自于东、西起兵举事，遥相呼应。然而，桂在长州藩起兵这件事上一直都很谨慎，也因此与主张向京都进军的来岛又兵卫和久坂玄瑞等人产生了对立。

长州藩激进派大举进军的契机是元治元年六月五日夜 "新选组" 谋划的京都池田屋袭击事件（"池田屋之变"）。当时的庄内藩尊攘派乡士清川八郎曾组建了一个 "浪士组"。后来，农民出身的近藤勇、土方岁三和水户藩乡士芹泽鸭等10余名成员从中独立出来，成立了 "新选组"。

武州多摩郡农家出身，天然理心流宗家继承者，新选组局长
图4.3　近藤勇（1834—1868年）

"新选组" 归属京都守护职松平容保管辖，其职责是对尊攘激进派实施打击。最初，该组织资金状况颇为困顿。后来，芹泽从大坂富豪鸿池善右卫门处借款，为队员们制作了段染羽织。自此以后，鸿池家与 "新选组" 就越走越近。

在这次让"新选组"一举成名的"池田屋之变"中，宫部鼎藏（熊本藩）、吉田稔麿（长州藩）等7名尊攘志士死亡，另有10余名尊攘志士被逮捕。在京都守护职、所司代派来的援军还未赶到时，"新选组"就对旅馆池田屋发动了攻击。最终，"新选组"一方3人死亡，藤堂平助、永仓新八分别负重、轻伤，患有肺病的冲田总司咯血晕倒。

长州藩医之子，后成为桂家养子。庆应元年受藩命改姓木户，作为倒幕领导人四处活跃

图4.4 桂小五郎（1833—1877年）

然而，"新选组"此次行动的最大目标——桂小五郎侥幸躲过了袭击。当晚八时左右，桂来到了池田屋，但召集的人员还不够，因此他又去了附近对马藩邸，就此逃过一劫。

"新选组"的袭击是十时左右开始的，如果桂对此次聚会持积极态度，当时他早就应该返回池田屋了。当夜这场聚会的目的是商讨如何用武力将被"新选组"逮捕的同伴救出。从桂的行动也可以看出，他对这一目的持消极、批判的态度。

不过，要说这些毫不留情地斩杀尊攘志士的"新选组"队员全部都是一心一意支持幕府的，那倒也未必。比如，在元老队员藤堂平助邀请下入队的伊东甲子太郎等人与近藤的关系就日益紧张，同时与长州藩、萨摩藩走得越来越近，最后与藤堂等人一起脱离了"新选组"。庆应三年（1867年）十一月，近藤设下陷阱将这些人暗杀。

在近藤、土方这些组织中的主流派看来，"新选组"必须绝对忠于幕府，且必须坚持这样一个铁律：如果有人对组织的理念抱有怀疑，试图脱离组织，等待他们的就只能是切腹或者被暗杀。"新选组"为幕府效忠不惜赌上性命的态度让当时的人畏惧不已。然而，此时的幕府只求自保，走上了逆历史潮流而动的道路。由此看来，一味愚忠带来的结果只会是一个悲剧。

◇长州藩激进派起兵◇

在长州藩内部强硬主张发兵上京申诉冤屈的，是游击军总督来岛又兵卫及真木和泉二人。在以年轻人为主的尊攘派中，二人都算年纪较大的。

虽然来岛在周布政之助的说服下不再坚持举兵上京，但他最后得到了以"侦查"名义上京的许可。来岛计划在戒备森严的京都对松平容保和岛津久光发动袭击，然而，"新选组"察觉到了长州藩动向可疑，于是加强了搜捕力度。"池田屋之变"就是在这样的背景下发生的。

与此同时，主张发兵上京的真木和泉等人在藩内得到的支持越来越多。元治元年（1864年）五月二十七日，家老国司信浓奉命上京。紧接着，家老福原越后订下计划，经由京都前往江户。六月四日，世子（藩主继承人）毛利定广也决定上京。六月十四日收到"池田屋之变"的消息后，家老益田右卫门也立刻接到了上京的命令。

六月十五日之后，各队长州藩士与浪人陆续前往京都。至七月中旬为止，约2000人在伏见、山崎（现京都府乙训郡大山崎町）、嵯峨3个战略要地布阵，呈包围京都之势。长州藩虽然取得了在军事上有利的布阵位置，但在接下来的一段时间里却是反复向朝廷申诉藩主的冤屈，而萨摩藩已经趁此机会派400余名藩兵进入了京都。如此一来，在军事力量的平衡上就对长州藩极为不利。

长州藩之所以一开始会采取请愿的形式，想必是因为他们自封为"忠诚的勤王派"，因此想尽可能避免将军队开进京都的状况出现。但是自前一年的八月十八日之后，凡是指责"国是"动摇、转变的请愿统统都被孝明天皇无视。这样一来，勤王派也束手无策了。

就在这时，毛利定广一路护卫着三条实美等人，率大军于十四日从三田尻（现防府市）起程上京的消息传到了朝廷耳中。虽然这支部队顶多2000人，但朝廷和一桥庆喜都极为紧张。他们命令诸藩藩兵做好迎战准备，并于七月十八日晨向包围京都的部队下了最后通牒，命令其于一日内撤军。然而，长州藩已经在十七日召开了作战会议，决定不等世子到达，直接于十八日夜开始讨伐京都守护职松平容保。他们认为对手是京都的1500名会津藩兵，双方基本势均力敌。然而，他们还是想得太简单了。

首先，福原越后手下的700人在从伏见赶来的途中被大垣藩兵堵截，未能入京即败走。紧接着，从嵯峨进军的国司信浓、来岛又兵卫率领的800余人与守卫蛤御门的会津藩兵展开激战。他们虽然一时突入了御所内部，但因遭到赶来的萨摩藩兵的背后突袭而败退。勇将来岛在战斗中阵亡。

从山崎出发的久坂玄瑞、真木和泉率领500余人于蛤御门的战斗结束后抵达京都，在堺町门遭遇了福井藩兵。久坂、真木一方进入附近的鹰司邸内展开了防守战。在诸藩藩兵的包围下，久坂负伤自杀，侥幸逃生返回山崎的真木也于二十一日在天王山自尽。在收到接二连三的战败报告后，本来计划继久坂等人之后从山崎进军益田的右卫门介等人还未与敌人交战就直接逃走了。已经抵达赞岐多度津港的毛利定广一行人在接到战报后也直接收兵折返。

在一日之内就结束战斗的"禁门之变"（"蛤御门之变"）的最大受害者是京都的老百姓。当时的京都已经连续四五日都是晴天，环境极度干燥，它在战斗中化为一片火海，多达27517户民家被烧成了灰烬。东本愿寺和佛光寺等也在大火中受损。另外，被关押在收容政治犯的六角监狱内的平野国臣等33名志士也在混乱中惨遭杀害。

长州藩尊攘激进派大败，而朝廷一方尤其是天皇本人的政治地位因此发生了巨大变动。真木和泉等人的自杀已经证明，越是将"尊王"纯化为思想，越是尊重天皇的"睿虑"，"尊王主义者"的期待与天皇意志之间的反差就会越大。要讨论此后的历史，我们不得不注意到这样一个"悖论"：要实现"大政奉还"与"王政复古"，就不能重视"睿虑"，反而应该轻视"睿虑"。

◇横滨锁港风波◇

在尊王运动中惨败的长州藩不久又在攘夷运动中遭受了巨大挫折——元治元年（1864年）八月，四国联合舰队攻击下关，长州藩全面投降。

这次进攻由英国公使阿礼国主导。英、法、美、荷四国之所以要攻击下关，并不单纯因为长州藩的攘夷动作，其主要原因在于幕府的横滨锁港政策。

在文久元年（1863年）八月的政变中，作为攘夷急先锋的长州藩被朝廷驱赶，之后自然就有不少人期待幕府的一桥庆喜能用其开国论成功说服朝廷。然而，文久四年二月，在朝廷召开的诸雄藩大名列席的参与会议上，庆喜竟然主张横滨锁港，这让岛津久光、松平庆永、伊达宗城等开国派目瞪口呆。

据庆喜后来回忆，当时幕府的老中们决定不听从萨摩藩的开国论，所以他自己也只是随了大流而已。这件事既体现了幕府求自保的态度，也体现了庆喜本人明哲保身的姿态。在决定重大对外政策时，老中们却以对抗萨摩藩为优先，这已经很不正常了。庆喜不去设法说服老中，反而顺着他们改变自己的立场，可见他的行事作风还是一如既往地让人摸不着头脑。

参与会议最后没有取得任何成果，而这正是幕府所期待的。与此同时，幕府开始加速推进曾向朝廷许诺过的横滨锁港事宜。文久三年九月末，幕府开始督促江户生丝批发商严格执行"五品江户回送令"。由于货品在实际购买后才能被送往横滨，到该年年底为止，横滨的进货量剧减。另外，攘夷志士在江户、横滨一带发起的对商人的"天诛"活动也给贸易带来了负面影响。此时，幕府对贸易的管制已经延伸到了渠道末端的原材料产地，比如川越藩的前桥分领就通过郡代所命令各村暂缓往横滨运送生丝。

幕府对外国公使的抗议和生丝货主的反抗采取无视的态度。到了翌年，即元治元年（1864 年），生丝贸易陷入了停滞。进入六月的生丝产出季节之后，生丝贸易实际上已经相当于被禁止了。英国公使阿礼国之所以集结联合舰队攻打下关，最主要的原因其实就是为了表示对此状况的抗议。

长州藩封锁下关海峡对长崎贸易造成了巨大打击，但来往于横滨与上海、香港之间的商船并不会特地绕道濑户内海，因此，这种情况几乎没有对横滨贸易造成影响。阿礼国的真正目的是在事态不至于发展为全面战争的情况下，敲打一下攘夷派的领头长州藩，以迫使幕府放弃锁港政策。

◇联合舰队的威力◇

元治元年八月二日，四国联合舰队集结于丰后水道的姬岛。该舰队由17艘军舰组成，英国海军中将A. L. 库珀担任舰队总司令官，法国海军少将B. 饶勒斯担任舰队副司令官。除了美国的舰船（因南北战争爆发，当时美国已经把世界各地的军舰都调回国内，此时加入联合舰队的美国舰船是装载了火炮的商船），舰队中每一艘军舰的火力都很强大，其战力远超萨英战争时的英国舰队（7艘军舰、101门火炮）。

而长州藩作为迎击方，炮台的火炮数量合计不过70门，主要的两个炮台——前田炮台和坛之浦炮台只分别配备20余门和14门的青铜炮。此时，对岸的小仓藩领田之浦的炮台因受损已被幕府命令拆除。同时，发兵上京后，

表4.1　四国联合舰队的构成

	军舰（艘）	大炮（门）	兵员（名）
英国	9	164	2850
法国	3	64	1155
荷兰	4	56	951
美国	1	4	58
总计	17	288	5014

长州藩内剩下的军队已经不多，以守卫前田、坛之浦两个炮台的600余人的奇兵队和膺惩队为中心，配备在下关一带的军队总人数只有2000人左右。

得知自藩遭遇危机，专程从伦敦赶回来的伊藤博文和井上馨二人拼命做工作，但还是没能挽救局势。五日下午四时，双方开始战斗。至日落之时，前田炮台已经因遭到毁灭性打击而瘫痪。六日，联合舰队2000余人于前田炮台附近登陆，战斗转变成了陆战。奇兵队军监山县有朋率领坛之浦炮台守卫部队前来增援，英方军队与奇兵队和膺惩队展开了激烈的枪战，山县有朋与英方指挥官亚历山大上校均在战斗中负伤。

山县后来回忆，当时的奇兵队装备极其落后，仅装备有数十支线膛式米涅步枪，其余全部是滑膛式盖贝尔步枪和火绳铳，因此"前田之战遂败"。虽然装备落后，但由民众组织而成的奇兵队和膺惩队作战都非常英勇，在这场马关[3]战争中，长州一方的40名死伤者全部都是两队队员。

与之形成对比的是，后方的长州藩正规军却缺乏战斗意志，战斗一开始就以陆战为借口后撤，致使最前线的奇兵队队员几乎陷入了孤立的状态。

长州藩战败后，派遣高杉晋作前去求和，并与对方约定放弃攘夷政策。阿礼国通过与幕府的交涉，不仅获得了300万美元的赔偿金，还得到了幕府撤销生丝贸易限制的承诺。

就这样，攘夷运动遭受了最终的也是决定性的一次失败。长州藩作为尊王攘夷运动的"领头羊"，陷入了生死存亡的危机。

2. 萨长倒幕派的出现

◇一枪未发的征长战争◇

"禁门之变"后，长州藩陷入了绝境。为了彻底击溃长州藩，幕府于元治元年（1864年）七月二十三日从朝廷获得了追讨该藩的敕命，并发布了将军本人带兵出征的声明，任命前尾张藩主德川庆胜为征长总督、福井藩主松平茂昭为副将。不过，"将军本人带兵"只是一个幌子，幕府似乎并未打算真正实行这一政策。

总督德川庆胜于十月在大坂城召开作战会议，决定于十一月十八日发动总攻。他派遣副将茂昭前往小仓，而自己则进军广岛，以35藩总共15万人的大军包围了长州藩。然而，他们一直到最后都未与长州军交战。十二月二十七日，庆胜下达撤军令，讨伐军各自回到了自己的藩领。

这第一次征长战争之所以未发一枪就结束，最主要的原因是被称为"俗论派"的保守派把持了长州藩政，并对幕府采取了诚心谢罪的态度。

在九月二十五日于山口召开的藩是决定会议上，自称"正义派"的激进派成员井上馨主张采取"武备恭顺"的方针，即如果幕府对长州藩的处置过于严厉，长州藩就应当做好与幕府一战的准备。藩主一时也倾向于这一主张。然而，井上在回家途中遭到保守派刺客袭击，伤重濒死。另外，牵制着激进派且一直指导藩政至今的周布政之助也因对前途悲观而于当夜自杀，结束了自己42年的人生。

其后，执掌了政权的"俗论派"向征长军投降。因"禁门之变"一事被问责的益田右卫门介、国司信浓、福原越后3名家老与另外4名参谋被令切腹并被斩首，3名家老的首级被送往广岛。他们的首级于十一月十四日抵达广岛后，派出讨伐军的诸藩立即收到了十八日的总攻暂缓的通知。此后，藩主父子从山口返回萩并呈上谢罪书，还按幕府的要求将三条实美等"五卿"送至筑前太宰府。因此，庆胜才下令撤军。

但幕阁其实是反对征长军过早撤军的。当时，小笠原长行、小栗忠顺二人分别恢复了老中和勘定奉行的职位，由此可见，主张强化幕权的鹰派已经掌握了幕阁的主导权。幕阁的这些人本想让庆胜把长州藩主父子和"五卿"都送至江户，但庆胜在接到该指示前就下令撤军了。

庆胜急于撤兵的原因之一，是出兵的诸藩难以承受巨大的军役负担。比如，讨伐军总督庆胜的尾张藩在安政三年

（1856年）时欠下178万两债款，出征时还未还清。庆胜本打算向领内百姓募集15万两捐款，但藩士担心这么做会逼得农民造反，反对这种做法。最后，庆胜不得不向大坂富豪鸿池等人求助。副将茂昭的福井藩的财政状况正如前文所述，在由利公正等人的努力下已经有所好转，但为了这次出征，他也不得不削减家臣的俸禄。

在当时的战斗中，一门大炮需要配备40名左右的弹药搬运工。劳动力被大量长期征用，且薪水还不如日工，这必然招致农村劳力不足。毫无疑问，农民对于幕府强加的军役负担的不满，在第一次征长战争中就已经开始积蓄了。

◇西乡与胜会谈的意义◇

集众萨摩藩士的期望于一身的倒幕推进者（基奥索内绘）
图4.5 西乡隆盛（1827—1877年）

在这次征长战争中，征长军参谋西乡隆盛敏锐地察觉到诸藩对战斗的消极态度，并设法引导长州藩谢罪投降，可以说是立下了大功。

在前文所述的参与会议解散后，萨摩藩"国父"岛津久光（因其子岛津忠义为藩主故被称为"国父"）已经无力再打开局面，萨摩藩政交由被赦免后从冲永良部岛返回藩内的西乡隆盛及其盟友大久保利通执掌。

西乡在"禁门之变"中指挥萨摩藩兵勇猛奋战，给予长州藩兵致命打击。其后，他的大名传遍京都内外，还担任了征长总督参谋这一要职，开始在各方面大显身手。但是，西乡其实一开始也不知该如何解决眼前这个棘手难题，他本打算对长州藩实施武力讨伐，将其彻底击溃。西乡在元治元年（1864年）九月七日寄给大久保利通的信中写道，这样做对萨摩藩的将来有益。

但是在同年九月十一日与胜海舟会谈后，西乡完全转变了自己的想法。面对初次见面的西乡，胜如实阐明了幕府的现状，并表示应当将已无执政能力的幕府排除，以雄藩联合的力量对抗外国。这让西乡极其惊讶。可以说就是从此时开始，西乡的脑海里出现了一个能够对抗列强压力的、超越了幕藩体制的"日本国"的构想。而要实现这一构想，长州藩应该能够发挥不小的作用。西乡之所以不再计划彻底消灭长州藩，就是因为这场与胜海舟的会谈让他茅塞顿开。

当然，西乡和大久保此时并没有立刻开始采取倒幕路线。但官居幕府军舰奉行这一高位的胜海舟在此次会谈中明确告知西乡，以幕府作为中心之一的"公武合体"方针是行不通的。可以说，此次西乡与胜的会谈在将萨摩藩引向倒幕路线上起到了决定性作用。

◇望东尼对高杉的激励◇

长州藩先后败于四国联合舰队和幕府征长军，其内部的尊攘派势力也遭到了致命打击。元治元年十月，尊攘派的高杉晋作觉察到了危险，独自一人离开萩，在下关的白石方潜伏了一段时间之后前往筑前，试图游说九州诸藩，但未能成功。

此时，著名的勤王派女歌人野村望东尼（当时59岁）为失意的高杉提供了温暖的住处。居住在福冈郊外平尾山庄的望东尼曾帮助过平野国臣、月形洗藏等众多攘夷志士，成了志士们心中的一个支撑。高杉在接到月形带来的长州藩形势报告后决定再次回到长州。此时，望东尼拿出早已准备好的新羽织和其他物品赠予高杉，并且咏和歌一首：

于筑紫之国　真心缝此衣　为国尽忠时　当着此衣归

她的举动让高杉十分感动。如果是在山庄居住的这十来天让高杉重新振作了起来，那么可以说，望东尼在幕末史上也发挥了巨大作用。

庆应元年（1865年），望东尼被福冈藩厅抓捕，流放至玄界滩的姬岛并被关押在木地板牢房内。庆应二年九月，高杉派救援队将望东尼救出。高杉曾在她的支持与鼓励下重新振作，这也算是高杉对于她的一点小小的回报。

◇高杉晋作的武装政变◇

从筑前回到长州后，高杉发
动武装政变夺取了政权，上演了
一场大逆转。

高杉发动武装政变所依靠的
军事力量并非正规藩兵，而是由
武士、农民、町民各阶层组成的
奇兵队等队伍。这些队伍是文久
三年（1863年）六月的攘夷战失
败后为了应对眼下的危急状况而

长州藩士，拥有周全的形势判
断能力和极强的行动力
图4.6　高杉晋作（1839—1867年）

成立的，其人员构成大致是下级藩士的第二、第三子与农村
中等家境村民的第二、第三子，上述人员各占一半。其中，
农民出身的人大多来自以生产棉织品为主的商品经济发达的
濑户内海沿岸一带。

屈服于幕府征长军的"俗论派"政权命令这些队伍解
散，但遭到了拒绝。诸队总督商议后自行制定了队伍内部的
规则，这就是著名的七条"谕示"。"谕示"中虽有第一条
中的"尊卑之等"（等级）这样强调身份要素的内容，但总
的来看还是以第二条之后那些对农民的细致照顾和关怀为
主。可以看出，他们试图以此取得民众的支持以对抗"俗论
派"藩厅。

> **诸队谕示（阵中规则）**
>
> ● 以礼让为本，重在不悖人心。礼让者，不乱尊卑之等，各守其分。诸事勿擅行，以理待人，不可态度高傲。
>
> ● 不可稍妨农事，亦不可随意进入农家。小道遇牛马，当速避于一旁以使其通行。田地中无秧苗亦不可随意踏之。
>
> ● 山林之竹木、枦楮自不待言，路边草木等亦不许伐采。民家之果物鸡犬等绝不可夺取。
>
> ● 言语尤应恭敬，绝不可威吓他人。可亲之态当于人之上。
>
> ● 衣服其外之制，固当以朴素为重。
>
> ● 乡勇队当自往击剑场，农家小儿亦当入学校受教。
>
> ● 不畏百万强敌，只畏弱民一人。此乃武道之本意。

诸队以长府（现下关市）功山寺为大本营。奇兵队总督赤根武人试图与藩厅妥协以求队伍不被解散，而在九州藏匿了一段时间的高杉刚好在此时回到长州，并开始说服诸队起兵。然而，跟随他行动的只有力士队长伊藤博文和游击队总督石川小五郎等，总共80余人。十二月十五日深夜，一行人从功山寺出发，于翌日占领马关奉行所，其后又袭击了位于三田尻的海军局，并在夺取了3艘藩船后回到了马关。

藩厅得知高杉起兵造反后大惊，发布命令禁止藩内民众为其部队提供协助。然而，诸队在高杉的带动下起兵将濑户内海沿岸地带占领后，当地的庄屋[4]们态度不但非常合作，还出力支援诸队的行动。田中彰曾经将此状况称作"庄屋同盟"。虽然有人拿出实证批判了这一理论，认为庄屋们并不具有如此高的组织化的积极性，但庄屋阶层宁可违抗藩厅的命令也要帮助这些队伍，在此过程中其表现出的主体性也是不容忽视的。

在征长军撤兵后的元治二年（1865年）一月，"俗论派"藩厅军与诸队展开激烈战斗，战场位于萩和山口之间的山地，在绘堂和大田（现山口县美祢市美东町）一带。藩厅军连战连败。于是，"正义派"掌握了藩厅并扫清"俗论派"，于三月二十三日提出了"武备恭顺"的方针。因从不反对家臣的提议而被称为"唯唯诺诺侯"的藩主父子此时也从"俗论派"转变为"正义派"，长州藩与幕府开始了不可扭转的对立。

与水户藩不同，长州藩的尊攘派不但没有消失，反而夺取了藩政权。不过，这群人此时已经不再是从前的尊攘派，而是成长、转变为了倒幕派。这一转变背后的经济基础——虽然在通商口岸开放后一直受到冲击——则是远超水户藩的富足的农村地域，以及掌控着普通农民阶层的豪农豪商们。

◇罗什与巴夏礼◇

屡战屡败却仍然如不死鸟一般复活的长州藩不久与萨摩藩联手开始了与幕府的对决，而英法外交人员的介入则加速了其进程。

正如前文所述，征长战争中幕府未开一枪便使长州藩屈服，而当时主张强化幕权的鹰派幕僚小栗忠顺等人已经在幕阁内卷土重来。他们之所以敢采取强硬的态度，是因为背后有法国公使L. 罗什的支持。在1860年（万延元年）的英法通商条约中，高额关税被撤销，法国国内的工业不得不直接与英国工业展开竞争。为了增强国内工业的竞争力，法国政府敦促巴黎贴现银行与帝国邮船公司等企业向亚洲拓展业务，力图购买到低价的原材料，大批法国商人也陆续前往亚洲。而罗什的任务，就是在法国商人与英国商人的竞争中为他们提供支持。

伊斯兰教徒，曾参加征服阿尔及利亚的战争，其后来到日本

图4.7 罗什（1809—1901年）

幕府委托罗什购买16门与法国军舰搭载的同式样的铜制线膛炮，并请他协助建造制铁所（造船所）。据元治二年（1865年）一月二十九日的约定书规定，横须贺湾的这项大工程工期为4年，且每年投入60万美元。与此同时，日方经法国政府同意后，聘请了技艺高超的造船工程师F. L. 维尔尼担任制铁所所长。

为了筹措制铁所的建设经费，罗什提出了实行"日法组合商法"的计划，即以法国商务大臣A. 贝克的构想为基础设立"法国进出口公司"，并配合幕府的生丝贸易管制政策，想以此粉碎英国大型贸易公司的优势地位。后来在法国进行的股份募集因1866年经济危机和英国大型贸易公司势力的衰退而失败，这导致了该计划的流产。不过，该计划还是充分显示了法国采取的对日积极政策的动机。

对于力图实现幕权强化的幕府亲法派及罗什等人看来，长州藩通过下关—上海这一走私渠道进口武器的事态必须加以控制。在高杉的武装政变之后，长州藩借用美国船只"费庞"号将军舰"壬戌丸"号（在下关被美方击沉后打捞出水并进行了修理）牵引到上海后变卖，并用这笔钱购买了武器。幕府从荷兰总领事处得知此事后，特地派遣外国奉行下属的3名官员前往上海调查，发现消息的确属实。

庆应元年（1865年）四月十九日，幕府以长州藩的武器走私（以此次"费庞号事件"为代表）为由，发布了将军带兵再次征讨长州藩的布告。罗什与英、美、荷各国代表于五月二十八日达成了严守中立及禁止走私的协议。武器走私渠道被断绝后，处于孤立境地的长州藩不得不向萨摩藩求助。

新上任的英国公使 H. S. 巴夏礼于禁止走私协议达成几日后的闰

鸦片战争时从军，在"亚罗号事件"中主张采取强硬手段
图4.8　巴夏礼（1828—1885年）

五月二日从上海来到长崎。依照英国政府的训令，巴夏礼与法、美、荷各国代表率领9艘军舰于九月十六日来到兵库附近海域，意图迫使朝廷下达敕许批准条约。

英国人认为日本的对外纷争和国内对立都是由于朝廷不下敕许批准幕府签订的条约，因此就直接向攘夷派中的地位最高者——孝明天皇本人施加军事压力。如此强硬而直白的做法的确是典型的英式作风。而此时，为了征讨长州，将军和半数以上的幕阁都随军来到了京都和大坂，这也为巴夏礼率军进入摄海（大坂湾）提供了口实。

得知联合舰队既未前往浦贺也未前往下关海峡，而是出现在了兵库，朝廷陷入极度恐慌之中。众幕阁也乱作一团，将军家茂甚至打算辞去将军职位。在十月四日到五日召开的一场漫长的朝议中，大久保利通等人提议召集雄藩大名，而皇宫守卫总督一桥庆喜对此提出反对，并表示如果朝廷不下敕许，事态终究会发展成战争。如此一来，天皇的皇位将会受到威胁。在这种情况下，条约终于获得了敕许。

另外，双方此次还约定日方进行关税改订，以作为延期支付马关战争赔款的补偿。在庆应二年五月的《江户协约》（《改税约书》）中，进出口的税率都定为货物时价5%左右的从量税，这样的税率已经跟中国的差不多一样低了。

在条约敕许问题上与巴夏礼通力合作的罗什期待着敕许下达后幕府的立场能够合法化，从而地位更加稳固。然而，

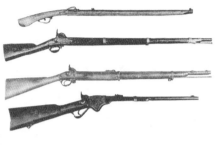

土佐藩出身，从强烈主张武力倒幕这一点来看，算是武市半平太思想的正统继承者

图4.9　中冈慎太郎（1838—1867年）

从上至下：日本制火绳铳、盖贝尔步枪（雷管式）、米涅步枪（前装线膛式）、斯宾塞步枪（后装线膛式）

图4.10　幕末的步枪

结果与他所预料的恰恰相反：一直以来强烈主张锁港攘夷的朝廷屈服于巴夏礼的威胁，而幕府在此过程中强行要求朝廷妥协，其权威自然也会大大受损。

此事件之后，萨摩藩与幕府的对立已经到了无法调和的地步。条约敕许前，幕府不顾大久保等人的反对向朝廷索要了再征长州的敕命。大久保因此大怒，甚至在九月二十三日寄给西乡的信中写道："以至当之途获之，且合天下万人之意，方为敕命。不义之敕命非敕命也。"身为萨摩藩士的大久保本来就一直轻视传统观念的制约，此事件过后，他彻底没有理由无条件尊重朝廷的敕命了。

◇萨长同盟成立◇

萨摩藩与幕府的对立越来越深，而与曾经的对手长州藩的关系却越来越近。疯狂的尊王攘夷时期结束后，全国各地民众为寻求"社会改革"而开始展开活动。在这之上的，则是幕府与萨摩、长州两藩之间露骨的权力斗争。很多人都认为联手合作的萨长两藩已经代替幕府成为建设新国家的关键，这在当时几乎已经算是一个共识了。

然而，积怨已久的双方不可能如此简单就冰释前嫌。这时，就需要第三方来调解。出色地完成了这一任务的，就是土佐藩的坂本龙马和中冈慎太郎。

土佐藩乡士，天才政治家，促成
萨长密约缔结，使倒幕成为可能
图4.11　坂本龙马（1835—1867年）

坂本是町人[5]乡士家的次子，中冈则是大庄屋家的长子。二人都加入了武市瑞山在文久元年（1861年）组建的土佐勤王党，并且之后都脱藩展开活动。坂本后来拜幕臣胜海舟为师，成为神户海军操练所塾长。元治元年（1864年）十月，胜被召往江户（次月被罢免军舰奉行一职）之后，坂本客居萨摩藩，并于翌年［即庆应元年（1865年）］的五月在长崎成立了"龟山社中"，开始从事海运业务。而在那一时期，中冈一直与长州藩尊攘激进派关系密切。他参加了"禁门之变"并在战斗中负伤，其后跟随"五卿"来到了筑前太宰府。从这些情况可以看出，在说服长州藩的这项艰难任务上，中冈发挥的作用反而更大。

庆应元年五月十六日，将军家茂带兵前往大坂进行第二次长州征讨。在京都的中冈和在萨摩的坂本获知这一重大消息之后不约而同地开始了萨长和解工作。中冈前往萨摩游说西乡，坂本则前往长州说服桂（木户）。中冈与坂本二人原计划让西乡与桂在下关会面，但因西乡突然上京而未能实现。

在罗什策划的走私禁止令下达后，长州藩一时陷入了困境。此时，萨摩藩以自己的名义为长州藩购买武器、舰船，这使两藩的关系急速接近。在长崎龟山社中的介绍下，伊藤博文、井上馨从格洛弗手上购买了4300支米涅步枪、3000支盖贝尔步枪。这些武器在翌年的征长战争中发挥了巨大作用。

庆应二年一月八日，木户孝允应萨摩藩的邀请入京。同月二十二日，历史性的萨长同盟正式成立。据青山忠正在《萨长盟约的成立及其背景》（《历史学研究》第五百五十七号）中所述，之所以西乡、木户二人在京都萨摩藩邸举行的会谈直到二十日坂本龙马入京为止都没有进展，是因为幕府刚好在那时最终确定了（十九日确定，二十二日

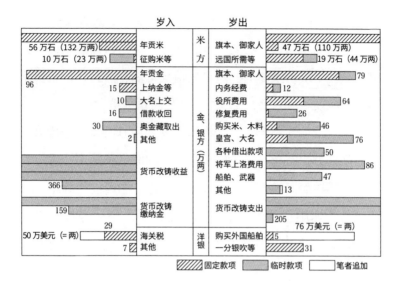

图4.12　1863年（文久三年）幕府的财政收支
（资料来源：大口勇次郎《文久期的幕府财政》，载《近代日本研究》第3卷；大山敷太郎《幕末财政金融史论》；《长崎幕末史料大成》第4卷）

获敕许）处置长州的方案（10万石充公，藩主蛰居隐居，世子永蛰居），而双方围绕是否接受这一处置展开了争论。

当时的情况想必是这样的：木户拒绝接受已最终确定的处置方案，表示了抗争到底的决心。而西乡被赶来的坂本说服，在考虑可能面临的各种情况之后与长州藩缔结了攻守同盟，并与木户约定帮忙做朝廷的工作，争取取消对长州藩的处罚。

坂本龙马完成重要任务后，于翌日（即二十三日）夜在其长期投宿的旅馆寺田屋遭到伏见町奉行手下袭击。老板娘的养女阿龙想方设法将袭击的消息传达给了龙马，龙马拿出手枪应战，虽然负伤但最终保住了性命。阿龙是京都一位医生的女儿，与龙马相识一年半左右。两人借此机会正式举行了婚礼，并一同前往鹿儿岛的温泉。此行一方面是为龙马疗伤，另一方面也算是一次新婚旅行。两人登上雾岛山之后将"天逆矛"[6]拔出，确认其的确是人造的。这个小插曲可以说充分体现了龙马的合理主义思想。

六月一日，伤愈后的龙马乘坐汽船"联盟"号（"乙丑丸"号）前往下关，而此时的下关正处于第二次征长战争的激烈战火之中。

3. 幕府军败退

◇幕府的财政状况◇

若以"石高"[7]这一幕藩制传统经济实力标准来衡量第二次征长战争中的交战双方，那么情况是这样的：拥有全国3000万石中的将近800万石的幕府，动员诸藩向对外宣称有37万石的长州藩发起了进攻。与长州藩秘密结盟的萨摩藩的"石高"对外宣称有77万石（包括琉球在内），但这个数字其实是"籾高"[8]，若跟其他藩一样用"米高"[9]来衡量，也仅有37万石左右。也就是说，萨长两藩的"石高"加起来不过是幕府的1/10。

然而在幕末时期，仅单纯地用"石高"来衡量经济实力和财政规模是不合适的。我们先简单对比一下第二次征长战争前幕府与萨摩、长州的经济力量和经济特征。

首先是幕府。从文久三年（1863年）除去旗本领地以外的天领（略高于400万石）的财政收支来看，年贡米、年贡金这些常规收入都被用在了为没有领地的幕臣发放俸禄、津贴，以及大奥的经费等方面，而幕末时期特有的军事、政治经费，大部分来自货币改铸的收益。

大口勇次郎在其论文中指出，幕府购买外国舰船的资金和海军军费来源不明。笔者认为，这些经费恐怕是来自与洋银收支相关的海关税。在幕末8年多的时间里，3个通商口岸的关税收入合计达到454万美元，而幕府购买29艘舰船花费了325万美元。可见，用税金支付这笔款项是足够的，剩余部分则可能被用作海军军费。

幕府的货币改铸收益额于这一时期达到巅峰，其后逐渐减少。庆应年间，幕府向江户、大坂的商人各课征了100万两左右的"御用金"[10]，并开始发行"金札"[11]。幕府于庆应二年五月颁布"生丝、蚕卵改印令"，试图向蚕丝产地的众多生产者征收税金。后文将会提到，这一举措引起了信达一揆[12]与武州一揆等，幕府因此遭受了不小的损失。

对于未能充分吸收最新经济发展成果的幕府而言，要筹措出马关战争的300万美元赔款和横须贺制铁所的240万美元建造费用并不是一件易事。实际上，它哪一项都无法付清。第二次征长战争高达437万两的军费对幕府来说更是一大难题。

开战前夕的庆应二年五月二十八日，胜海舟难得被召进江户城，并恢复了军舰奉行的职位。其后，他向勘定奉行小栗忠顺等人透露了幕府的绝密计划：幕府打算向法国借款并购买军舰，"待（军舰）一到，便火速攻打长州，视其时宜亦将讨伐萨摩，则邦内再无参预置喙之大诸侯。其后更乘其势，削小诸藩，以定郡县之制"。

与此时恰巧来到日本的帝国邮船公司（商务大臣贝克任总经理）副经理J. 库勒交涉后，双方约定英国东洋银行（总部设于伦敦）和法国兴业银行（总部设于巴黎）将于八月二十二日开始与幕府商谈600万美元的借款事宜。就这样，幕府为了建立一个以自身为中心的统一国家（幕府专制主义），开始在依赖法国的危险道路上越走越远。

◇萨长经济的真实状况◇

那么，彼时与幕府对决的萨长两藩的经济状况又是如何呢？自由贸易的开展虽然给独占海关税收的幕府带来了好处，但逐渐对长州藩的棉纺织业和萨摩藩的制糖工业形成了冲击，萨摩藩通过琉球进行的走私贸易的收益也受到了影响。

庆应元年（1865年），长州藩将下关越荷方的原负责人中野半左卫门等商人换下，派遣木户、高杉等人来管理越荷方。其后，越荷方掌控了将豪农豪商手上的本地产品售往藩外的渠道，以及包括中国丝绸等进口商品在内的各种商品在藩内销售的渠道。萨摩藩也将传统的藩际交易（藩与藩之间的贸易）与长崎的对外贸易联通起来，并将其扩大。元治二年三月，五代友厚等人率领15名留学生偷渡英国。后来，五代还进口纺织机械、步枪等物品到藩内。

两藩之间的交易一直以来以下关、长崎为中心。庆应二年十一月，在坂本龙马的斡旋下，两藩制定了设立"贸易公司"的方案，两藩计划将贸易活动开展至大坂并同时向全国拓展。

然而，设立贸易公司的计划并未实现，藩政府自身也并未从商人们的活动中获得多少收益。长州藩越荷方庆应二年的利润仅有11000两左右，对藩财政的贡献度极其有限。

长州藩巨额军费支出的主要来源，是从农民手中收取的高比率（与全国其他地区相比）的米纳年贡。明治六年（1873年）的地租改征前，全国平均的农田产出贡租比率是26.7%，而这一时期山口县的贡租比率竟高达36.7%。在幕末时期，随着棉纺织业等小商品生产的发展，贡租比和以往相较已经低了不少。但这一案例证明，在这样的大环境下，高额征收仍然是可能出现的。从宝历十三年（1763年）开始，长州藩就将宝历检地[13]后增加的4万余石年贡作为特别资金（"抚育方"[14]）严格区分开，并将其积攒了起来。然而到了庆应元年之后，其中的13.5万两都不得不用来购买枪炮、军舰，并没有多少富余了。

正如前文所述，庆应元年时，长州藩以萨摩藩的名义购买了大量的步枪，其中，购买米涅步枪花费7.74万两（每支18两），购买盖贝尔步枪花费1.5万两（每支5两），合计高达9.24万两。由于奇兵队等队伍的士兵算是一种雇佣兵，因此需支付薪水，步枪等物品也由藩政府发放。从这一意义上来讲，这些部队要比封建式军队更进步一些。同时，维持这些部队的费用也给长州藩财政增添了新的负担。

而在萨摩藩，天保钱的模铸则成了一个重要的新财源。萨摩藩以与琉球交易时所需为由，于文久二年八月从幕府获得了3年期的铸造"琉球通宝"的特别许可。从翌年年末开始，萨摩藩就模铸了大量与"琉球通宝"同形、同量的幕府铜钱"天保通宝"，并将其大量用于藩外，以此获得了巨大利益。

据铸造工作负责人市来四郎的回忆，这三年间总共铸造了天保钱290余万两，而获得的收益额高达其2/3。可想而知，幕府的情况也差不多。不过，五代友厚于庆应二年六月从长崎寄回萨摩的信中写道，自己被格洛弗等外商追讨欠款，已无计可施。可见，当时萨摩藩的财政状况其实也并不乐观。

从萨摩藩对英国怡和商会的支付情况来看，该藩在庆应二年左右就开始出现了财政困难的状况。既然如此，萨摩藩为参加戊辰战争而接连不断购买大量枪炮的资金又来自何处呢？

首先应该注意到的是，在庆应三年三月的军制改革时，萨摩藩将需要购买的前装线膛式步枪按"石高"的高低分摊给了藩士，这些步枪实际上是藩士们各自出资购买的。萨摩藩和大部分藩一样，采取的是封建式军队的"武装自备"制度，该制度也适用于步枪。和长州等藩相比，萨摩藩财政的负担相对就会轻一些。同时还应注意到，在庆应四年的时候，萨摩藩向荷兰博迪安贸易公司借款约76万美元（当时的荷兰贸易公司的活动重点已经从贸易转向了诸藩的金融活动），并用这笔钱支付了从英、法商人手中购买武器的费用。可以这么说，因为有了这笔钱，萨摩藩的军队才能装备上前装线膛式步枪等武器。后来，萨摩藩逐渐返还这笔借款，到废藩置县时只剩下96905美元尚未还清。另外，由于大部分前装线膛式步枪都是藩士出资购买，因此属于私有，这也成为日后西南战争中西乡军能够起兵的条件之一。

◇第二次征长战争◇

　　由此看来，在整体的财政层面上，幕府与萨长的经济实力有着巨大的差别。然而，即使有着压倒性的雄厚经济实力在背后支撑，幕府军最后也没能战胜长州军。艺州口（山阳道）暂且不论，在大岛口（濑户内海）、石州口（山阴道）、小仓口（九州），长州"四境"的诸多战斗甚至是以幕府军惨败而告终。

　　庆应二年六月七日，幕府军舰炮击周防国大岛郡（屋代岛），双方战斗正式开始。幕兵和松山藩兵一时占领了屋代岛，但高杉晋作率领不到 100 吨的小军舰"丙寅丸"号向对手发起夜袭并将其击退。其后，第二奇兵队等部队将该岛夺回。

　　在幕府军主力驻扎的艺州口，由于广岛藩拒绝充当先锋，就由旧式装备的彦根、高田两藩藩兵率先进入长州领内。他们与长州藩诸队中的游击队发生战斗，大败而归。推进至艺州大野（现广岛县廿日市）的长州军队与西式装备的幕府步兵和纪州藩兵精锐部队展开激战，战况胶着，难分胜负。在日本海一侧的石州口，参谋大村益次郎亲自率领诸队之一的南园队发起积极进攻，突入滨田藩领内，在益田町（现岛根县益田市）击败滨田、福山两藩藩兵，最终占领滨田藩领与幕府领地石见银山一带。

　　老中小笠原长行率领幕兵和小仓、熊本两藩藩兵试图在小仓口渡过海峡，却在六月十七日遭到长州军参谋高杉晋作和山县有朋指挥的奇兵队的主动攻击，乘"乙丑丸"号前来的坂本龙马也参与了战斗。反复遭受攻击的小笠原于七月三十日夜乘军舰逃往长崎，小仓城陷落。有说法认为小笠原之所以脱逃是因为接到了七月二十日将军家茂在大坂城去世的消息，但无论如何，代表幕阁的前线最高指挥官偷偷逃走，全军崩溃也就是理所当然了。一桥庆喜承诺让德川宗家继承将军之位，并公开宣布自己要亲赴慰灵之战的前线，甚至已经从天皇处获得了追讨敕语和赐剑，做好了出阵的准备。然而，当他得知小笠原脱逃及小仓城陷落的消息后，立马改主意终止了出阵计划。

　　幕府军战败的原因，首先是由于整体缺乏战斗意志。将军亲自前往大坂城，任命纪州藩藩主德川茂承为先锋总督、老中本庄宗秀为副总督，并于庆应元年十一月给预定参战的32个藩都分配了任务。然而，接到攻打萩口命令的萨摩藩和本应作为艺州口先锋出阵的广岛藩宣称这场战争没有大义名分，拒绝出兵。即使是领命出阵的诸藩藩兵也缺乏积极战斗的士气。

　　萨英战争后，萨摩藩全力推进武器装备的近代化。若萨摩军在萩口登陆，"四境战争"变成"五境战争"，长州军毫无疑问会被彻底击溃。考虑到这一点，不得不说萨长同盟的意义还是非常大的。

◇天才大村益次郎◇

从陆上战斗来看，两军装备差距很大。构成长州军主力的诸队全员装备了前装线膛式步枪，而大多数幕府一方的军队却顶多是部分装备盖贝尔步枪，主要的武器还是火绳铳、刀和长枪。不过，艺州口的幕府步兵和纪州藩兵还是装备有优质的枪炮。若比较双方的军舰，则拥有1000吨的"富士山舰"的幕府舰队占有压倒性优势。

尽管如此，在数量上并不占优势的长州军还是取得了胜利，这得益于士兵的素质与经验。参与战斗的长州军以年轻百姓、町人为主体，家臣团队仅发挥了次要作用。幕府军的败北，说得极端一些，其实就是彻底习惯了太平之世的武士军队输给了与西方近代军队打过陆战的长州百姓军队。

在两年前的"禁门之变"和马关战争中败北的长州军成长为强大的军队，还将幕府军打得落花流水。为这一切作出最大贡献的，是一个名叫大村益次郎的人。大村益次郎出生于周防国吉敷郡铸钱司村的一户医生家庭。他曾在兰

合理主义者，熟悉近代兵器的威力且精通近代战术

图4.13 大村益次郎（1825—1869年）

学家绪方洪庵的"适塾"学习，后来在幕府番书调所担任教授手传。大村因在西洋兵学方面有卓越的悟性，于万延元年（1860年）时被长州藩聘用，后来经庆应元年（1865年）五月回藩的木户孝允推荐，成了长州藩军制改革的中心人物。

大村一方面积极购置米涅步枪等武器；另一方面，亲自翻译、出版荷兰人库诺普的战术书籍，并用这些书籍向诸队教授近代散兵战术。散兵战术是一种利用地形、建筑物等将个人创意最大限度发挥出来的战术，如果士兵自身没有自主性就无法实现。而由百姓、町人组成的诸队刚好具有这种自主性，非常适合使用该战术。

在马关战争中指挥奇兵队的山县有朋曾称自己看到敌军的散兵战术后大有所悟。也许正是因为他有这种经验，所以才能极快地理解大村所讲授的内容。

幕府军缺乏一个统率全军的指挥系统，而长州军则由大村统筹全局，全军都按照他所制订的缜密的作战计划行动。尤其在大村亲自上阵指挥战斗的石州口战场，其作战计划被完全落实，大村也因此在军中获得了极高的人望。对于遭幕府军四路进攻的长州而言，有大村这样一个稀世的军事天才来力挽狂澜，不得不说是非常幸运的。

◇民众的动向◇

普通民众作为被统治阶级，也被迫卷入了这场战争。周防国大岛郡屋代岛发生的战斗造成了众多的平民死伤，安艺国佐伯郡的很多村庄民房也被烧毁，据说逃往各地的难民多达4万人。

那一时期，派出军队的诸藩长期征用大量的农民、町民来充当随军民夫。在藩主担任先锋总督的纪州藩，从庆应元年闰五月至庆应二年十月这段时间，共派出了6000人的家臣团向大坂、艺州、石州进军，而当时平均每天要从藩内征用2000名至3000名随军民夫。长期征用身体强健的壮丁所造成的农耕劳力不足由"五人组"（江户时代的社区组织）分担。藩政府不仅要求他们完整缴纳租税，还将随军民夫的薪水分摊给各村支付，这种做法使得农民集体要求减轻劳役和租税的负担。德川茂承之所以在战争中辞去总督一职，就是因为在他的领地内发生了这种事。

战争造成物价尤其是米价暴涨，给町民和贫农的生活带来了巨大压力。根据青木虹二所编《百姓一揆综合年表》中的数据，庆应二年共发生百姓一揆106起、城镇骚乱35起、村方骚动[15]44起，合计185起，超过天保七年（1836年）的合计171起，为江户时代最高。

庆应二年五月一日，摄津国西宫的一场呼吁降低米价的运动以极快的速度蔓延到大坂周边农村。五月中旬，大坂市的米店接二连三遭到打砸，数千民众甚至袭击了豪商鸿池善右卫门和加岛屋九右卫门等人，并强行向他们"借"钱。

五月二十八日，江户的品川宿也发生了打砸事件，并很快波及市里的大型米店、当铺等。大黑屋六兵卫和丁子屋吟次郎等豪商的店铺都遭到了打砸。前文已经提到，大黑屋和丁子屋分别是长州藩和彦根藩的御用商人，不过因为他们同时也是贸易商人，因此遭到了袭击。

在大坂、江户进行打砸的人群，其主体是下层町人。但同时也应注意到，有一些平时生活并不怎么贫困的町人也参与了打砸。战争带来的穷困和恐慌也影响到了这些人。这一现象从侧面体现了打砸风波对幕府的冲击之大。

如同与这些城镇骚乱事件相呼应一般，在农村也连续发生多起大规模的"社改一揆"[16]。庆应二年六月十三日，来自幕府领内武藏国秩父郡上名栗村（现埼玉县饭能市）等地的半雇佣工化贫农（半无产者）来到饭能町的米店，要求店家低价出售大米。此事很快发展成了武州一揆，参加者突破10万人。至十九日一揆被镇压为止，包括上州绿野郡（现群马县高崎市）在内的武州一带共有449户豪农豪商遭到打砸。

参与一揆的人几乎都是贫农和半无产者。他们在呼吁降低米价的同时，还向豪农豪商提出了返还质地（抵押的土地）、质物的"社会改革"要求。同时，实施幕府"生丝、蚕卵改印令"的生丝会所及组合村[17]的中心区域（集会场所）也成了袭击对象。从这一角度来讲，此次运动被认为带有反封建的性质。

六月十五日在奥州信夫（现福岛市）、伊达（现福岛市及伊达郡的一部分）两郡发生的信达一揆则明确提出反对幕府"生丝、蚕卵改印令"带来的新课税，以及要求降低米价和抵押利息。超过10万的农民在打砸了164户豪商豪农后聚集在福岛城下，他们的诉求最终得到了满足。此次一揆的核心力量是贫农和半无产者，不过中农阶级也参与了进来，且担当了头目（领导者）的角色。

在一场彻底的打砸前，一揆头目在打砸对象的家中如此命令道：

> 大家听好：当心明火，不要打翻米谷。绝对不要破坏抵押品，那是大家的东西。另外也不要私取财物。我们不是为私利，而是为了万民的利益。将家中物什全部打碎，连一个猫碗也不要留！

不得不说，民众的这样一种行动，还远没有达到"自觉地与幕藩制国家对抗"的层次。然而，民众的巨大力量在军役反对运动、打砸活动、"社改一揆"等事件中得到了展现。这种力量动摇了幕府军的根基，成为其败北的一个间接原因。

◇孝明天皇突然死亡◇

一桥庆喜宣布自己要亲赴前线参与将军家茂的慰灵之战的时候，在整个朝廷内部表现出最强烈支持态度的就是孝明天皇。当庆喜提出终止出征计划的时候，天皇自然不会轻易就同意。

然而，此时萨摩藩基于萨长同盟的立场提出了终止征长的建白书。因推进和官下嫁一事被追责并被罚蛰居洛北岩仓村的岩仓具视也表示赞同建白书的提议并开始筹划各种对策。于是，在朝廷内部主张终止征长以转变佐幕路线的声音越来越大。八月三十日，大原重德等22名公家入宫参见天皇，大胆地提出了终止征长与改革朝廷的想法。

但是，这样的行动就相当于对天皇的佐幕态度的全盘否定。天皇盛怒之下对他们处以了禁闭等处罚，被怀疑是幕后唆使者的岩仓也受到了更严密的监视。十二月五日，庆喜继承将军之位，以天皇为中心的佐幕派在朝廷中的地位更加稳固了。

此时，孝明天皇突然病倒。十二月十二日，天皇开始发热并出现了痘疮（天花）的症状，但病情很快好转。二十三日，水痘的脓液已经全部排出。然而，就在第二天夜里，天皇开始出现严重的呕吐与腹泻症状。二十五日，天皇脸上开始出现紫色斑点，其后吐血身亡。

对于天皇的突然死亡，从当时起就一直流行"毒杀说"。二战后不久，祢津正志也主张"毒杀说"，但因没有确切证据而遭到反驳。昭和五十年（1975年），孝明天皇典医[18]的曾孙、私人开业医生伊良子光孝基于其曾祖父伊良子光顺的日记和笔记的内容发表了"毒杀说"，石井孝、田中彰等人也认可这种说法。于是，"毒杀说"渐渐成为学术界公认的观点。

然而，在此之后，原口清在《孝明天皇是被毒杀的吗》（藤原彰等人编《日本近代史的虚像与实像》第一卷，大月书店，1990年）一文中指出，"天皇病情好转"一事缺乏可信依据。他还认为，从死亡时的紫色斑点、出血等症状来看，"天皇是死于紫斑性痘疮与出血性脓疱性痘疮两种病症造成的出血性痘疮"。如果天皇真的患上了如此严重的痘疮，那就几乎没有痊愈可能。这样一来，"毒杀说"就很难立住脚了（痘疮感染渠道的问题暂且不论）。

如果说倒幕只是早晚问题，那么只要佐幕派的天皇还活着，朝廷就有很大可能和幕府双双倒台。孝明天皇突然死亡后，政治为倒幕派所主导。或许，这正为朝廷明确自己的特殊地位并再次取得政治影响力提供了机会。

译者注

1. 江户时代居住在农村的武士或享受武士待遇的农民。

2. 日本长度单位。1 里约等于 3.92 千米。

3. 下关的古称。

4. 即村主任。在关东称为"名主"。

5. 日本近世居住在城市里的工商业者，身份较低，但因其经济实力强，所以拥有较大发言权。

6. 日本创世神话中的矛。

7. 米谷的收获量。江户时代武士的俸禄用"石高"的量来表示。

8. 将稻壳计算在内的大米的重量（产量）。

9. 脱壳后计算的大米的重量（产量）。

10. 幕府或诸藩为筹措资金，以约定付息偿还的方式向百姓强制征收的借款。

11. 一种代替金币的纸币。

12. 泛指农民起义，也指百姓因某些目标而集结的团体。其基本形态是暴动，但请愿运动一般也包括在内。

13. 丈量、调查土地的面积、收获量，以确定年贡额及劳役等。

14. 长州藩第七代藩主毛利重就成立的基金。

15. 江户时代后期频发的农民运动。农民向领主控诉揭发村吏的舞弊谋私行为，要求改革村政。

16. 幕末、明治维新时期农民暴动的总称。主要以"改革世道"为口号，故称"社改一揆"。

17. 幕府于 1827 年文政改革时规定的一种治安管理形式。划定一个区域，由区域内多个村联合维持治安，这种形式即为"组合村"。

18. 有官位的御医。

第 **5** 章

"社会改革"与戊辰战争

1. 依赖法国的将军庆喜

◇ "幕府最高顾问"罗什 ◇

庆应二年（1866年）十二月五日，刚刚成为第十五代将军的德川庆喜并不理会孝明天皇的突然死亡（或者说，正因为孝明天皇突然死亡），开始着手推进一场幕政大改革。

庆喜最为重视的是建立一支强大的陆、海军部队。在法国公使长久以来的斡旋下，由C. S. J. 夏努安大尉等15人组成的军事顾问团于庆应二年十二月八日来到日本，开始帮助幕府训练步兵、炮兵和骑兵。这些队伍的主要人员构成已经不再是旗本和御家人，而是用他们缴纳的军役金雇用（主要从江户市内）的非武士身份的人。夏努安大尉埋怨城镇出身的雇佣兵缺乏体力和耐力，在战场上起不了多大的作用，就算让这群人穿上法式军服，装备上法国进口的枪炮，在实战中的战斗力也不高。

庆应三年（1867年）三月二十六日，幕府期盼已久的新军舰"开阳丸"号终于从荷兰抵达横滨。该舰系幕府于5年前，即文久二年（1862年）订购，排水量2590吨，船上装备有26门克虏伯大炮。当时留学学习造船技术的榎本武扬和泽太郎左卫门等人也随船一同回国。该舰拥有世界级的高性能，凌驾于任何藩的军舰之上。以"开阳丸"号作为旗舰的幕府海军毫无疑问地成为日本国内最强的海上力量。

庆喜的改革也涉及行政方面。不过，这是因为罗什向他建议，老中制度的职务分担不明确，应当进行修改。在无任所[1]老中首座板仓胜静统领下，各老中分别兼任陆军、海军、国内事务、财政和外国事务的总裁。内阁也采取了类似的形式，并且提拔了不少人才担任各方面的奉行（相当于次官）。

另外，幕府还构思了租税金纳化[2]等经济方面的改革，计划以此增强实力、统合诸藩，再像从前一样将朝廷排挤出政治舞台。以上这些也都是罗什向幕府提出的建议。就这样，法国公使罗什实际上渐渐成了幕府的最高顾问。

英国公使巴夏礼在庆应二年六月与英国商人格洛弗一同访问萨摩藩之后，一面摆出互不干涉内政的态度，装作不插手幕府与萨长两藩的对立，一面又派书记官阿涅斯特·萨托向幕府施加对萨摩藩有利的外交压力。后文中提到的对兵库开港事件的介入就是一个典型例子。于是，在这种稍有不慎便会招来列强大肆干涉的危险状况下，幕末政局也渐渐接近了尾声。

◇ "殖民地"横滨、横须贺 ◇

在最大的通商口岸横滨常驻有英法两国的军队，他们以武力震慑着横滨周边一带。形势严峻的时候，各国的军舰也争相入港，以保护在横滨的居留民。

文久二年的"生麦村事件"后，围绕赔偿金支付问题，幕府及攘夷派差点儿就和英法两国发生军事冲突。其后，为了保护居留民及其财产，自老中在文久三年（1863年）四月六日的书信中书面认可以来，英法两国的驻军已经成了一个既成事实。老中小笠原长行当时需要带兵上京，因此，江户的幕阁打算向外国借用运输船，所以也就不好回绝英法两国的强烈要求。然而，在紧急状况解除之后，英法两国不但拒绝了幕府的撤兵要求，甚至还派遣陆军到日本，并用幕府的资金在山手建造了屯驻设施。自此以后，幕末的横滨就开始有1000人的英法军队常驻，两国一直到明治八年（1875年）二月底才撤出驻军。

英国公使阿礼国在元治元年（1864年）寄给本国外相的书信中得意地写道，陆军士兵已经从香港转到了日本，横滨气候好，兵营等设施的建设费用又由幕府负担，这样可以为国家节省经费。在阿礼国等人的眼中，横滨其实跟香港差不多，几乎也是个殖民地了。

在横滨被英国商人和军队占了先机的情况下，法国则在横滨稍南的横须贺开辟了一片天地。在那里，以法国人F. L. 维尔尼为首的工程师团队正在指挥众多的日本人建造制铁所（造船所）。庆应三年（1867年）四月来到横须贺的青年贵族L. 德·波伏瓦在其所著的见闻录《日本1867》（绫部友治郎译，有邻堂）中颇为骄傲地记述道：

> 大君为了建设海军工厂和造船所而将法国人招聘至此。这里是法国的真正殖民地。……12000名日本工人，有的在堆砌巨大的土堆，有的在挖掘船坞，剩下的则在建造两个排水口。……45名法国工人则是维尔尼先生派来的现场监工。……法国村干净而漂亮。在村里有一个小小的教堂，教堂里有神父。

当然，横须贺制铁所由幕府经营，维尔尼等人不过是受雇的外国工程师。制铁所既非外国直接投资，亦不在外国控制之下。然而，幕府自身对于"对外独立"的重要性到底有多深的理解就很难说了。前文所述600万美元借款的交涉经过就如实体现了幕府的态度。

◇巨额借款计划化为泡影◇

前面已经提到，在第二次征长战争期间，为了筹措建设横须贺制铁所和军制改革的必要资金，幕府与法国经济使节库勒开始了关于设立独占贸易的"法国进出口公司"及600万美元巨额借款的交涉。

庆应三年二月，罗什在大坂城对庆喜等人承诺，如果"法国进出口公司"成功设立，幕府想借多少钱就借多少钱，只要一直支付利息，本金什么时候返还都无所谓。因此，幕府当时筹划的事项似乎是建立这个"公司"，而并非是以发行日本政府国债的方式向外国借款。日本作为东亚的一个小国，在没有明确担保的前提下，其国债基本上也不可能在巴黎和伦敦发行。

同年四月，罗什在庆喜面前表示，要想获得借款，关键是要"以虾夷地³作质押"。老中小笠原长行指示栗本锄云（鲲）前往巴黎，以将虾夷产物开发权转交给"法国进出口公司"为条件进行借款交涉。栗本于八月抵达了巴黎。

然而，庆应三年六月（公历7月）进行的"法国进出口公司"股份募集惨遭失败。究其原因，一方面是当时的经济危机日益严重，甚至法国的大银行——信贷银行都面临破产；另一方面，当时巴黎碰巧在举办万国博览会，而萨摩藩与幕府一同前来参展，这也使外国人开始怀疑幕府的权威，进而给股份的募集带来了负面影响。为了设立"公司"和拿到600万美元借款而来到巴黎的幕府博览会使节德川昭武（庆喜之弟）一行人连路费都没有带够。其后，他们找到库勒试图借些路费，却遭到拒绝而无计可施。这些人或许没有意识到，自己的失策——没能阻止萨摩藩参展——也是导致"公司"未能成功设立的原因之一。毕竟，他们的全部精力都花在与东洋银行和设有日本分店的荷兰贸易公司交涉以筹措路费上了。

栗本抵达巴黎后，立即与法国外交部长会面并说明幕府的立场，同时与库勒和银行家P. 弗勒里·埃拉尔尽力商讨补救措施。然而在之前的计划中，600万美元借款是和设立"公司"以实现贸易独占与虾夷开发捆绑在一起的。没有这些作为承诺，怎么可能白白拿到这600万借款呢。正当栗本等人还在苦思对策时，"大政奉还"的消息已经传到了巴黎，幕府期待靠600万美元巨额借款来起死回生的计划彻底宣告失败。

◇开港敕许与讨幕密敕◇

将军庆喜企图依靠法国的力量来恢复幕府的权力，而萨摩、长州两藩对此又采取了怎样的对抗策略呢？

西乡隆盛和大久保利通想出来的将幕府逼入绝境的撒手锏，就是利用兵库开港的敕许问题。在庆应元年（1866年）的"条约敕许"之时，兵库并未被许可开港。而现在与各国约定的最后期限（1868年1月1日，庆应三年十二月七日）即将到来，幕府方面必然要想方设法地取得敕许。因此，西乡等人计划出手阻碍幕府的工作，再通过雄藩合议获得敕许，以此来打击幕府的权威。据说，唆使西乡采用此种策略的人,是英国公使馆员萨托。

庆应三年三月,在巴夏礼等人的强烈要求下,庆喜多次向朝廷请求敕许兵库开港,但朝廷一直没有同意。然而,庆喜在大坂城会见各国公使的时候公开表示,兵库开港事宜会按约定时间进行。

西乡与大久保策划了一场由岛津久光(萨摩藩)、山内丰信(土佐藩)、伊达宗城(宇和岛藩)、松平庆永(福井藩)四人出席的"四侯会议"。五月,"四侯"与庆喜讨论了兵库开港和处分长州藩这两个问题,但双方都不肯让步。其后,丰信退出,"四侯会议"分裂并解散。因此事获得自信的庆喜在五月二十三日至二十四日的通宵朝议中热情演说了一番,终于得到了兵库开港和宽大处置长州藩这两个敕许。

大久保和西乡本来试图以外国压力和敕许问题将幕府逼入绝境,顺利的话可以实现和平倒幕,但现在,他们的计划失败了。剩下的路只有一条,那就是武力倒幕。此时,岛津久光在与庆喜的论战中败下阵来,这导致他对幕府更加反感,也使萨摩藩的倒幕立场更加坚定。

不过,萨长两藩要想在倒幕的同时避免自身在政治上被孤立,就必须获得某种"大义名分"。萨长倒幕派最大的问题就是没有这种"大义名分"。当然,他们并不以解放封建统治下的民众(市民革命)为目标,所以这丝毫不奇怪。他们依靠的力量，是近在眼前的朝廷的权威。持佐幕立场的孝明天皇死后，即位的是16岁的明治天皇。明治天皇在政治上完全中立，这也为倒幕派的宫廷工作提供了操作空间。

此时，与西乡、大久保结成协作关系的岩仓具视开始大显身手。岩仓在文久二年（1862年）被罚蛰居洛北岩仓村之后，已经变成了一个倒幕论者。庆应三年三月终于获准入京后，他便开始行动了。十月，朝廷分别向岛津父子和毛利父子下达了"殄戮贼臣庆喜"的言辞激烈的同文"密敕"。然而同月十四日，将军庆喜上奏表明"大政奉还"的意向。本来计划好的萨摩藩出兵又因藩内争执而推迟，长州藩也因此决定延期出兵。如此一来，奉"密敕"举兵讨幕的计划也就胎死腹中。

但是，根据井上勋在《王政复古》（中公新书，1991

少有的具有政治手腕与魄力的公家，号对岳

图5.1 岩仓具视（1825—1883年）

落款日期为十月十三日的是发送给岛津父子的密敕。落款为十四日的则是发送给前一天恢复官职的毛利父子的

图5.2 讨幕密敕

年版）一书中提出的观点，中山忠能密奏天皇并获得讨幕密敕许可一事实为虚构。"密敕"实际上是伪敕，是岩仓、大久保及长州藩的广泽兵助等人在得知萨摩藩推迟出兵后临时想出来的撒手锏。这通伪敕的目的是以天皇权威压制萨摩藩内的出兵反对论，将藩主父子的态度引向出兵上洛。之所以长州藩也拿到了同样内容的"密敕"，是因为要保证长州藩与萨摩藩有同等的地位。西乡、大久保、广泽等人冷眼旁观"大政奉还"的上奏，其后，携"密敕"回藩并将其用于藩内工作。若事实真的如此，那么奉"密敕"举兵讨幕的计划并非"胎死腹中"，反倒是一切都在按计划进行。

◇ "船中八策"与"大政奉还" ◇

将军庆喜的"大政奉还"是以土佐藩的建白为契机，而建白是由山内丰信的心腹后藤象二郎推进的。为后藤出了这个主意的，则是坂本龙马。

作为清洗土佐勤王党的始作俑者，后藤之所以接近在长崎活动的龙马，是为了摸索让土佐藩脱离一贯的佐幕路线的方法。而龙马也想借助后藤来促使整个土佐藩开始行动，因此两人一拍即合。庆应三年（1867年）六月，在从长崎驶往京都的船中，龙马将自己对即将诞生的新国家的构想告诉了后藤，这就是所谓的"船中八策"。该构想包括"将天下坂本龙马的"船中八策"

●天下政权奉还于朝廷,政令当自朝廷出。

●设上下议政局,置议员以参赞万机。万机当决于公议。

●将有才之公卿、诸侯乃至天下之人才备为顾问,赐官爵,从来名无

实之官当除之。

●与外国之交际当广采公议,新立最恰当之规约。

●折中古来之律令,新选定无穷之大典(宪法)。

●扩张海军。

●置御亲兵,以守卫帝都。

●金银货物当与外国设平均之法。

之政权奉还朝廷"、制定"无穷之大典"(宪法)并开设议会、建立朝廷直属的军队等内容。后藤说服丰信,将这一构想作为土佐藩的藩论。

同时,后藤也在做萨摩藩方面的工作。六月二十二日,坂本与中冈慎太郎会面,双方缔结萨土盟约,协力合作并促使幕府将"大政"奉还于朝廷。只不过,为此采取什么手段并没有明确。后藤为了暂且回避武力倒幕,曾经考虑用建白的方式敦促幕府进行"大政奉还",但西乡隆盛仿佛正中下怀般地同意了后藤的提案。按理说,西乡等人应该是认准了只有武力倒幕这一条路,那么他为什么又要同意后藤的计划呢?

西乡等人恐怕预想到幕府会拒绝"大政奉还",到那

时，他们就有"大义名分"进行武力倒幕了。后藤也没有否认这个可能性，他与西乡等人约定，土佐藩也会派兵上洛，还亲自将龙马在长崎购买的1000支米涅步枪带回了土佐藩。

因此，当率兵上洛计划遭到丰信反对，且后藤仅携带一封建白书于九月三日抵达大坂的时候，西乡有多失望也就可想而知了。背后没有武力撑腰的情况下仅提交一封"大政奉还"的建白书，想必庆喜也并不会当一回事。在这之后，后藤的"大政奉还运动"与西乡等人的武力倒幕路线相对立，反而帮助德川家保存了实权。西乡等人之所以未能对其进行阻止，直接的理由恐怕正如前文所述，是因为萨摩藩的出兵时间推迟了。

下山三郎认为，如果萨长两藩在奉"讨幕密敕"举兵时的兵力不够，就无法避免在军事上、政治上被孤立。这样看来，庆喜的"大政奉还"从结果上来讲其实是为武力倒幕提供了充分的准备时间。

作为土佐藩建白书的真正撰写者，坂本龙马早已看清了眼下武力倒幕的条件尚未成熟的现状。因此，他才多次与幕府若年寄[4]永井尚志会面，试图说服对方认可建白书，以求改变当时的局面。然而，十一月十五日，龙马与中冈慎太郎一同遭到幕府见回组刺客暗杀，二人未能在有生之年亲眼看到戊辰战争开始。龙马享年33岁，中冈享年30岁。

2. 民众的"社会改革"与民族主义

◇ "不是很好吗？" ◇

庆应三年（1867年），围绕年轻的明治天皇及朝廷，幕府与萨长两藩之间的紧张气氛日益高涨。此时，民众又在做什么呢？

前一年盛极一时的"社改一揆"与城镇打砸风波到了这一年终于平定了下来。而从这一年夏天开始，出现了一种统称为"不是很好吗？"的奇特的骚乱状态。骚乱影响区域颇广，且一直持续到次年春天。某一天，在一些富裕人家的门前出现了从天而降的伊势神宫等神社的神符（由神社发放，摆放于家中的神龛）。收到神符的人家则让用人休假，并摆出酒席招待来客。人们都兴高采烈地手舞足蹈，各地的骚乱状态短则几天，长则持续一个月以上。

得到确认的最初的"天降神符"发生在庆应三年七月中旬，地点在东海道吉田宿西南部的农村（现丰桥市）。七月十四日、十五日连续两日降下神符的牟吕村于十八日至二十日举行了临时祭礼。其后，各地都出现了"天降神符"并紧接着举行祭礼的案例。吉田宿突然人满为患，呈现出了所谓"不是很好吗？"的奇特景象。之后，骚乱从三河分别向东西方向扩散,甚至一直蔓延到了关东与中国[5]、四国地区。

"不是很好吗?"实际上是舞踊歌词的衬词[6],主要在关西一带使用。据说,在三河以东的地区诵唱"六根清净"的比较多一些。

庆应三年迎来了一场久违的丰收,米价稍有回落,民众因此缓了一口气。同时,他们期望着幕藩统治秩序的瓦解能带来一场社会变革。于是,一场大范围的骚乱应运而生。在最初发生骚乱的三河国,许多神社刚好在举行"御锹祭"以庆祝接受伊势伊杂宫(祭祀锄头的神社)御祓[7]一百周年。第二次征长战争以来,东海道一带民众的负担骤增。而此时,这里正好发生了一场呼吁减免助乡役(人马征用)的骚动。担惊受怕的豪农和村吏们趁着"天降神符"的机会同时举行"御锹祭"与祭礼,试图使村民恢复和睦团结。

在"大政奉还"的十月中旬以后,关西一带的"不是很好吗?"骚乱已经开始带有较浓厚的政治色彩。京都、大坂等地骚乱不断,甚至连前来阻止的町方官吏都被卷入了舞踊的队伍。此时,萨长倒幕派及岩仓具视等人则在趁乱推进"王政复古"武装政变的计划。

上洛的长州军于十二月二日抵达备后国尾道。第二天,当地即发生骚乱。民众一边诵唱着"长州上洛,不是很好吗?长州萨摩,不是很好吗?",一边手舞足蹈,想必这也是长州方面的安排。骚乱偏偏没有波及长州藩领内,也算是其具有政治性的一个旁证。在四国岛，阿波国全境都被卷入了疯狂的骚乱中，人们诵唱着"改变日本国不是很好吗？跳起丰收舞可喜又可贺"这些表达"社会改革"意向的词句，在挑选好的富人家门前撒下神符，并强行要求他们提供饭菜。

"不是很好吗？"骚乱缘于民众对"社会改革"的诉求，同时又使这种改革意识扩散到了全国。在那时，参加骚乱的民众所提出的要求仅局限于当场提供饭菜，涉及年贡及各种赋税劳役的基本诉求却并未被公开表达出来。到头来，这场骚乱仅仅是一种被政治所利用，其自身并不具有作为一个主体来推动政治进程的力量，这体现了当时民众的改革意识的局限性。

◇幕末日本人的宗教信仰◇

以伊势神宫等各地神社的神符从天而降、民众为此举行祭礼为开端，改革意识开始在幕末的日本爆发性地传播开来。从这一点上来讲，"不是很好吗？"骚乱其实体现了当时日本人的宗教信仰特征。在长久以来的幕藩体制即将瓦解的空前巨变时期，这场骚乱几乎可以说是当时的日本人体验到的唯一一次宗教狂热。

纵观整个世界的历史，在前近代社会，采用宗教起义形式的民众反权力斗争通常是最为彻底的。这是因为民众将自己的信仰献给了"超越神"（绝对化的存在），将现世的当权者相对化并在精神上战胜他们，如此就获得了斗争的动力。然而在幕末的日本，根本没有真正意义上的宗教起义，"不是很好吗？"不过是一场骚乱而已。

造成这一现象的一个重要原因，是江户幕府对天主教的严厉镇压和对佛教的严格管制。幕府的这些措施使民众的宗教生活被压制在一个极低的水平。对幕末、维新时期的日本进行过观察的西方人都认为，日本人极为世俗，非常缺乏宗教信仰，这其实都是幕府极其严格的宗教管制所造成的。

幕末时期，幕府的统治力式微，民间开始诞生新的宗教。这些宗教大部分属于神道系统，其代表是大和国农妇中山美伎创立的天理教。佩里访日后，中山美伎就开始宣传据说有助于安产、治病的救民教义。庆应三年（1867年），该教的基本教义完整地确定了下来。天理教宣扬"唯一神"之下人人平等，这样的教义直接反映出了当时的人们对"社会改革"的殷切期望。也正因如此，进入明治时期后，天理教被强行并入国家神道，被迫走上了一条多灾多难的道路。

可是在幕末时期，这样的新兴宗教的势力还非常弱小。不得不说，民众宗教生活的匮乏阻碍了他们改革意识的发展。这种情况也造成了民众仅把幕末的政治斗争看作是统治者间的权力争夺，也使他们认为现世秩序即天皇制拥有至高价值的国体思想统治了这个国家。

◇阻止外商侵入内地◇

"不是很好吗？"骚乱人群所诵唱的词句里，有一些诸如"日本国降下神明，唐人屋敷[8]降下石块，不是很好吗？不是很好吗？"一类体现民众的朴素攘夷意识的内容。在中山美伎的《御笔先》[9]第二期（明治二年三月出版）中，也指出了"日本"与"唐"（外国）之间的关系紧张。

上述事例表明，在幕末的民众心中已经开始渐渐形成民族意识。与此同时，因贸易而与外国人有直接接触的豪农豪商们则表现出了更为明显的民族主义意识及行动。

比如川越藩就发布公告，规定自文久二年（1862年）五月之后，从前桥分领销往横滨的生丝只能出售给野泽屋、吉村屋等5家（后增至6家）经销商。该项规定是川越藩内的生丝商人为了避免将生丝出售给"与异人有关系的店铺"而与经销商讨论后得出的结果。

万延元年（1860年）以来，横滨的大经销商高须屋清兵卫等人开始向怡和商会预贷大笔款项并直接从产地采购货物。上文中的公告就是针对这一群体的。高须屋之所以主要从奥州一带进货，恐怕就是因为遭到了最大生丝集散地上州前桥的排斥。

正如前文所述，怡和商会钻了通商条约中禁止内地通商条款的空子，利用高须屋等商家从产地采购货物。文久三年

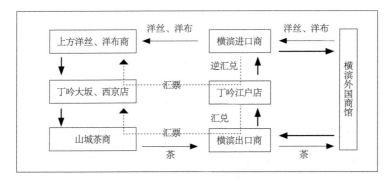

图5.3 江户—上方间的汇兑贸易（实线箭头为货币流向）

（资料来源：丁吟史研究会编《变革期的商人资本》等）

以后，高须屋拖欠巨额款项，以致英国领事温切斯特出面与幕府交涉此事。不过，即使站在温切斯特的角度，他也不可能态度强硬地为怡和商会的违约行为进行辩护。就这样，大笔欠款一直未能收回，商会的产地采购计划也在庆应元年宣告破产。之后，怡和商会将交易的重心转移到了横滨居留地。从整体趋势来看，当时外商采取的做法都跟怡和商会差不多。

往日本国内进口商品时，如果横滨、长崎的交易无法顺畅进行，外商也有可能差遣某些日本商人代替他们插手内地商品流通渠道。之所以没有发生这种事，是因为在通商口岸聚集了许多的大进口商，这些进口商都支付得起每次1000美元的进口手续费。按幕末的洋银汇率换算，1000美元最初相当于530两，后来逐渐上涨至840两，在入超状况突出的明治三年更是突破了1000两大关。因此，只要碰到稍微大宗一点的交易，进口商们就不得不准备好几个千两箱[10]。

同时还应注意到，活跃于江户和上方（京都、大坂）之间的汇兑贸易机构也为进口商人的活动提供了支持。此处以近江商人丁吟开展的江户—上方之间的汇兑业务为例。丁吟江户店一方面接收横滨茶叶经销商支付给产地的货款，同时又从将货物销往上方的横滨进口商手上购入汇票，而进口商可以立刻用这笔钱在横滨购进下一批货。当然，在此过程中，丁吟自身也投入了资金。上方的西洋丝绸、布匹商人则会在汇票的期限截止前将款项付清。

也就是说，这样一个信用机构将"三都"的大商人的财力整合起来，为与外国商人竞争的横滨进口商提供了支持，从而阻止了外商侵入内地。

横滨及各地的贸易商人受到了攘夷志士们的激烈批判和攻讦。当然，商人中间的确有一部分在为外国人做事，但大部分商人实际上起到了一个把外商活动隔离在居留地内部的作用。就这样，日本商人们通过掌握在自己手中的国内商品流通渠道来蓄积资产，日后则将这些资产用于产业投资，为日本进行工业革命提供了保障。

3. 戊辰战争的胜者与败者

◇ "王政复古" 武装政变 ◇

话题重新回到"大政奉还"后政局的动向上来。将军庆喜在"大政奉还"的上奏文中写道:"改从来之旧习,奉归政权于朝廷,广尽天下之公议,仰圣断,同心协力共护皇国,必能比肩海外万国。"这表明了在"奉还"后,幕府也打算作为重要的一员参与到新政权当中。庆喜认为,只要设法掌握主导权,那么建立一个以德川家为中心的统一新政权也是有可能的。

最后一代将军。畏惧他的人将他称为"家康再世",世人对其的评价两极分化

图5.4 德川庆喜(1837—1913年)

庆应三年(1867年)十月十三日夜,在决心"大政奉还"之后,庆喜把从欧洲回国的心腹西周叫到面前,问了他许多关于西欧政治制度的问题。西周于十一月提出了一个针对当下的政治构想。西周认为,应当彻底解除天皇的政治实权并由"大君"来执掌行政大权,且"大君"拥有比"上院"(诸大名)、"下院"(诸藩士)更大的权力。

朝廷本来计划将诸大名召集于京都,针对此构想展开商议,但诸大名不知该支持哪一方,最后几乎无人响应朝廷的召集。而此时,大久保利通和岩仓具视成功发起了"王政复古"武装政变。

奉"密敕"举兵讨幕失败后,大久保、西乡等人暂且回到了萨摩，谋划卷土重来。要想实现这一目的，就必须取得藩议的支持，实现藩主岛津忠义的举兵上洛。最终，岛津忠义于十一月二十三日率领3000名藩兵进京。长州藩也于十二月初之前在摄津国西宫与备后国尾道聚集了2500名藩兵，伺机入京。

武装政变的事前准备主要由大久保和岩仓二人负责。他们笼络天皇的外祖父中山忠能，以此来将被他们称为"玉"的年少天皇拉入己方阵营。同时，他们游说后藤象二郎以取得土佐藩的支持，并拉拢尾张、福井两藩作为他们和德川家之间的联络人。应当注意到，这意味着武力倒幕派所主导的武装政变正是因为得到了"公武合体"派的协助才能成功付诸实施，并且这一状况左右了"王政复古"之后的政局。

十二月九日（1868年1月3日），以西乡指挥的萨摩藩兵为首，尾张、福井、广岛、土佐诸藩出动藩兵将宫门严密守备了起来。在此期间，明治天皇在学问所引见了前来谒见的亲王、公家、诸侯，并发布了"王政复古"的宣言。摄政、关白、幕府等旧制度就此废除，在天皇之下新设立总裁、议定、参与这"三职"。在当晚的小御所会议上，尽管山内丰信、松平庆永等人提出了反对意见，敦促庆喜辞官、纳地的决议仍然得到了通过。

得知自己不但被排除在新政权之外，还被要求上交领土，此时在京都二条城的庆喜甚至起了动用武力的念头。但他担心因此变成"朝敌"，于是在十三日率兵转移到了大坂城。幕府军离开后，长州军接二连三地入京，京都处在了萨长倒幕派的军事支配下。

然而，武力倒幕派在新政权中的地位并不安稳，同时，"公武合体"派的势力在逐渐增大。在十二月二十三日至二十四日的"三职会议"上，最终敲定德川家不用上交领土，而是与诸藩一同负担政府的经费。这样一来，追求全面瓦解幕府权力的倒幕派一下子被逼到了绝境。

来自江户的增援舰队和军队抵达后，在大坂城的庆喜有了底气，于十六日引见各国公使并声称自己手中掌握着外交权，同时否定了"王政复古"的政变。此时，西乡在江户萨摩藩邸召集浪人进行抢劫、放火等扰乱工作。大坂的老中板仓伊贺守（胜静）等人于二十四日寄给在江户的老中的信中写道，庆喜下令，如果有证据证明浪人的大本营就是萨摩藩邸，就可以直接对该处发起攻击。他们同时还表示，这一边很快也会发动进攻。

虽然庆喜在后来的回忆录中坚决否认，但此时的庆喜毫无疑问是下定了决心为夺回政权不惜出动军队的。

二十五日，板仓的书信还未寄到之前，幕府就对江户萨摩藩邸发起了火攻。消息一传到大坂，庆喜就立刻采用了主战派的意见，决定对京都发起进攻。由此，戊辰（1868年的干支）战争正式开始。

◇鸟羽、伏见之战◇

庆应四年（1868年）一月二日，德川军开始进军。德川军总兵力15000人，其中主力由受过法式训练的5000名旧幕兵，以及3000名会津藩兵、1500名桑名藩兵构成。而迎击的萨长一方人数即使加上300名土佐藩兵也不过4500人。德川军在数量上是萨长军的3倍多，占有绝对优势。

如果德川军兵分几路攻入京都，数量上处于劣势的萨长军恐怕根本无法抵挡。然而，德川军指挥官采取了极其愚蠢的战术——让全部兵力向西乡隆盛带兵守卫的鸟羽、伏见方面进发。

双方的激战从一月三日开始，持续了6天。最后，德川军惨败。可以说，德川军不仅输在指挥官上，还输在士兵的素质与士气上。在枪炮等武器装备上，法国军事顾问团训练出来的旧幕军绝对不会劣于萨长军，但临时召集的雇佣兵战斗意志不高，战斗一开始即败走。会津、桑名两藩（尤其是会津藩）的军队作战十分英勇，但他们的战法终究是基于刀和长枪这些武器，早已落后于时代，因此在萨长军的枪林弹雨下损失惨重。

败走的德川军逃回了最高指挥官德川庆喜所在的大坂城，然而庆喜已经在六日夜秘密逃出城外，乘军舰"开阳丸"号回到了江户。

因萨长军在战争中取得胜利，新政权内部的实权也转移到了武力倒幕派一方。一月七日，"庆喜追讨令"发布。山内丰信等"公武合体"派虽然还在反抗，但并没有奏效。一月九日，在总裁有栖川宫炽仁亲王之下又任命了三条实美与岩仓具视两名副总裁。这些人与藩士出身的参与一同担负起了维持新政权运转的使命，而被任命为议定的各藩藩主的意见在此之后几乎都被无视。东征各军的上层都以有栖川宫率领的公家为最高统帅，由藩士出身的西乡等参谋掌握指挥实权，而藩主则完全被排除在外。我们姑且将这样一种刚刚开始形成的近代天皇制国家的初期形态——直到明治四年废藩置县为止——称作"维新政权"。

对刚起步的维新政权而言，一大难题是如何获得国际上的承认。围绕一月十一日突发的"神户事件"，维新政权第一次与各国公使接触。那一天，300名赶往西宫的冈山藩兵在通过神户日本人街时遇到了试图横穿队列的法国水兵。冈山藩兵用长枪驱赶法国水兵，并在对方拿出手枪后又进行了威吓射击。从大坂逃至神户的英国公使巴夏礼在接到该消息后安排英、美、法三国军队登陆，对藩兵进行驱赶并加强了居留地的警备。同时，他们还扣留并抢夺了神户湾内5艘日本汽船。维新政权对巴夏礼采取的强硬手段恐惧不已，不仅未经调查就全面道歉，还按对方公使团的要求，命令事件责任人炮术队长泷善三郎切腹。

正如内山正雄所指出的，"神户事件"与后来在堺发生的法国人杀伤事件和在京都发生的巴夏礼袭击事件不同。当时，冈山藩兵不过是采取了正当的对抗措施，双方虽然出现了若干负伤人员，但未有致死人员。尽管如此，却只有日本一方的事件责任人被处死，这是由于维新政权无论如何都想取得外国的承认，因此采取了极其卑下的态度。第一次目睹切腹的各国外交官在惊讶的同时也感到非常满意，他们于一月二十五日发表了对日本内乱采取局外中立态度的宣言，德川政权由此降格成了交战团体之一。可以说，这是维新政权的首个外交成果，但同时也不应忘记，这一成果是建立在一名无辜武士被处死的基础上的。

◇赤报队的悲剧◇

回到江户城的庆喜最初还残留着反抗到底的意志，但不久后，他意识到大势已去，于是开始在上野宽永寺闭门不出。与此同时，西日本诸藩则各自表明了忠心，维新政权便没有了后顾之忧，终于决定出动东征大总督府麾下各军。自庆应四年（1868年）二月十一日开始，以萨长两藩藩兵为中心的总兵力5万的官军开始陆续从京都出发。

东海道军在一枪未发的情况下于三月十二日抵达品川。东山道军的主力部队在野州梁田（现栃木县足利市）与旧幕府步兵头古屋佐久左卫门的直属部队交战，分队则在甲州胜沼（现山梨县甲州市胜沼町）与近藤勇的新选组交战。在这两场战斗中，东山道军都轻易地击败了幕府军。其后，东山道军于三月十三日到达板桥与府中，开始准备十五日对江户城的总攻击。三月十三日、十四日，胜海舟与西乡隆盛进行了历史性的会谈，总攻击的计划因此中止。会谈之所以成功，背后原因之一是巴夏礼担心战火会对横滨贸易造成打击，因此强烈地向西乡要求中止发起总攻。

同时，胜与西乡最担心的是二月下旬开始在关东各地出现的"社改一揆"和打砸活动严重化。其中上州的一揆势力尤盛，吉井藩甚至动用了大炮来进行迎击。向庆喜提出反抗到底并因此被免去勘定奉行一职的小栗忠顺在隐退回到领地（现高崎市群马县权田村）后，也不得不与一揆势力展开战斗。

四月十一日，江户城被移交给官军，捡回了一条命的庆喜离开宽永寺前往水户。闭门不出两个月后，庆喜已经极为憔悴，连胡须都乱蓬蓬的。据说，当时的人看到他那副样子都不由得流下了眼泪。

西乡之所以会担心一揆和打砸更加激化，是因为维新政权与官军的阶级性质。相乐总三所率领的赤报队遭遇的"伪官军事件"就充分体现了这一点。

相乐总三出生在江户，是家里的第四子，其父是下总国

相马郡椚木新田（现茨城县取手市）出身、靠旗本金融积蓄
了不少财产的乡士小岛兵马。相乐文武双全，曾经开设私塾
教授国学和兵学。文久元年（1861年），23岁的相乐开始作
为尊攘志士展开活动，不久便与萨摩藩士一同开始了江户、
关东一带的扰乱工作。江户萨摩藩邸遭到火攻时，相乐等人
逃了出来并于庆应四年（1868年）一月五日入京。其后，西
乡隆盛立刻要求他们加入东征军先锋部队之一的赤报队。

　　一月十二日，相乐提出建白，建议将年贡减半以拉拢民
心。建白的内容得到了许可。之后，相乐率领赤报队的部分
兵力沿东山道进军，于二月六日抵达信州下诹访，并派遣北
信分遣队前往占领碓冰岭。然而从一月下旬开始，官军东海
道、东山道总督府对赤报队施加的压力越来越大，甚至赤报
队中还出现了因"违反军规"被处死的案例。二月十日，信
州诸藩接到下发的"回章"[11]，"回章"中暗示相乐的部队
是"伪官军"。

　　结果，已经抵达追分的北信分遣队遭到小诸、上田、岩
村田、安中四藩藩兵的进攻并被彻底击溃。紧接着，以相乐
为首的8名骨干被东山道总督府逮捕且于三月三日被直接斩
首，甚至连申辩的机会都没有。

　　根据高木俊辅的观点，相乐在赤报队中的同伴很多都是
脱藩武士与乡士、豪农豪商出身，但北信分遣队中有中农和
贫农加入，这些人已经开始着手进行"贫民变革"（强行要

求富人提供财物），其行动的性质在逐渐朝"社改一揆"靠拢。

相乐的罪状是脱离总督府的管理、抢夺米谷和军资金，以及私自囤积武器。其实，每一条罪状都是捏造的。他之所以被处死，背后的真正原因是政府不得不取消已经发布出去的"年贡半减令"。一月二十三日，根据福井藩出身的由利公正的建议，维新政权决定募债300万两以作为"会计基立金"。然而，应募者中相当一部分都是京都、大坂（后来再加上江户）等地的都市特权商人。募债的性质是借款，而要想募集到借款就必须表明自身有返还的能力，因此，取消"年贡半减令"并且将四处宣传"半减令"的赤报队定为"伪官军"也就成了不得不做的事。

不过，要讨论相乐等赤报队骨干为何会遭到如此严厉的惩罚，还应考虑到另外一个事实：北信分遣队与诸藩之间发生了军事冲突。东山道总督府处死相乐等人，很可能是为了拉拢信州诸藩。一方面，诸藩与赤报队发生冲突的主要原因可能是担心赤报队和"社改势力"合作；另一方面，官军所依赖的商人、地主阶级也与"社改势力"尖锐对立。这就是赤报队遭遇如此悲剧的背后原因。

官军的人员构成类似于长州藩诸队，相当一部分都是豪农、中农这些农民出身的人。同时，希望从繁重赋税中解放出来的各地农民也对官军发起的倒幕战争抱有极高的期待。

然而不久之后，戊辰战争中发生的事让农民们明白了他们的期待仅是不切实际的幻想。后文将会提到，在最前线奋战的农民士兵们不得不面临一场悲剧。甚至可以说，当时就连武士出身的官军士兵也开始苦于生计。

◇从上野到会津◇

江户城的"无血开城"导致德川家保存了战力。旧幕府步兵奉行大鸟圭介麾下的精锐部队与撒兵[12]头福田八郎右卫门率领的士兵运用从江户城中取出的新式枪炮在关东各地开展游击战，原海军副总裁榎本武扬率领旧幕府海军主力亦在江户湾内观望战况形势。

江户市内，集结于上野宽永寺的彰义队在接到市内巡逻的命令后，以此为由结队四处横行，并屡次与官军士兵发生冲突，但东征大总督府参谋西乡隆盛拿他们根本没有办法。

此时，长州藩出身的军防事务局判事长大村益次郎接替西乡隆盛掌握了东征军最高指挥权。于庆应四年（1868年）闰四月四日抵达江户后，大村制订了周密的作战计划，并于五月十五日率领约2000名士兵向约1000人的彰义队发起攻击。10个小时的激战之后，彰义队被大村剿灭。决定此次胜负的关键是两门来自肥前藩、配备在本乡台的阿姆斯特朗炮。这种炮的炮弹威力极大，从午后开始，两门炮就越过不忍池不停地向上野的山上开炮。

上野彰义队被剿灭后，官军在关东全地区的威信得到了恢复。七月十七日，维新政权发布诏书将"江户"改名为"东京"，同时开始准备将政治中心从京都移至东京。其后，维新政权发布公告将德川家迁往骏河，并赐予70万石的"石高"。

之后，东征军便将全部力量倾注在与残存的强敌会津、庄内两藩的战斗上。此时，大总督府早已向仙台藩（藩主伊达庆邦）发布了讨伐会津藩的命令，且于二月十七日就将曾担任旧京都守护职的会津藩主松平容保定为死罪，另外还以奥羽镇抚总督的名义命令秋田藩出兵（藩主佐竹义尧）讨伐负责江户警备的庄内藩（藩主酒井忠笃）。庄内藩的罪状是火攻江户萨摩藩邸。东北诸藩对此极为不满，都认为这是萨摩藩在公报私仇。

决心抵抗到底的会津、庄内两藩于四月十日缔结了军事同盟。四月二十四日，萨长的小股部队与庄内军发生战斗。闰四月十一日，仙台藩与米泽藩（藩主上杉齐宪）等一同撰写了一份请求宽大处理会津藩的请愿书，并计划将其提交给镇抚总督。担任总督府参谋的长州藩士世良修藏拒绝接收请愿书，其后遭到仙台藩一方暗杀。五月三日，在仙台、米泽两藩的主导下，奥羽列藩同盟成立。该同盟由25个藩组成，以救援会津、庄内两藩为目标。会津藩与庄内藩名义上没有加入同盟。

翌日即五月四日，统率长冈藩（藩主牧野忠训）藩兵的家老河井继之助放弃中立立场，加入了同盟。其后，北越六藩陆续加入，奥羽同盟扩大为奥羽越同盟。一般认为，河井之所以放弃中立立场，主要原因是与他会面的年轻官军军监——土佐藩士岩村高俊的态度极为蛮横。然而，只要会津藩继续拒绝开城，官军的基本方针就不会改变，河井的中立态度本身也很难坚持下去。

长冈藩虽说是小藩，但藩兵英勇善战。他们加入同盟之后，北越战线的官军一时陷入了苦战。另外，河井从横滨外商手上购买的新式枪炮（包括机关枪）也让官军吃了不少苦头。此时，普鲁士裔荷兰商人爱德华·斯尼尔碰巧来到开港的新潟港。与在会津的兄长取得联系后，他开始向同盟军不断提供大量武器弹药。如此一来，补给困难的官军难以与同盟军对抗。七月二十四日，长冈城被河井军夺回，但河井本人在战斗中也负了致命伤。七月二十九日，获得增援的官军成功占领新潟与长冈，同盟军败走至会津。

◇阿姆斯特朗炮的威力◇

同样在七月二十九日，二本松城被攻陷，官军由此得以对会津采取夹击之势。八月二十三日晨，于两日前突破母成岭的官军主力2500人以闪电般的速度抵达了若松城下。此时，会津军的主力已经全部赶往越后、日光，守城军不得不派出成员只有十六七岁的白虎队应战。白虎队败走后，城下被火焰吞噬，众多藩士家人和白虎队队员集体自杀身亡。

官军一直未能成功攻下若松城。不久后，会津军的主力回城，双方陷入了约一个月的持久战。虽说会津军作战英勇，但官军不停地获得增援和补给，其中包括从肥前藩运来的阿姆斯特朗炮。炮被安置在若松城东南方向1500米处的小田山腹，并从该处对若松城进行远距离炮击，城中因此损失很大。其后，米泽、仙台两藩投降，孤立无援的会津藩也终于决定无条件投降，并于九月二十二日在大手门举起了白旗。二十三日，庄内藩向官军提交降伏谢罪书，东北地区的战斗由此画上了句号。

决定戊辰战争胜败的最大因素是双方军队火器的差别，而官军在上野和会津投入使用的阿姆斯特朗炮就是这样一种差别的象征。认为"民众支持官军，因此官军获得胜利"的说法恐怕并不符合事实。即使民众被战争利用，但他们并不会一直不变地支持其中一方。总的来说，民众其实是战争的最大受害者。官军对平民动用暴力的案例在东北战线也数不胜数。当然，我们并不能因此就判断偶然引进的武器间的差异决定了战争的结果。笔者想表达的是，如果没有对旧体制进行改革，新式兵器的引进与运用本身就不可能实现。

　　官军所使用的阿姆斯特朗炮全部都是肥前藩在元治元年（1864年）八月以后向英国订购并于翌年陆续收到的。肥前藩当时还尝试过仿造此炮，这也是负责长崎警备的该藩从天保中期开始一直在实行的军事近代化政策之一。

　　其实，在元治二年三月的时候，幕府也向格洛弗商会订购了大量阿姆斯特朗炮，但直到庆应二年十二月至庆应三年七月之间，这些炮才陆续运到。不仅如此，由于货款未能及时从江户发出，交货又推迟了很久。庆应四年一月九日，在大坂城的老中板仓伊贺守的催促下，长崎格洛弗商会将到货的21门阿姆斯特朗炮中的5门装船发往大坂。然而，这几门大炮终究没能赶上鸟羽、伏见之战。

　　要说没能赶上的原因，可能是支持倒幕派的格洛弗消极怠工，也可能是幕府陆军自身转换为使用法式兵器需要一定的时间。但不管怎么说，和肥前藩相比，幕府在武器引进上缺乏效率、缺乏积极性是显而易见的。

　　再说步枪。官军此时已经开始引进和使用比米涅步枪（前装线膛式）更加先进的施耐德步枪（后装线膛式）、斯宾塞步枪（后装线膛连发式）等最新型的步枪。而幕府一方的武器装备，除了旧幕府步兵和长冈藩、米泽藩，大部分军队都是装备的旧式步枪。抵抗官军最为顽强的会津藩，于庆应四年二月才开始进行装备铁炮的西式训练，而当时的会津藩兵仅仅装备了少量的米涅步枪。

根据洞富雄的研究及山田乔的《幕末维新期萨摩藩武器整备状况》（《地方史研究》第一百三十四号）一文中的数据，萨摩藩在庆应三年三月军制改革的时候就已经装备了1万支米涅步枪，同年下半年又至少购入了400支后装线膛式步枪。庆应四年，萨摩藩还计划更大规模地将武器更换为后装线膛式步枪。

在长州藩，从第二次征长战争前的庆应二年五月开始，奇兵队第一步枪队就已经开始试用后装线膛式步枪。另外，在庆应四年五月与上野彰义队的战斗中，长州藩使用了刚从外商手中购入的施耐德步枪。可以说，长州藩很早便开始逐步将武器更换为后装线膛式步枪。

肥前藩在新式武器的配备上算是走在最前面的。该藩在庆应二年至庆应三年间已经装备了相当数量的后装线膛式步枪。不过，这些步枪实际发挥威力应该是在庆应四年东北的战斗中。

◇榎本舰队的抵抗◇

其实，会津若松城被攻陷后，戊辰战争便大局已定。之所以战争尚未结束，是因为旧幕府海军副总裁榎本武扬率领的舰队仍在坚持抵抗。

榎本舰队于庆应四年八月十九日自江户湾出航，途经仙

幕臣，于文久二年前往荷兰学习造船术与国际法

图5.5　榎本武扬（1836—1908年）

台时收容了在东北战线败走的士兵，于十月二十日在虾夷地鹫之木（现北海道茅部郡森町）登陆，并在数日后将位于箱馆的法式城郭五棱郭占领。其后，该舰队几乎在一个月内就将包括松前、江差在内的虾夷全境纳入控制之下。不过在攻打江差时，旗舰"开阳丸"号触礁沉没，这对舰队来说是一个巨大的损失。

十二月十五日，虾夷政权通过"由陆海军士官进行选举"这样一种新方式决定了人事任命，榎本被选为总裁。该政权的目的是为已经沦落至骏河70万石的德川家家臣团保住虾夷地。当然，维新政权不可能对榎本的擅自行动坐视不管。另外，诸国也一反榎本的预料，于十二月二十八日宣布放弃局外中立，官军得以入手旧幕府购买的"石墙"号铁甲舰。于是，榎本舰队与官军的强弱关系发生了逆转。

作为明治初期日本海军的代表，铁甲舰（后改名为"东舰"）其实比沉没的"开阳丸"号小不少，排水量也只有1358吨。但该舰在舷侧装有厚铁板，还配备有300磅的巨炮与精巧的70磅阿姆斯特朗炮，其战斗力在"开阳丸"号之上。

明治二年（1869年）三月，包括铁甲舰在内的8艘军舰组成的舰队从江户湾出发，途经宫古湾时击退了发动奇袭的榎本舰队，最后成功将官军士兵从青森运至江差北边的乙部。其后，在官军对松前城与箱馆五棱郭发动陆上进攻时，该舰队也使用舰炮射击进行援护。官军一方5艘军舰与榎本军一方3艘军舰在箱馆湾展开激战，官军虽然损失了1艘军舰，但最终于五月十一日全歼榎本舰队。

自五月十二日起，湾内铁甲舰搭载的70磅阿姆斯特朗炮开始对2500米以外的五棱郭进行精准炮击。大势已去的榎本军于五月十八日全面投降。至于阿姆斯特朗炮是否在购入舰船时就已经装备在舰上，已经无从考证。虽然没有确切证据，笔者还是认为，官军有可能将幕府购入的6门同型号炮中的其中1门装备到了铁甲舰上。

一些人拒绝跟随榎本一同投降官军，选择了战死沙场。这些人里就包括原新选组副长土方岁三和曾经接洽过佩里的原浦贺奉行所与力中岛三郎助等人。就这样，历时一年零五个月的戊辰战争终于迎来了终结。

◇维新中的败者◇

战争结束后，官军将士们一直在讨论论功行赏的问题。

根据江藤新平于明治元年十二月提出的"赏典禄"的建议，三条、岩仓、萨摩藩、长州藩各获得10万石左右的赏赐，大久保、西乡、木户、大村则各获得1万石以上的赏赐。可见，众人对这件事的期待是很高的。然而，财政困难的维新政府无法如此大手笔地进行封赏。明治二年（1869年）一月末，"赏典禄高"最终确定为100万石（实际发放的米为其1/4），众人在此范围内进行分配。

在藩主级别里，岛津久光、岛津忠义与毛利敬亲、毛利广封（定广）各奖10万石；山内丰信、山内丰范则低出不少，只有4万石；肥前藩主锅岛直大甚至仅有2万石。对个人的奖赏额度比江藤的方案要低得多：三条、岩仓各奖5000石；西乡2000石；大久保、木户、广泽真臣各1800石；大村1500石。有一些藩主将自己获得的"永世禄"[13]的一部分以一次性奖金等形式分发给藩士将兵，但这种奖赏方式并不能让他们满意。

与"赏典禄"相对应的，则是战败诸藩的处罚问题。政府内宽严两派争论许久，最后于明治元年十二月初发布了处理决定。此次对战败诸藩的处罚极其宽大，就连会津藩主松平容保也免于死罪，且25个藩没收领地的"石高"合计仅有约103万石（除去旧幕府领地）。想必这是政府为了避免产生大量浪人导致政局不稳而采取的措施。

不过，虽说藩主免于一死，但会津与仙台等藩都有藩士被处死。另外，各藩领地被没收的程度也不同。会津藩（23万石）和藩主林忠崇带头抵抗官军的上总国请西藩（1万石）受到了全领地没收的灭藩处分；作为北越战线核心的长冈藩（7.4万石）被削减了5万石，处罚力度仅次于灭藩；主导同盟的仙台藩被削减了35万石，也就是说该藩将近63万石的原有领地被没收了一半以上。与以上这些藩相比，17万石的庄内藩仅被削减了5万石，18万石的米泽藩仅被削减了4万石，受到的处罚可以说相当轻。

明治二年十一月，政府将曾经的南部藩领地中的3万石赐予会津藩，会津藩得以恢复，并改名"斗南藩"。然而，来到新领地的藩士们所看到的是实际收成仅有7000石左右的贫瘠土地。他们不得不住在无法抵御寒风的小破屋里，一边忍受着饥饿一边努力开垦土地。后来成为陆军大将的会津人柴五郎在回忆自己少年时代在下北半岛的原野上的生活时写道："看看眼前这番景象，既不是什么'御家复兴'，也不是什么'恩典'，只不过是流放罢了。举藩流放，简直就是前所未有的极刑。"（石光真人编著《一个明治人的记录》，中公新书）

会津藩士的遭遇仅是一个前兆。不久之后，全国众多士族都会落入和他们同样的境地。

译者注

1. 不分担特定职务。

2. 即用金钱而不是物品来缴纳租税。

3. 即北海道。

4. 幕府中辅佐老中的职位。

5. 日本地区名称。平安时代，日本模仿中国唐朝的律令制度，根据距离远近将国土命名为"近国""中国""远国"三个地区。"中国"实为"中部地区"之意，这一名称沿用至今。

6. 日本歌谣中为了调整曲调而加入的并无特殊含义的唱词。

7. 在神社举行的驱除灾厄的神事。

8. 江户时代建于长崎的中国人居住区，也泛指在日外国人居住地。

9. 天理教圣典之一，由教祖中山美伎撰写，内容为和歌形式。

10. 原指可放置一千两小判的木箱，后泛指收藏金币的容器。

11. 用于传阅的文件。

12. 江户幕府于 1866 年设立的受法式训练的部队。

13. 明治二年的"版籍奉还"后给予华族、士族的无限期的家禄和"赏典禄"，于 1876 年取消。

第 6 章

废藩置县的苦恼

1. 不平衡的近代化政策

◇《五条誓文》发布◇

根据胜海舟与西乡隆盛二人的会谈结果，江户城总攻击计划于庆应四年（1868年九月八日改元为明治元年）三月十四日取消。同一天，在京都御所紫宸殿，明治天皇召集百官向天地神明发誓，称维新政权将贯彻五条基本方针，即所谓《五条誓文》：

一、广兴会议，万机决于公论。

二、上下一心，以盛行经纶。

三、官武一途，下至庶民，各遂其志，使人心不倦。

四、破旧来之陋习，立基于天地之公道。

五、求智识于世界，大振皇基。

同时，天皇发布了宸翰[1]，并在其中提到了"亲自经营四方、安抚亿兆，遂拓开万里波涛，宣国威于四方"等主张天皇亲政和"开国进取"的内容。

《五条誓文》的草案是同年一月由利公正（福井藩）与

孝明天皇的皇子。生母为权大纳言中山忠能之女。"王政复古"时尚未行元服礼。此照片为明治五年内田九一拍摄的明治天皇最后一张和服照

图6.1 明治天皇（1852—1912年）

福冈孝弟（土佐藩）起草的"列侯会议"的盟约书，不过该会议后来被取消，政府要求诸侯武装入京。三月，以木户孝允为中心的一群人重新制定国是（政权的基本方针），前文所述盟约书中的"兴列侯会议"此时被改为"广兴会议"。之所以作出此修改，是因为掌控维新政权的倒幕派并不认同"列侯会议"这一方式。木户主张的是以宸翰中提到的天皇亲政为基本，采取"列侯会议"以外的某种方式来实现对公论的尊重。

入京的众多大名和旧幕臣在《五条誓文》的誓约书上签了字，与维新政权缔结了从属关系。至明治四年（1871年）为止，签名者人数达到832人。其后，政府要求签字的诸藩实行各种藩政改革以落实《五条誓文》的内容。

闰四月二十一日，基于《五条誓文》的政体书公布，官制改革开始实施。首先是设立两个辅相职位以代替总裁一职。辅相由三条实美与岩仓具视二人担任，负责辅佐天皇。不过，这一改革是为天皇亲政的方针服务，天皇身边的公家

对政治的介入其实受到了严格限
制。大久保利通（萨摩藩）、木
户孝允等维新官僚试图将天皇稳
固地置于政府中的最高位置，以
此将所有权力集中于政府（太政
官）手上。

这一时期，太政官的组织以
美国的制度为模板，采取了立
法、行政、司法三权分立这样一
个相当"前卫"的形式。但实

尊攘派公家代表人物。于明治四
年至十八年任太政大臣，但实际并无
领导能力

图6.2　三条实美（1837—1891年）

际上，议政官（司法）上局中有实权的参与都是由各行政部
门负责人兼任，上局作为会议主体，几乎没发挥多少实际作
用。这样的制度其实离真正的三权分立还差得很远。不过，
议政官下局于明治二年三月改称"公议所"，并于其后召集
政府直辖府县与诸藩遴选的贡士（公议人）开会。众人各抒
己见，激烈辩论。该部门作为木户所倡导的"公议舆论"的
代表机构，可以说还是发挥了相应的作用的。

由于公议人群体是藩论的代表者，所以比较倾向于保守
和攘夷。幕末时从萨摩藩偷渡到英国，后经美国回到日本的
森金之丞（有礼）提出了"废刀"的议案，但该议案遭到强
烈反对而被否决，森也因此遭到免职。

关于版籍奉还形式的议题，公议所中仅有半数的藩

（102个）支持将一直以来的封建制变更为郡县制，且其中还有61个藩要求将现任藩主任命为世袭知藩事。如后文所述，版籍奉还实施时暂且将现任藩主任命为知藩事，但并非世袭。这是因为木户孝允、伊藤博文、井上馨等长州派官僚强烈反对，所以最后并没有采用公议所的多数派意见。

◇宗教管制与镇压◇

维新政权利用《五条誓文》向国内外宣扬自身的"新"，表达了"破旧来之陋习"的积极态度。然而在《誓文》发布的翌日，即三月十五日，太政官摆出了五块告示牌（《五榜揭示》），除第四块告示牌上的禁止对外国人施暴的内容外，其余内容都是对幕藩体制传统"陋习"的延续。

尤其在第三块告示牌上写有"严禁切支丹邪宗门之仪"的内容，也就是说，维新政权将继续禁止基督教活动。这样的规定不仅说明旧体制尚有残存，更涉及建立初期的维新政权的本质，可以说具有重大意义。

在此两日前，即三月十三日，维新政权发布"太政官布告"，宣布了"祭政一致"的方针，将全国的神社归于政府的神祇官管辖。19世纪后半期，世界都处于"近代"的大环境下，之所以维新政权会主张"祭政一致"，开历史的倒车，是因为该政权作为天皇亲政的政权，只能借天皇制神话的意识体系来为自身对国民的统治提供正当性。

在全国的神社中，祭祀皇祖神的伊势神宫被定为地位最高的神社。当时的很多民众甚至不知道天皇叫什么，但对祭祀农业之神的伊势神宫抱持着信仰。"伊势参拜"在当时为民众提供了一个农业技术交流的重要机会。因此，政府宣称天皇是伊势神宫的祭神天照大神的子孙，以此突出其宗教上的权威。只不过，当时出云大社的影响力也很强，伊势神宫的地位尚未稳固确立。

一直到明治十年（1877年）左右为止，神道国教化的道路都非常曲折。政府最初实施的关于神道教与其他宗教关系的政策，是将被吸收融合至佛教内部的神道教分离并独立出来。政府于庆应四年三月十七日和二十八日发布"神佛分离令"，将神社中的僧侣和佛像等清除。以此为契机，大肆毁坏寺院、佛像的"废佛毁释"运动开始蔓延。

四月，人们涌向比睿山下的日吉山王权现社，将该社保存的佛像与经典全数烧毁；有千年历史的奈良兴福寺也因寺中僧侣全员转到春日神社当神官而不得不关闭。之后，"废佛毁释"蔓延到全国。萨摩藩带头将藩内所有寺院全部废除，其后伊势度会府、信州松本藩、越中富山藩等的大部分寺院也因府厅、藩厅的压力而被废除。

于是，在当权者的指令下，佛教与神道教的地位发生了逆转。然而在政府看来，阻碍神道国教化的最大强敌并不是佛教，而是基督教。因此，基督教遭到了残酷镇压。成为镇压对象的是长崎附近的浦上村（现长崎市）的信徒。元治二年（1865年）二月以后，随着大浦天主教堂法国传教士进行的宣讲，信徒的数量不断增加。维新政权见此情形，于庆应四年（1868年）三月将主要信徒逮捕并强迫他们改宗，但此要求遭到信徒们拒绝。于是，四月召开的御前会议决定将浦上所有信徒处以流放之刑。

六月，114名主要信徒首先被送往萩、津和野、福山三藩。翌年（即明治二年）十二月，剩余的总共3000余名信徒被流放到西日本的20个10万石以上的藩。津和野藩主龟井兹监是政府神祇官的负责人，且自庆应三年开始就大力推进"废佛"政策。对于此次镇压基督教他也积极协助，津和野藩虽是4万石的小藩，却接收了总共153名信徒。被送往该藩的信徒像动物一样被关在3尺（90厘米）见方的铁笼里，且遭到酷刑折磨，甚至在大雪之日被一丝不挂地扔进水池之中。到明治六年（1873年）三月被释放为止，流放到津和野藩的信徒有1/4以上已经殉教而死，被流放信徒的总体死亡率是18%。由此可以看出，津和野藩的刑罚甚为残酷。

然而，津和野藩的行为也不过是最为忠实地执行了御前会议的决定，我们更应当关注的是维新政权所创造出的近代天皇制思想的可怕之处。在各国的指责下，维新政权终于在明治六年二月撤销了基督教禁令。但是在那之后，政府仍然没有将思想的自由和良知的自由视作国民的基本权利。

◇逐步推进迁都东京◇

　　维新政权坐镇于京都，将天皇、朝廷奉为最高权威。这样的一个政权要取代德川幕府，成为足以抵抗列强压迫的中央政权，就必须进行大幅度的宫廷改革。庆应四年一月二十三日，大久保利通提出建白，建议从京都迁都至大坂。但是，该建白因公家们的强烈反对而被否决。其后，大久保又提出了天皇亲征大坂的提案。耗时四十多天，颇费了一番工夫之后，该提案终于在三月下旬得以实现。

　　旧幕臣前岛密等人认为大坂过于狭小，主张迁都至开阔的江户，大久保也倾向于这一意见。七月十七日，政府将"江户"改名为"东京"。会津若松城攻防战正酣的九月八日，政府又将年号从"庆应"改为"明治"，并确定了"一世一元"[2]的制度。为实行"东幸"以向东北诸藩施加压力，天皇于九月二十日从京都出发，于十月十三日抵达东京。明治天皇成为历代天皇中首次入关东的天皇。据说在进入江户城后，天皇来到三条实美的住处，感叹"江户城真大啊"。

　　政府向东京市民发放了约3000桶庆贺酒。十一月六日至七日，东京举行庆典，气氛极为热烈。天皇将"江户城"改

称为"东京城",并将其定为"东幸"期间的皇居。官军凯
旋东京后,天皇基本上达到了此行的目的,于十二月暂且先
回到了京都。当时,由于公家和京都市民的反对,要一举完
成迁都东京并不是一件容易的事。

翌年(即明治二年)的三月七日,天皇再一次前往东
京。他在途中参拜了伊势神宫,于三月二十八日抵达东京
城。随后,政府各部门陆续迁入东京,皇后也于十月移住东
京。就这样,迁都东京的计划终于分阶段完成。

◇实施版籍奉还◇

依据庆应四年(1868年)闰四月的政体书进行整
备后,太政官政府改革了地方制度,将行政区划定为
"府""藩""县"三类。"府"除了东京、京都、大阪这
"三都",还包括了箱馆、新潟、神奈川、甲斐、度会(现
三重县伊势市)、奈良、长崎这些旧幕府重要直辖地。政
府试图将"府"作为中央政府的具有军事力量的"派出机
构",将其地位置于"县"之上,但该构想并未充分制度
化。至明治二年(1869年)七月,除"三都"以外,其余的
"府"全部改为了"县"。

从此,"藩"成为一个正式的名称。在江户时代,
"藩"只不过是个俗称。在没收了旧幕领和反政府诸藩的领

地后，政府派遣公家及松方正义（日田县，现大分县日田市）、寺岛宗则（神奈川县）、伊藤博文（兵库县）等雄藩出身者前往包括这些领地的府、县担任知府事、知县事。新政府脚下的京都府则由长州藩重臣广泽真臣担任"御用挂"，并逐步对旧制度进行改革，尽力将京都府打造成府县政的模范。

生于长州农民家庭，曾在松下村塾学习。在木户、大久保手下工作时逐渐崭露头角。此图为伊藤担任知县事（后担任首相）时的照片

图6.3　伊藤博文（1841—1909年）

　　随着戊辰战争的进行，统治着全国大部分地区的诸藩也发生了巨大的变化。本就窘迫不已的各藩财政状况因军费负担而更加恶化，苛捐杂税招致了领民的反抗。而战斗以枪炮为中心进行，又使藩主和上层武士的权威弱化。要维持他们的地位，就需要中央政府的支持。

　　看清了这一状况的木户孝允于明治元年（1868年）九月十八日向大久保利通阐述了自己的"版籍奉还论"，即大名将土地（"版"）和人民（"籍"）的支配权归还天皇。大久保表示原则上同意此意见，并立即与萨摩藩家老小松带刀商谈此事。当时，两藩的反对意见非常强烈，据说木户也是抱着随时会被杀的心理准备来推进此事的。

　　木户等人的努力得到了回报。明治二年一月二十日，萨摩、长州、土佐、肥前四藩藩主提交了版籍奉还的联名上表文。上表文一方面强调了"王土王民论"，一方面又表示"愿朝廷善处此事，可与则与之，可夺则夺之。凡列藩之封土，更宜下诏命定之"。这些内容其实意在"领地的再次确认"。因此，各藩藩主为求一个安稳的王臣之位，也纷纷表达了"奉还"的意向。

　　政府表示，将在明治二年三月天皇再次来到东京的时候以公议来决定"奉还"的安排。其实，政府就是打算在迁都东京的同时将东京变成中央集权国家的首都。为达到此目的，就必须强化集权核心，即政府自身。对于四月时政府高层（议定、参与各16名）的工作状态，议定松平庆永（福井藩主）记述道，参与后藤象二郎（土佐藩）和议定东久世通禧在拼命工作，自己却无事可做，"整日坐禅、发困、抽烟"。此时，岩仓具视、大久保利通、木户孝允三人远在京都，并没有在东京。

　　大久保在这时实施了一种很有意思的人事任命的制度——即依据政体书的规定实行高官公选制。五月二十三日，三等官以上的官员集会并进行选举，最后确定了由辅相（首相）三条实美（49票），议定岩仓具视（48票）、锅岛直政（肥前藩主，39票）、德大寺实则（36票），参与大久保利通（49票）、木户孝允（42票）、副岛种臣（肥前藩，

31票）、东久世通禧（26票）、后藤象二郎（23票）、板垣退助（土佐藩，21票）共10名"少数精锐"组成的政府首脑层。实行这一举措的目的之一是将在"奉还"问题上纠缠不清的藩主群体排挤出高层。

木户等人很清楚公议所内的意见分布，但仍然主张以非世袭的方式将诸藩藩主任命为各藩的知藩事。六月十七日至二十五日，政府公布了262个藩的版籍奉还敕许与非世袭知藩事任命，未提交上表文的12个藩也接到了"奉还"的命令。同时，公卿（允许"升殿"[3]的三位以上的公家）、诸侯改称"华族"；藩士取消"上士""中士""下士"的区分，全部改称"士族"（但最底层武士即"轻辈"在一段时间内仍旧被称为"卒"）。另外，知藩事的家禄被定为"现石"（藩收入）的1/10，与藩厅的其他经费支出明确地区分开。

如此一来，"藩"在制度上实际就很接近"府"和"县"了。同时，政府也在藩主与藩士之间的主从关系中"做了手脚"，藩主大幅丧失了作为领主的实权，走向废藩的第一步已然踏出。版籍奉还虽说明面上不等同于废藩，却是实施废藩的一个重要步骤，其体现了维新官僚高度的政治谋略（《木户日记》）。

同年七月八日，政府依据"职员令"实施中央官制改革，曾作为官制总称的"太政官"一词变为仅指左右大臣、大纳言、参议等政府首脑层的称谓；"神祇官"在形式上被置于"太政官"之上。另外，"公议所"改为"集议院"，地位有所下降。西式的三权分立似乎变为了政教合一的制度，看似非常大的"复古"式转变，实际上的变化并没有那么大。维新政权一直以来的政治方针是在主张"王政复古"的同时实施"开国进取"，这样一个方针本来就不合理。此次官制改革本来就是在守旧派施加的压力下进行的，其背后有一个隐藏的企图，就是大久保和岩仓试图以此削弱身为开明派的木户在首脑层的势力。

从这一时期开始，大久保与木户围绕某个问题的对立开始逐渐尖锐化。引发双方对立的问题如下文所述，是以木户为首的开明派官僚主张的近代化政策。

◇以"金札"填补赤字◇

维新政府最初的经济政策是福井藩士由利公正提出的"金札"（太政官札）发行和借贷政策。由利根据幕末福井藩的经验，提出将政府发行的"金札"作为"殖产资金"借贷给民间的方案。明治元年闰四月至明治二年五月，政府共发行了4800万两的巨额"金札"。

不过，"金札"的大部分被用作苦于财政赤字的政府及诸藩的政务费用和军费，通过商法司借贷到民间的部分不过

656万两。从大阪商法司分署的出纳状况来看，以"会计基立金"的证文为担保的借款占了近一半，可见"基立金募债"造成的商业资金枯竭的状况得到了一定缓和。

问题是，"金札"在"三都"以外的地区难以流通，即使流通，其实际价值也远低于其面值。"金札"无法兑换纸币[4]。作为发行方的政府缺乏信用度，发生这种情况也是必然。在通商口岸，政府及诸藩铸造的质量低劣的二分金和伪造二分金引起了外国公使的注意，他们强烈要求日本政府依据"金札"的面额收取税金。

于是，政府于明治元年十二月承认"金札"的"时价通用"，并规定纳税额以"120两'金札'等于100两金属货币"为官方标准。由利于明治二年二月辞去官职，这一问题的对外交涉工作则交给了新任财政负责人——外国官副知事大隈重信（肥前藩）负责。

大隈公布了"金札"的发行限制措施，以及在不久的将来与金属货币间的兑换政策，并再次禁止"时价通用"。不过，在需要使用金属货币（二分金、洋银）的口岸，仍然发生了混乱。因此，大隈于六月开始将集中在"三都"的"金札"回收，再以每1万石分摊2500两的比例将其分配给诸府藩县，并换回金属货币。大隈试图以此手段赋予"金札"全国流通性并恢复其时价。五月攻陷五棱郭及六月的版籍奉还使以上这些强硬政策的实施成为可能。

在太政官发行各种"金札"的同时，
各藩也在发行"藩札"。左图为明治初年
发行的萨摩藩札

图6.4 "太政官札"与"藩札"

在通商司代替了原先的商法司之后，其旗下的"三都"汇兑机构持有的"金札"被收回。此后，政府将这些"金札"强行分发给了各府藩县。同年十二月，政府发布公告禁止各藩增发藩札，开始加速推进在全国范围内的货币统一。于是，从明治二年末至明治三年初，"金札"终于开始以大致等同于金属货币的价值在全国流通。

为了通过全国性组织来对商品流通实施管制，政府在"三都"、各通商口岸及地方都市等商品主要集散地设立了汇兑机构及通商公司。一方面，政府说服以三井、小野、鸿池为首的大商人群体成立了"合本组织"[5]；另一方面，赋予通商公司国内商业的许可权及海外贸易的独占权，在将"金札"借贷给汇兑机构的同时也令其发行兑换券，使汇兑机构扮演起通商公司资金渠道的角色。

然而，除了发展为第二国立银行的横滨汇兑公司，大部分通商公司及汇兑机构的经营都不景气。某些团体甚至还遭政府威胁：如果不成立公司就要被迁至虾夷地。在此情况下成立的公司实际跟同好会差不多，员工缺乏积极性，认真经营公司的人也很少。贸易独占权在外国的抗议下被取消后，由员工掌控的老旧流通机构的各种问题也浮现出来，汇兑机构手上的呆账越来越多，最后不得不解散。

◇电信与铁道◇

采取"开国进取"方针的维新政权对引进欧美各国的先进技术表现积极。政府引进的各项技术中让日本人最直观地体验到西方机械文明威力的，就是电信和铁道。

明治二年（1869年）十二月二十五日，横滨的神奈川县厅和东京的筑地运上所各设置了一个传信机役所，最初的电信业务就是在这两个传信机役所之间展开的。不过在这之前的同年八月九日，在相隔约700米的神奈川县厅与横滨灯明台役所之间已经进行过电信实验。大约因为把英国电信工程师A. E. 吉尔伯特请来的人是暂留日本的灯塔工程师R. H. 布兰顿，所以灯明台役所才参与了这一实验。

庆应二年（1866年）年末，在幕阁的委托下，巴夏礼公使邀请原铁道工程师布兰顿从英国来到日本。在学习了3个月灯塔技术后，布兰顿于庆应四年夏抵达横滨，其后，他开始着手以下田的神子元岛灯塔为代表建设多座灯塔。布兰顿基于一个铁道工程师的经验撰写的《铁道建设意见书》（明治二年三月）也给政府带来了很大的影响。

已被译为日文的布兰顿回忆录《雇用外国人眼中的近代日本》（德力真太郎译，讲谈社学术文库）中记载，布兰顿自己因无知又顽固的底层官员的干涉受了不少的苦，认为"雇用外国人时态度傲慢"的日本人反而应该反思一下。

政府计划建设一个覆盖全国的电信网络。明治四年八月，东京与长崎之间的架线工程开工；明治五年八月，海底电缆沉入关门海峡；明治六年十月，东京与长崎之间已经可以开始通信了。在明治七年二月发生的"佐贺之乱"中，政府军之所以能迅速采取行动，就是因为有了这条通信线路。明治七年十月，津轻海峡也铺设了海底电缆。

不过，民间商人偶尔能够利用电信设施，已经是明治十年以后的事了。从东京架设到各生丝集散地的电信线路纷纷完工：前桥是明治十年十月，上田是明治十一年五月，甲府是明治十二年六月。有了电信设施，横滨与各产地之间的生丝价格差异几乎消失。类似于前桥生丝商下村善太郎这样的，派遣"早飞脚"[6]比其他商人早一天获取横滨的生丝情报并以此赚取巨大利润的商人现在则被逼进了死胡同。下村后来转为批发商人，将原料茧的缫丝工作交给了加工商。

不过，国营邮政对明治初年民众生活造成的影响还要更大一些。根据明治三年五月起担任民部省驿递局负责人的前岛密的提案，邮政事业自明治四年三月开始起步；明治五年七月，邮政网络已经覆盖全国；明治六年四月，全国开始统一邮寄费用；明治十年的全年邮件数量为3806万个，是同年电报发送数量（77万封）的近50倍。

促使政府决定官方铺设铁道的发端，是美国公使馆员A. L. C. 波特曼拿出从旧幕府老中小笠原长行手上获得的江户一横滨铁道的许可书并要求维新政府承认。政府以该许可书的签署日期在"王政复古"之后为由拒绝承认。不过，政府察觉到了外资入侵的危险性，因此决定接受巴夏礼的旧友、清廷前总税务司李泰国[7]提出的借款建议。大隈重信、伊藤博文等人于明治二年十一月十二日签署了借入100万英镑、年利率12%的借款合同。

因有巴夏礼的介绍，大隈等人误以为李泰国是富豪群体的一员。当他们于翌年得知李泰国在伦敦以9%的利率擅自公募了100万英镑的日本公债的时候都大吃一惊。也就是说，李泰国企图借这种手段赚取这3%利率的差额利润，这已经是欺诈行为了。大隈等人连忙向东洋银行横滨支行行长J. 罗伯特森，以及此时恰好来到横滨的该银行监察人员W. W. 嘉吉求助。最终，他们成功解除了与李泰国的合同，并且委托东洋银行继续帮日本进行募债工作。如此一来，总算解决了当前的困难局面。

虽然中途遇到了这样一些麻烦，但新桥一横滨间的铁道工程还是在建筑师E. 莫雷尔的指挥下于明治三年三月开工。大隈重信一直主张设立一个管理铁道、电信、矿山、灯台等各种国营项目的中枢机构。经莫雷尔的建议，大隈的这一构想得到了实现：明治三年闰十月，工部省正式成立。因财政困难，铁道的轨距采用了类似于英国殖民地的窄轨。明治四年八月，横滨—神奈川及横滨—川崎的铁道开始试运行。木户孝允试乘之后在日记里写道"不堪喜也"；曾对引进铁道持谨慎态度的大久保利通也记述道"百闻不如一见，实在是愉快至极"。

此后不久，莫雷尔因过度劳累而去世，上文提到的嘉吉成了项目的总负责人。在工部省方面负责人井上胜（长州藩偷渡英国的人员之一）的协助下，工程顺利进行。明治五年（1872年）九月十二日，新桥—横滨间铁道的开通典礼盛大举行。

人们开始使用铁道交通，是从稍早前的明治五年五月七日，即品川—横滨间铁道试营业的时候开始的。当时的费用是上等座1圆50钱（1两2分）、中等座1圆（1两）、下等座50钱（2分）。不过从六月五日起，上、中、下等座的价格分别下调到了93钱7厘5毛（3分3朱）、62钱5厘（2分2朱）、31钱2厘5毛（1分1朱）。铁道交通价格之所以带有零头，是因为当时同时采用了一年前的"新货条例"所规定的圆钱厘单位的货币与当时盛行的两分朱单位（1两=4分；1分=

4朱）的货币。

铁道交通价格下调后，中等座收费大致相当于人力车的收费，而下等座收费大致与蒸汽船的票价相当。从品川到横滨，人力车所花时间比徒步（8—10小时）短不了多少；乘坐蒸汽船也要花3—4小时。而乘火车从品川到横滨仅需40分钟（从新桥出发需53分钟）。比较之下，毫无疑问，乘坐火车是最便利的选择。当时的乘客数量超过预期，下等座车厢更是挤满了人。下等座的座位只是木板，所以想必搭乘体验并不怎么好。

一直以来人们都认为，新桥—横滨间的客运列车采取的是英国风格的隔间式（每个房间都开有一道朝向车厢侧面的出入口），但其实列车采用的是美国风格的中央通道式（出入口在车厢两侧的甲板处）。可能在当时看来，这种美式结构车厢更加适用于短距离出行。明治七年（1874年）开通的大阪—神户间铁道可能是因为之后有延长至京都的计划，所以采用的是隔间式车厢。

◇频频雇用外国人◇

担任铁道项目负责人的嘉吉月薪为2000美元，在当时受雇的外国人当中算是待遇非常高的。大阪造币寮负责人T. W. 金德尔月薪1045美元，自幕末以来一直担任横须贺造船所负责人的维尔尼，以及辞去美国联邦政府农业司长官的职位来到日本担任开拓使顾问的H. 卡普伦年薪各为1万美元，薪资待遇均没有嘉吉高。支付给某些外国人的薪水甚至比太政大臣三条实美的月薪（800圆，相当于800美元）还要高。由此可以看出，日本作为落后国家，在诸国之中的地位实在是有些低。

另外，矿山开发也是个颇受重视的项目。政府聘请F. 夸涅对生产金银铜等货币原材料的非铁金属矿山进行调查，且将佐渡金山、生野银山等矿山收归国有并进行采掘。

不过，当时的日本政府并不怎么重视煤炭矿山。日本最初的西式煤矿开发项目是由英国商人格洛弗接手的。庆应四年闰四月，格洛弗商会与肥前藩签署合同，约定双方共同投资开发长崎港近海的高岛煤矿。翌年（即明治二年）四月，英国工程师成功实现了竖坑开凿。格洛弗商会于明治三年七月破产后，作为债权人的荷兰贸易公司与肥前藩共同经营该煤矿。废藩置县后，该煤矿被政府收归国有。

作为日本最大的煤矿，高岛煤矿在接受了外国人的直接投资后，日本国内开始有人主张煤矿应由日本本国人经营。关于此事会在后文详述。

最后值得一提的是，国营富冈制丝厂的建设准备工作于明治三年六月开始。横滨的大型生丝贸易商埃舍·李林塔尔商会的生丝检验技师P. 布鲁纳刚抵达日本，就于明治二年五月与英国公使馆员F. O.亚当斯一同前往蚕丝工业地带视察，并发现了蚕茧过剩的问题。于是，埃舍·李林塔尔商会向政府申请设立机械制丝厂。颇感意外的政府在拒绝这一申请的同时又定下了建设"模范制丝厂"的方针，并于明治三年签订临时合同，聘用了布鲁纳。

明治三年年末，E. A.巴斯蒂安完成了富冈制丝厂的设计图（巴斯蒂安同时也是横须贺制铁所的设计者）。制丝厂的建设工程于明治四年三月正式开工。于是，布鲁纳回国购置制丝机械，并于明治五年二月带着技师及他的新婚妻子返回了日本。同年十月，拥有300个锅炉的蒸汽动力模范国营制丝厂开始投入运营。

维新政权对机械文明进行"移植"。在外国人直接投资的压力下，政府在仅引进机械设备和操作机械的技术情报的同时，极力排除外国人的经营管理。在日本的大量受雇外国人就是这种"移植"方法的象征。

受雇的外国人不仅从事经济方面的活动，在政治、法制、军事、教育等领域也有他们的身影。除政府聘用的以外，也有不少民间资本雇用外国人。政府雇用外国人最多的一年是明治八年（1875年），达527人，之后的雇用人数急剧减少。而民间雇用外国人则以明治十二年的509人为最多，其后逐渐减少，明治二十年之后回落到500人以内。

从国籍上来看，政府雇用的外国人里，英国人占绝大多数。政府最初也雇用了很多法国人，后来，美国人和德国人的数量也开始增加。他们的知识与技术对于缩短日本与列强之间的差距起了很大作用，但如后文所述，他们所提出的建议也经常会被日本政府拒绝。当时，日本政府的官僚们很擅长将各个发达国家的情况进行比较，并以此创造出适合日本社会的独特制度及具体的实施方式。可以说，他们此时已经脱离了单纯的"模仿"，并开始进行一种"创造"了。

◇开明派官僚集结◇

一马当先推进这些近代化政策的，是聚集在会计官（大藏省）的开明派官僚们。在经济以外的领域也有一些举措开明、值得称赞的维新官僚，比如拥有在维新官僚中罕见的制度构想力的江藤新平（肥前藩），以及致力于实施兵制改革的大村益次郎（长州藩）等人。不过最为引人注目的集团，则是以大隈重信为中心的大藏省官僚。

如前文所述，明治二年七月基于"职员令"进行了官制改革，"会计官"摇身一变成了"大藏省"。明治三年八月，接替广泽真臣担任民部大辅一职的大隈重信兼任了大藏大辅，担任大藏少辅的伊藤博文则兼任了民部少辅。如此一来，大藏省实际上就相当于吸收合并了民部省，掌握了包括财政和内政在内的巨大权限。担任大藏卿兼民部卿的松平庆永反对两机构合并，此后不久便辞职，由伊达宗城接任。不过，这二人其实都没有实权。初期的大藏省的实权掌握在大隈重信、伊藤博文及大藏大丞井上馨手中。曾为旧幕臣的大藏少丞乡纯造，以及乡纯造推举的同为旧幕臣的租税正涩泽荣一则为他们提供了支持与辅助。

位于东京筑地的大隈宅邸聚集了许多自称"豪杰"的人，因此有人借用《水浒传》的典故将这座宅邸称为"梁山泊"。另外，伊藤和井上等人也频繁出入大隈宅邸。同时，木户孝允也在期待并支持他们的工作。对于他们的这些活动，土佐藩出身的参议佐佐木高行持批判态度。佐佐木在明治二年七月八日的日记里这样写道：

> 伊藤、井上、大隈等人言必称西洋主义，且将木户推出作幌子。大隈对木户曲意逢迎，仿佛自己就是木户的书记一般，木户亦颇为信任大隈……

不仅是佐佐木，参议大久保、广泽、副岛等人也对大藏省开明派的激进政策持批判态度。在财政困难的情况下所进行的近代化投资加重了各直辖府县农民的负担，也使保守派、尊攘派士族非常不安。维新政权内部围绕这一问题的解决办法又发生了强烈分歧，这促使政府开始进行机构优化重组的尝试。

2. 士族与农民的抵抗

◇政府加强对诸藩的控制◇

前文已经提到，明治二年（1869年）六月的版籍奉还是为两年后的明治四年七月实施废藩置县做的一个重要准备，但这是对该过程的一个客观的定义，并不是说维新政权的首脑层预测到了两年后的废藩置县所以才推行了版籍奉还。

正如维新史研究者原口清于1980年所发表的见解，岩仓具视、大久保利通、西乡隆盛、木户孝允等政府高层直到明治四年六月的时候都还没有拿出具体的废藩置县方案，藩体制本身仍然保留，只不过加强了中央政府对诸藩的控制。

岩仓具视于明治三年八月提出的意见书《建国策》（草案由江藤新平撰写）一直以来被认为是政府首脑层开始构思废藩的标志。《建国策》以藩的存在为前提，提出"府藩县三治一致"，即诸藩的民政、财政、军事、司法等方面与各府县统一，是一项相当彻底的政策。大久保利通、木户孝允、广泽真臣等人也同意该主张。

于同年九月通过并实施的"藩制"就遵循了《建国策》中的方针。比如依据"藩制"规定，藩收入的9%用作军费，各藩须将军费收入的一半即藩收入的4.5%上交给政府充当海军军费。另外，各藩还有妥善处理遗留的藩债及藩札等义务。

明治三年十二月，敕使岩仓具视带领大久保、木户二人西下，命令自明治元年十一月起就一直隐居鹿儿岛的西乡隆盛上京，并成功让萨摩、长州、土佐三藩"献兵"组成的8000名亲兵集结东京（明治四年四月至六月）。不过，采取这一行动也并不是因为要废藩置县。此次行动的目的是中央政府的改革与强化，而并非要针对中央与地方的关系进行废藩置县这种根本性的改革。

西乡在这一次提交给岩仓的意见书中指出，现在的"郡县之制"问题很多，想必不能长久，因此应当大兴议论，逐渐对制度进行改革。但是，西乡也没有主张废藩。

考虑到现政府就是依靠雄藩的军事力量才执掌了大权，政府首脑层始终拿不出废藩的具体构思可以说也就在意料之中了。首脑层官员要切断自己与出身藩之间的联系、彻底变身成为天皇制国家的中央官僚，需要强大的决断力和超前的思想。

但随着近代化的推进，民众负担的增大，来自民间的反抗愈演愈烈，这使首脑层不得不硬着头皮作出决策。通往废藩的道路绝不平坦，这条满是荆棘的道路充满了权力与民众的尖锐对立。

◇诸队的叛乱◇

明治二年九月四日下午六时许，兵部大辅大村益次郎在京都三条木屋町一家旅馆遭到原长州藩士袭击，右膝及其他部位受重伤。原本以为可以痊愈，但伤口引发了败血症，虽经荷兰医生A. F. 博迪安手术救治，但这个稀世的军事天才还是于十一月五日死亡。

大村一直主张建立直属于维新政权的常备军。在版籍奉还之后不久的明治二年六月下旬，政府内部发起了一场围绕兵制改革的大讨论。在讨论中，大久保提出以萨摩、长州、土佐三藩的藩兵拱卫中央政府，而大村则主张采用"招募农兵"的方式。这次意见交锋最终以大久保获胜告终，不过大村仍然在为藩兵瓦解后的兵制近代化做铺垫工作。比如，他在大阪开设了兵学寮，致力于陆军士官的培养。大村正是在前往大阪进行设立陆军根据地调查的路上遭到袭击的。

袭击大村的是一群攘夷主义者。他们在"斩奸状"中批判大村"只知模拟洋风，污神州之国体"。当时的京都聚集了很多这样的攘夷派浪人，同年一月政府参与横井小楠遭暗杀身亡的事件也是发生在京都。

另外，在政府内部还有对袭击大村的凶手表示同情的论调。比如在司法当局机构之一的弹正台京都支台任职的海江田信义（萨摩藩）就在依刑部省决定行刑的当天突然要求中止行刑，其后他因此被罚谨慎。由此可以看出，袭击事件背后有相当复杂的背景。

此时还有一个与中央政府的兵制改革讨论相关的大问题：戊辰战争中出兵诸藩的复员士兵待遇问题。萨长两藩的士兵在最前线尤其英勇奋战，伤亡人数达1000人左右，远超其他藩（其他藩伤亡人数均不超过200人）。因此，两藩士兵对赏赐的期待也非常高。

然而在长州藩，回藩后的士兵们等来的不是对战功的赏赐，而是诸队人员的大幅削减。论功行赏从上级军官开始，还没轮到士兵领赏，削减人员的命令就发布了。采取这样的举措不仅是出于藩财政的原因，还有减少队内的民主要素的考虑。各藩需要重建忠于自己的军队。

明治二年十一月，诸队之一的游击队的士兵揭发某些干部挪用公款及违反规定，结果藩军事局反而在选拔常备军的时候将游击队排除在外。激愤之下，以游击队队员为首的诸队士兵约1800人脱离队伍，离开山口并集结于三田尻、宫市一带。

奇兵队队长三浦梧楼在其回忆录中明确地记述道：队员每月有60匁（1圆）的津贴，而其中的一半都会被克扣。然而，月津贴与普通士兵相同的队长仅一次公费出差就可以从藩内拿到500匁的差旅费。由此可见，士兵们的不满也是有充分道理的。

脱队士兵与藩厅的对立不断激化，该状态一直持续到明治三年的一月。他们与此时恰巧在藩内各地起事的农民一揆取得联系，士气大涨。因推进藩政改革相关事宜刚好回藩的木户孝允前往山口试图安抚叛乱士兵，但在一月下旬察觉到了生命危险，于是逃往吉敷郡大庄屋吉富简一处，其后抵达下关并开始谋划武力镇压。

取得了农民支持的脱队士兵好不容易包围了藩厅，却因缺乏一个有决断力的领导者而白白放走了取得胜利的大好机会。藩厅一方得益于木户灵活的应对，在诸支藩的援护下开始重整态势展开反击。经过二月九日、十日两天的战斗，脱队士兵被击败，35名主谋被处死。

其实，脱队士兵提出的要求里面包含攘夷色彩的内容并不多，将他们的行动与大村暗杀事件相提并论是不恰当的。如果说大村遭暗杀是所谓"右派"针对政府发起的恐怖袭击，那么诸队的叛乱就应当算是"左派"的抵抗。于是如上文所述，在长州藩诸队中萌芽的民主的、国民军队的要素遭到抹杀和排除，而政府的兵制改革也在此基础上继续推进。

◇ "杀千人亦不咎" ◇

明治二年（1869年）八月，大藏省事实上将民部省合并。这意味着政府否定了民部官（民部省）此前在避免直辖府县课税过多、安定民心方面所做的努力。大藏省于明治二年五月停止发行"金札"，也就是说，政府此后的收入只有依赖直辖地的租税，自然也就必须增加对府县的课税。

大隈重信就任民部大辅不久，政府就于明治二年七月下旬制定《府县奉职规则》，规定了禁止地方官擅自修改租税额等事项，以此加强中央对地方的控制。明治二年，全国农作物歉收，各府县的官员受到这一举措的困扰，地方官与民部、大藏省之间发生了不少摩擦。

肥前藩士。长崎游学后成为倒幕派，后担任首相。此图为明治初年所作肖像画

图6.5　大隈重信（1838—1922年）

比如，堺县知县事小河一敏（丰后冈藩）于明治二年十二月报告称，该年农作物歉收严重，为数十年来罕有。因此，该县兴修堤防工事以救济贫民，将租税纳粮的一部分作为薪水发放给了工人。另外，还采取了发行县币并借贷给民间等措施。

如果是在江户时代，统治者理所当然有责任和义务保障农民们的最低生活水平。但是民部、大藏省严厉批评了擅作主张的知县事小河一敏，并令其将县札回收。小河还因此事遭到免职、谨慎的处分。类似的事例在明治三年至四年屡见不鲜。

　　事实上，究其原因，皆因大藏省只顾着向歉收的农民征收近代化政策所必需的租税，而且态度十分强硬。明治二年年末发生"甲州暴动"时，担任民部、大藏大辅的大隈重信所发布的指示就是这种强硬态度的直白体现："若对方以暴力相抗，则将其彻底镇压，不得已之时杀千人亦不咎。"

　　而地方官们对于大藏省的这种态度纷纷表示否定。其中最有名的，是与长崎并称旧幕府两大据点的日田县的知县事松方正义（萨摩藩）的表态。在明治二年四月寄给参议大久保利通的书信中，松方批判政府增加了"旧幕府也未曾征收之税金"。松方还于同年六月提出建言，认为知县事应当有减免租税的裁量权。松方与大隈在财政政策上的对立早已有之，不过与明治十年之后的状况不同，此时站在重视民生的立场上的反倒是松方。这一点也非常耐人寻味。

　　以松方为代表的地方官的批判意见聚集到了前民部大辅参议广泽真臣处之后，广泽开始强烈主张将民部、大藏两省分离（"民藏分离"）。广泽与大久保利通、副岛种臣、佐佐木高行三名参议联合起来提出辞呈以向三条实美、岩仓具视、木户孝允施加压力。明治三年七月十日，"民藏分离"终于得以实现。

　　新民部省的人事工作由大久保、广泽二人负责。大木乔任（肥前藩）被任命为民部大辅，吉井友实（萨摩藩）被任命为民部少辅。大藏省的大隈重信、伊藤博文、井上馨等人则被排除在民部省的工作之外。

然而，在经过了这样的分离之后，大藏省的政策也并没有改变。大久保曾计划将租税司移至民部省，但最终没能成功。因此，大藏省与地方之间的对立一直未能消除。明治三年十一月之后，政府不得不面对各直辖府县来势汹汹的农民一揆。

<h3 style="text-align:center">◇拮据的藩财政◇</h3>

因来自直辖府县的收入不足，苦恼不已的大藏省开始以版籍奉还已完成为由介入诸藩财政，试图将资金转移到政府手中。

在明治三年（1870年）九月通过并实施的"藩制"中规定了各藩必须将藩收入的4.5%作为海军费上交给政府，但其实大藏省一开始制定的方案是这个数字的两倍——9%。当时的藩收入合计906余万石，其9%就是将近82万石。如果最初的方案得以实施，集中到中央的租税将远远超过政府分配给诸藩的25万石"赏典禄"。

然而，当时的很多藩本来就欠了一大笔债，财政状况极为拮据，根本无力承受政府最初的征收方案。因此，后来的方案才将这个数字削减了一半。关于诸藩实际的借债情况，根据负债范围和藩收入额的计算方式会得出不同的结论。根据下山三郎的计算，废藩时诸藩的内国债合计7413余万圆，外国债合计400余万圆，内外债总计达7813余万圆。若再加上3816余万圆的藩札，广义的藩债实际上高达1.1629亿圆。

若将合计906余万石的藩收入按明治四年每石相当于3圆76钱的贡税行情换算，则为约3408万圆。因此可以得出，广义的藩债达到了藩收入的341%。虽然根据基准米价不同这个比率可能多少有浮动，但藩财政极为困难这一事实还是非常明显的。

当然，各藩之间的情况差异很大。本书将当时收入达15万石以上的大藩的状况进行了整理（见表6.1）。从表中可以看出，除去旧将军家（静冈藩），各个藩广义的藩债（B+C）比率在年收入（A）的67%到462%不等，各藩差别很大。和山口藩（长州）的负债比率相比，鹿儿岛藩（萨摩）的比率出人意料的低。但萨摩藩于天保七年（1836年）开始的500万两无利息"藩债二五〇年赋偿还"到目前为止只返还了一小部分。若把这一点也考虑在内，可以看出，除普遍被认为经济状况不佳的中小藩以外，包括萨长在内的大藩的借款数额也都累积到了不容乐观的程度。

因此，"藩制"在严禁诸藩增发藩札的同时却要求诸藩偿还藩债，这样的规定就使诸藩面临前所未有的财政危机。此时，要求减免租税的农民势力越来越大，凭个别藩的力量无法实现加征租税，于是各藩只好在主要的财政支出上做文

表6.1 明治四年大藩的收入与负债 单位：千圆

藩名	实际收入(A)	内国债	外国债	内外债合计(B)	藩札(C)	B+C	B+C/A (%)
金泽	2936	1799	188	1978	1874	3861	132
熊本	1423	308	—	308	1995	2303	162
名古屋	1206	4126	—	4126	…	4126	342
鹿儿岛	1123	1321	96	1417	571	1988	177
和歌山	1049	2091	—	2091	1324	3415	326
广岛	960	1795	46	1841	644	2485	259
山口	947	1938	2	1940	1480	3420	361
高知	931	764	455	1219	755	1974	212
佐贺	823	431	472	903	989	1892	230
静冈	787	530	—	530	—	530	67
福冈	778	2084	2	2086	504	2590	333
德岛	775	524	—	524	1337	1861	240
久保田[①]	690	2597	508	3105	81	3186	462
冈山	653	1199		1199	867	2066	316
鸟取	594	974		974	684	1658	279

资料来源：下山三郎《近代天皇制研究序说》。
注：① 久保田藩就是后来的秋田藩。

章——削减藩士的家禄。

不过，按照经济史学者千田稔的观点，经过明治二年至明治三年的禄制改革之后，削减了50%以上家禄的藩在262个藩中只有9个，削减30%至50%的藩有55个，削减10%至30%的藩最多，达123个。剩下的75个藩削减了10%以下，而这75个藩中又包括了26个为底层士族卒增禄、总体上看实际上是增加了家禄支出的小藩。当时的底层士族卒已经连最低生活保障都无法维持，他们的家禄已经没有什么可以削减的了。

由于极度的财政困难，明治二年十二月至明治四年六月，以盛冈南部藩为首的13个藩自行选择了废藩。从诸藩的财政情况来看，可以这样说，废藩的客观条件开始成熟了。

◇ "社改一揆"与尊攘派士族 ◇

但是，中央政府同样面临财政困难的问题。因此，如果实施废藩置县，财政上的问题未必就会自然解决。之所以实施废藩置县，是因为农民与士族的反抗使维新政权对直辖地的控制面临危机，政府在用尽手段后不得不采取这样的方式来解决。

明治三年七月与民部省分离之后，大藏省大力加征直辖地的租税。明治三年征税时，地方官采取的减免、救济措施全部被取消。比如，东北诸县的课税极其严苛，缴税人必须把上一年未缴纳的部分一起补上。农民不得不变卖衣物、家具，甚至将田地抵押来凑齐需要缴纳的税金。

面对如此的增税政策，明治三年十一月中旬，胆泽县（现岩手县）一带发生一揆，且于翌年十二月扩散到登米县（现宫城县）。许多农民使用镰刀、柴刀、长枪、火器等作为武器，政府命令一关藩兵和仙台藩兵出动才终于将其镇压。明治四年二月，在东北地区的福岛县也发生了要求减轻租税的一揆。这群人不但大肆打砸，还与前来镇压的二本松藩兵展开了枪战。

明治三年十一月中旬，九州的日田县也发生了要求减轻租税的大规模一揆。当时有传言称此次一揆是由反政府尊攘派士族煽动的。政府方面（尤其是木户孝允）在要求周边各藩出动藩兵的同时，还派遣直属兵部省的"天兵"进行大规模镇压。实际上，尊攘派士族并未煽动农民，但政府方面极其担忧反政府士族集团会与"社改一揆"势力联手合作。

信州北部连续发生一揆时，政府也派遣了"天兵"前去镇压。明治三年一月，松代藩出现一揆，其势力翌月即从须坂藩扩散到了中野县。这群一揆不但杀害当地官员，还将中野县厅付之一炬。政府从东京派出3个中队的"天兵"（原属于肥前藩）前往镇压。翌年二月，在日田一揆的5名主谋被处死的同一天，北信一揆的主谋也被执行了死刑（6人斩首、22人绞刑）。

明治三年年末至明治四年年初这段时间，日本全国农民运动盛行。正如维新史学家佐藤诚朗所言，这意味着"社改一揆"运动达到了一个高潮。幕末以来，幕府和诸藩将农民武装起来充当"农兵"，其结果就是增强了明治初年农民一揆的武装力量。兵力不足的政府直辖府县官员因此陷入了绝境。

应该说，政府所担忧的尊攘派士族的反政府运动其实与"社改一揆"势力并没有多少关联。从全国范围来看，双方势力也没有太多的联系。但尊攘派士族以恐怖活动的方式对政府高层造成了巨大的威胁。明治四年一月九日的参议兼东京府御用挂广泽真臣遇刺事件就是尊攘派士族反政府活动的顶峰。当时，岩仓和大久保、木户都在西下途中，广泽作为最高负责人与三条实美一同留守东京，结果却在自家遭暗杀身亡。这起事件是反政府势力对政府发起的公然挑衅，政府高层受到了巨大的震动。

暗杀事件发生后，政府逮捕了许多嫌疑人员，但最终还是没能确定真凶的身份。不过考虑到广泽一直在指挥镇压东京府周边的反政府运动，可以推测凶手就是反政府尊攘派士族集团的成员。

以广泽被刺事件为契机，政府开始大举抓捕反政府尊攘派人员，并在三月至四月进行了以东京、京都和九州为中心的大规模镇压。作为"反政府武装势力盟主"的公卿爱宕通旭与外山光辅作为"国事犯"被逮捕并被处死。因藏匿长州诸队叛乱主谋大乐源太郎而被问罪的久留米藩也为了保住知藩事而将大乐谋杀。

为了对抗农民和士族采取的这些激烈的反政府行动，政府方面于明治四年四月至六月召集萨摩、长州、土佐三藩的亲兵在东京集结。政府这样做本身并不是为了废藩置县，但毫无疑问的是，这成了七月实施废藩的一个重要条件。那么，废藩置县这一措施本身又是由谁提出并付诸实践的呢？

3.萨长藩阀官僚的武装政变

◇山县、井上的建言◇

明治四年（1871年）二月，西乡隆盛上京。他此行的目的一是处理将萨摩、长州、土佐三藩的多余兵力移交政府作为"亲兵"的事宜；二是实现政府的改革。

然而，在政府改革问题上出现了争论。大久保利通认为，应当废除负责立法的参议并让负责行政的各省长官兼任该职位，如此便可以避免大藏省独断专行。木户孝允认为，应该增设独立于各省长官以外的立法负责人职位。而土佐藩的板垣退助则提倡"公论主义"，主张对诸藩代表者会议给予重视。三方的意见针锋相对，僵持不下。

最后，争论以大久保的妥协告终。六月二十五日，政府新体制建立，该体制下担任参议的仅有木户、西乡二人，今后的制度改革就在此基础上进行。然而在七月八日，制度调查会议因意见对立而陷入僵局。如此一来，人员精简和支出削减都无从谈起。一想到中央政府的将来，大久保就感到深

长州藩出身。在大村益次郎去世
后创建了日本陆军，后担任首相
图6.6 山县有朋（1838—1922年）

深的担忧。

刚好在此时，长州藩出身的中坚官僚山县有朋与井上馨等人提出应当实施废藩置县，以此加强中央集权来改善财政状况。这件事的起因，是七月初在兵部省供职的鸟尾小弥太（长州藩）与野村靖（长州藩）来到兵部少辅山县有朋位于麹町富士见町的家中要求他推进废藩事宜。野村在长州藩的兵制改革中也受了不少罪，想必当晚几个人的谈话主题是政府正在实施中的兵制改革与"三藩亲兵"制度。恐怕山县和井上就是在商讨了这些相关的话题之后决定提议废藩。

明治二年六月，山县与西乡从道（隆盛之弟）曾一同前往欧洲进行军事制度的考察。于明治三年八月回国后，山县被任命为兵部少辅，与担任兵部权大丞的西乡从道协力推进兵制改革。明治三年十一月发布的征兵规则即改革的第一步。根据该规则，各府藩县须按每1万石5人的比率向中央提供士兵。规则中还要求征收士兵的年龄为20岁至30岁，且"不拘士族、卒、庶人，只需身体强壮"，因此姑且也算是朝否定士族军队的方向迈出了一步。不过，这次征兵到明治四年春只征募到约900人的时候就中止了，原因是其经费与前文所述的"三藩亲兵"的维持费用发生了冲突。

相对于朝着征兵制方向改革的兵制而言，萨摩、长州、土佐三藩的亲兵制度实际上是逆势而动的。然而要镇压直辖府县频发的"社改一揆"和尊攘派士族的反政府活动，这是不得不采取的措施。另外，要让萨摩藩强大的军事力量为政府所用，也是有必要实施亲兵化的。因此，山县才会陪同岩仓具视西下，并亲自前往说服西乡隆盛。需要注意的是，当西乡询问亲兵的维持费用问题如何解决的时候，山县表示将以"按藩力平均分摊"的方式来筹措经费。这是因为，在兵部省的常规预算中实在是挤不出能维持8000名亲兵的费用。

明治四年六月下旬，三藩亲兵已经集结完毕，但政府的改革迟迟没有进展，这意味着8000名亲兵的维持经费将难以筹措。因此，作为兵部省负责人的山县不得不采取措施来打开局面。摆在他面前的道路只剩下一条：实施废藩，将全国租税集中到中央，并将政府预算彻底整理一遍，以此来筹集亲兵的维持经费。8000名亲兵的存在一方面使实施废藩置县成为可能，同时也成了迫使政府废藩置县的直接原因。

◇废藩置县的实施◇

在山县有朋的指示下，鸟尾小弥太与野村靖二人前往日本桥兜町的井上馨府邸（后为第一国立银行用地）拜访。由于大藏省也面临资金困难的问题，井上因此苦恼不已。所以，他立刻赞成了废藩的提议，并于明治四年（1871年）七月六日前往九段坂上的木户孝允家中，取得了木户的许可。同日，山县骑马前往日本桥蛎壳町的萨摩藩邸拜访了西乡隆盛。西乡也痛快地赞成了这一提议，并于当日前往麹町三年町（现霞关）的大久保利通家中报告了自己与山县商谈的内容。大久保也对废藩表示了赞成。

根据山县的回忆，当时他对西乡说："观以往之兵制改革，可见此次必实行制度改革，以打破封建、布郡县之制。（中略）实施废藩置县如何？"而西乡则回答："的确如此。"想必西乡也是一下子就明白了，哪怕仅是为了维持8000人的亲兵部队，现在也只有一个办法——实施废藩并以此作为突破口展开一场大改革。

于是，七月九日夜，萨长两藩的实权人物在木户府邸召开了一场秘密会议。萨摩藩的参会人员有大久保利通、西乡隆盛、西乡从道、大山岩；长州藩的参会人员则有木户孝允、井上馨、山县有朋；鸟尾小弥太和野村靖二人在其他房间待命。大藏少辅伊藤博文因处理大阪造币寮的工作，此时并不在东京。

此次会议完全没有通知大藏大辅大隈重信及土佐藩代表板垣退助，显而易见，武装政变仅由萨长出身的官僚在暗中谋划。以团结一致著称的萨长藩阀正是通过这样的过程逐渐成形。这场秘密会议得出决议，如果有藩反对废藩置县，那么不惜采取武力镇压的手段也要让对方服从。

三条实美与岩仓具视二人在七月十二日才接到报告，而此时整个计划已经彻底制订完毕。七月十四日，政府向前来参朝的知藩事下达了废藩置县的诏书。同日，大隈重信与板垣退助被任命为参议，不过这仅是对肥前、土佐两藩的怀柔政策而已。

废藩置县的武装政变一举否定了261个藩的存在，设立了包括现存府县在内的3府302县。政变几乎在没遇到任何抵抗的情况下就完成了。唯一的例外是萨摩藩藩主岛津忠义的父亲岛津久光。久光把此次废藩视作西乡和大久保对自己的背叛，之后凡事都要和政府唱反调。

◇ "地方时代" 的终结 ◇

废藩置县后，维新政权终于建立了中央集权的统一国家（后文称 "明治政权"）。关于该政权的组织机构及活动，笔者将会在以下各章详述。此处仅就中央集权化给地方社会带来的变化进行一段简短介绍。

在幕末的藩政改革浪潮中，有很多藩校开始兴起。明治时代后，又能看到更多新的发展成果，比如桥本左内曾指导过的福井藩藩校明道馆于明治二年改称明新馆，并开始允许士族以外身份的人入学。另外，该馆从美国聘请了理化学教师W. E. 格里菲斯并与其签订了3年的合同，还设置实验室，进行了崭新的近代化教育的尝试。格里菲斯执教不久便遇上废藩置县。他在《明治日本体验记》（山下英一译，平凡社东洋文库）一书中对当时藩士们的激动神情作了绘声绘色的描写。不过，笔者在这里想要提到的是明新馆在此之后的情况。

福井藩旧知藩事松平茂昭移住东京后，原藩内的不少实权人物都赶赴东京并在政府任职，明新馆的教师和学生们也陆续前往东京或横滨。格里菲斯任教11个月后也离开福井，辗转在东京的南校（东京大学前身）等学校任教，后于明治七年回国。明新馆之后改为福井明新中学，后者于明治九年闭校。

这一段小插曲所体现的是在中央集权化的背后，各藩（各地方）经过整个江户时代慢慢建立起来的独特文化与其传承者正在急速消失这一事实。现在，"地方时代"的确已经终结。明治政权以东京为中心，在政治、经济、文化各个领域实施强硬的中央集权政策，并试图以此抵御近代国际社会带来的冲击。

译者注

1. 即天皇亲笔书写的文字。

2. 即一代君主在位期间只使用一个年号。

3. 即进入皇宫清凉殿。通常只有高官才有此资格。

4. 由政府或国家银行发行的不能兑换金币、金块的纸币。

5. 大致相当于股份公司。

6. 江户时代将远距离运送小件物品的人称为"飞脚"，"早飞脚"则是其中接受最紧急委托、速度非常快的一类。

7. 李泰国（Horatio Nelson Lay，1833—1898 年），英国人，清政府任命的第一任总税务司，1863 年被免职。

第 **7** 章

文明开化的光与影

1. 欧美外交与亚洲外交

◇明治政权起步◇

经过明治四年（1871年）的废藩置县，一个中央集权的统一国家得以建立，明治政权正式诞生。此后直到翌年八月，中央政府（太政官与各省）都在实行改革。

太政官由正院、右院和左院构成。正院作为最高决策机构，由太政大臣三条实美，以及西乡隆盛、木户孝允、板垣退助、大隈重信这四名萨、长、土、肥四藩出身的参议负责。右院则聚集了各省的卿、辅（即长官和次官），他们负责与正院联络并共同商讨行政上的相关事宜。外务卿岩仓具视和大藏卿大久保利通是右院的中心人物，但二人被派遣到海外后其地位便有名无实了。左院是由正院任命的议员组成的立法机关，后藤象二郎、江藤新平二人分别担任正、副议长。

中央行政机构由外务、大藏、工部、兵部、司法、文部、神祇和宫内八省构成。其中，权限最大的是吸收合并了民部省的大藏省。大藏卿大久保利通和大藏大辅井上馨为该省选拔了许多有能力的人才。另外，该省还掌握了任免地方官的人事权。与此同时，地位曾经在太政官之上的神祇官被降格为神祇省，又于翌年（即明治五年）更名为教部省，后被并入文部省。这应当算是神道国教化过程中的一次失败的尝试。

明治四年十一月，政府开始着手各县的废除与合并，全国变为3府72县1使（北海道为开拓使），地方长官也都进行了人员更迭。在一个任地，通常是由非该地旧藩出身的人来任职，且该倾向之后越来越明显。当然也有一些例外，比如鹿儿岛县就由萨摩藩出身的大山

表7.1　中央政府的构成 I

机构	官职	姓名	出身
正院	太政大臣	三条实美	公卿
	左大臣		
	右大臣	（岩仓具视）	公卿
	参议	木户孝允	长州
		西乡隆盛	萨摩
		板垣退助	土佐
		大隈重信	肥前
左院	左院议长	（后藤象二郎）	土佐
	左院副议长	江藤新平	肥前
右院	神祇省　卿		
	大辅	福羽美静	津和野
	外务省　卿	岩仓具视	公卿
		（副岛种臣）	肥前
	大辅	寺岛宗则	萨摩
	大藏省　卿	大久保利通	萨摩
	大辅	井上馨	长州
	兵部省　卿		
	大辅	山县有朋	长州
	文部省　卿	大木乔任	肥前
	大辅		
	工部省　卿	（后藤象二郎）	土佐
	大辅	伊藤博文	长州
	司法省　卿	佐佐木高行	土佐
	大辅	宍户玑	长州
	官内省　卿	（德大寺实则）	公卿
	大辅	万里小路博房	公卿
	开拓使　长官	东久世通禧	公卿
	次官	黑田清隆	萨摩

注：表中所列内容为明治四年八月十日的记录。
（　）内为明治四年内担任此官职者。

纲良担任长官。在山口县，担任参事[1]的是静冈县士族中野悟一。中野是个顽固的旧幕臣，曾经在五棱郭的战役中坚守城池。之所以任命他，是因为该县有很多士族对政府不满。井上馨认为，选择这种旧幕臣方能在这种地方强行推行政府的政策，于是予以推荐。从山口县参事任命一例可以看出，明治四年的时候，各地地方长官出身的藩阀色彩并不浓厚。不过仅数年之后，萨、长、土、肥四藩出身的地方长官就开始超过了半数。

年轻的天皇作为政府中地位最高的人物，在其生活的宫中也展开了改革。天皇的身边有很多女官，他就是在这种女性氛围浓厚的环境下成长起来的。所谓宫中的改革，就是对女官进行总罢免和再选拔，并将天皇身边以华族为中心的近侍更换为以士族为中心的近侍，以此对天皇施行帝王学教育，使其成为一个名副其实的新国家君主。天皇一方面师从加藤弘之（后担任东京大学综理）学习德国式的立宪国家学，另一方面又接受儒教主义者元田永孚的指导，且受后者的影响越来越大。

◇岩仓使节团的派遣◇

明治政权做的第一件大事，是派遣使节团到欧美为修订安政五年（1858年）与哈里斯等人签订的不平等条约做准备。明治四年（1871年）十一月十二日，由右大臣岩仓具视担任全权大使，参议木户孝允、大藏卿大久保利通、工部大辅伊藤博文、外务少辅山口尚芳担任全权副使的共46人组成的大使节团，与59名华族、士族留学生（其中包括5名女留学生）一同乘坐太平洋邮船公司的蒸汽船"亚美利加"号从横滨出发，驶往旧金山。

等到翌年，日本就可以进行条约修订的正式交涉，但此次派遣使节团并不是为了进行条约修订的交涉。使节团的目的有二：一是调查欧美各国的制度、文化，为交涉创造条件；二是向各国传达日本希望延期交涉的意愿。仅为了完成这些任务，好不容易才起步的明治政权派出了一大半政府官员，这未免让人感到有些过于夸张了。恐怕这一方面是因为明治政权把条约修订当作一个应当不惜一切努力解决的国民

左起：副使木户、副使山口、大使岩仓、副使伊藤、副使大久保。最初计划为仅派遣大使大隈一人，后计划变更，人员增加

图7.1 岩仓全权大使一行人

级课题；另一方面，明治政府内部的派阀对立也使使节团的人数异常庞大。

根据大久保利通的说法，派遣使节团的提议是明治四年八月二十日由时任各国条约改订御用挂参议的大隈重信发起的。其后，正院暂且内定由大隈就任全权使节。然而，大久保利通担心才能出众的大隈一旦掌握条约修订这一国民级课题的主导权，有可能就会控制住整个国家的政治。于是，大久保与岩仓商议了此事并取得了木户的支持，撤销了大隈使节团的计划。如此政治博弈的结果，就是原先预定的仅有数人的小使节团膨胀成了一个大使节团。

一方面，被留在国内的大隈计划趁此机会做一些动作，同时，他又制作了一份使节团与留守政府间相互监视的约定书，想以此来牵制西乡、板垣等人的行动。然而，先出乱子的并不是留守政府，而是抵达了美国的使节团。

◇使节团的失算与体验◇

同年十二月六日，使节团抵达旧金山，其后在各地受到盛大的欢迎。对于首次接触西洋文明的使节团成员而言，此程自然是惊奇连连。不过，他们"最感到奇怪的是男女的交际"［久米邦武，《美欧回览实记》（一）］。男人为女人让座、丈夫拉着妻子的手并从旁协助的画面与儒教伦理的

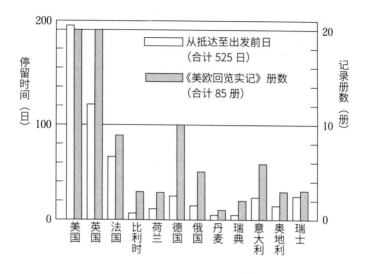

图7.2　使节团在各国的停留时间及记录册数

反差过于巨大，他们对此很抵触，简直无法压抑内心的厌恶之情。

使节团之所以"失算"是因为他们受到盛大的欢迎后，误以为眼下正是修订条约的大好机会。驻美少辩务使森有礼提出交涉提案后，副使伊藤立即进行配合，与美国国务卿H. 费舍展开了交涉。不过，因使节团带来的全权委任状并未记明修订交涉权，大久保和伊藤不得不回国取得新的委任状。

留守政府强烈反对使节团的临时目的变更。当大久保和伊藤好不容易拿到全权委任状，并于六月十七日抵达华盛顿时，他们意识到仅凭使节团进行对美交涉是极其困难的，而且单独缔约也不是上策。最终，一行人决定终止交涉。

此时，使节团终于意识到，如果日方对于美方要求的内地旅行权、法权及税权作出让步或接受某种交换条件，那么对于其他国家，即使没有作出这样的让步，对方也会自动获得内地旅行权。此前日本与各国签订的条约中是有这样的片面最惠国待遇条款的。使节团试图修改不平等条约，然而他们对条约中不平等性三大特征之一完全没有察觉。不得不说，这充分体现了他们在外交上的不成熟。

在美国碰了壁之后，使节团于七月三日从波士顿出发前往英国。放弃条约交涉后，他们把精力都放在了学习、调查欧洲各国的制度和文化上。《美欧回览实记》里生动地记载了他们热衷于此的样子。

图7.2中将使节团在各国的停留时间按访问先后顺序进行了排列。可见，使节团在美国、英国和法国停留的时间较长。由于在美国停留这段时间包括了大久保等人中途回国的时间，因此，《美欧回览实记》中关于美国的内容和英国的一样多，都是20册。在德国的停留时间虽然较短，但记录册数超过了法国的，这说明停留德国期间的经历给使节团留下了十分深刻的印象。

抵达"世界工厂"英国后，一行人前往纽卡斯尔访问了阿姆斯特朗炮的制造厂，并记载道："阿姆斯特朗氏年近七旬，身高七尺有余，乃寡言而温和之老翁，其容貌若愚。以遍访诸地所见，负盛名之制造者多似此人。"使节团惊讶于这些担负着巨大规模的工业与贸易事业的民间资本家群体之庞大，以及他们那精力充沛的工作状态。而他们中的许多人看起来是"温厚笃实之绅士"（《史记》中有"君子盛德，容貌若愚"之句），这又让使节团一行人感到非常敬畏。

使节团在德国会见该国首相俾斯麦的时候，俾斯麦基于自己的亲身体验做了一番演讲，并在演讲中表示，在弱肉强食的现代世界，只有不依赖于万国公法，致力于振兴国力和武力，才可能与大国进行对等的交涉。这番演讲给使节团带来了巨大的冲击。大久保、木户、伊藤等人的心中此时一定埋下了一个信念，那就是日本也必须沿着普鲁士由小国发展为大国的这条路线走。从日本出发前，大久保听说了德国皇帝威廉一世与首相俾斯麦的关系，然后就暗暗下定决心要成为日本的俾斯麦。因此，他应该对这场演讲感触最深。

岩仓使节团回到横滨是在明治六年（1873年）九月十三日。出发前预计所需时间是十个半月，而实际花费的时间大约是其两倍，主要原因是一行人在美国时对状况的错误估计及因此遭遇的失败。不过，在三条实美的要求下，大久保和木户分别于明治六年五月二十六日和七月二十三日提前返回横滨。三条将二人提前召回国内的原因有二：一是大藏省与其余各省发生了争执，二是发生了涉及桦太、中国台湾、朝鲜的重大外交问题。此处先针对第二点进行叙述。

◇对俄、对华外交◇

自与普提雅廷签订条约以来，桦太（萨哈林岛）就一直是日俄两国居民杂居地。庆应二年（1866年）二月，两国在圣彼得堡签署临时规约后，该岛仍然保持着日俄两国共同管理的状态。其后，俄方将军队、囚犯等人员送入该岛，试图扩张势力，而在该岛沿岸渔场活动的日本人却有减少的倾向。英国公使巴夏礼派遣公使馆员前往调查后多次警告日方，如果此趋势继续下去，不单是桦太，就连北海道也会落入俄国之手。

明治三年（1870年）二月，日本政府就已经将桦太开拓使从前年七月设置的开拓使中独立了出来。作为负责人的黑田清隆却认为开发的重点应当是北海道而不是桦太，因此于明治四年八月将桦太开拓使并入了开拓使。由于在桦太当地两国平民冲突频发，明治五年六月，俄国驻日代理公使比茨沃夫与日本外务卿副岛种臣开始就桦太问题进行交涉。

副岛提出日方以200万圆将桦太购买下来，但比茨沃夫表示了拒绝，并要求日方以千岛群岛的得抚岛作为交换。副岛对此很不满。他于明治六年八月二十二日的交涉中提出，如果日本将桦太让渡于俄国，作为回报，俄国需要认可日本对朝鲜出兵，以及允许在此过程中日方军队经过俄国领土。此前不久，正院刚刚决定将西乡派往朝鲜。在日方收到俄国政府的拒绝回复前，副岛就于明治六年十月的政变中辞职，交涉也因此中断。此事充分表现了当时的日本政府对"征韩"[2]问题极为重视。

在那段时间，日本政府于明治四年七月二十九日以双方平等的形式与中国签订了《日清修好条规》[3]。这一举动最大的目的是以此取得与朝鲜的宗主国——中国平起平坐的国际地位，日本期待着这样一来就能"以下一等之礼典待朝鲜"（此语出自明治四年四月外务省提出的方案）。不用说，在朝鲜看来，日本的这套逻辑完全是想当然。

要说此时日本与中国之间不得不解决的问题，就是曾有"日清两属"[4]历史的琉球国该如何处理。在废藩置县之时，日本政府暂且将琉球国划到了鹿儿岛县。明治四年十二月，一艘琉球船只漂流到台湾，船上66名乘员中的54人遭"生番"杀害。这起事件发生后，日本政府内部突然开始高度重视琉球问题。明治五年（1872年）九月十四日，日本政府向前来朝见的琉球使节宣布，日本封琉球国中山王尚泰为琉球藩王，列为华族。同月二十八日，琉球的外交事务由日本外务省接管。政府之所

四岁即位，第十九代琉球国王。明治十二年王国灭亡后被封为侯爵

图7.3　琉球国王尚泰（1843—1901年）

以采取这样的手段，是因为如果要以"生番"事件为由出兵台湾，就必须主张事件中被杀害的人是日本国民。

然而，中国方面并不认可日本的行动。明治六年三月，副岛为取得《日清修好条规》的批准前往中国。六月，日方副使外务大臣柳原前光与清朝总理衙门大臣举行了北京会谈，清朝总理衙门大臣在会谈中主张琉球、台湾二岛均属清朝领土，该起杀人事件完全属于国内问题。然而，当时清政府方面还表示台湾的"生番"是不服王化的"化外之民"，且中国不干涉朝鲜的内政外交。这使日本方面的"征台论""征韩论"开始甚嚣尘上。

◇ "征韩"的准备 ◇

明治元年十二月，日本政府按一直以来的惯例，准备通过对马藩主宗义达向朝鲜传达"王政复古"相关事宜。然而，在书契（文书）中，日本政府使用了"皇""敕"等字眼，这意味着日本认为明治天皇与中国皇帝平起平坐，而比朝鲜国王的地位要高。因此，朝鲜方面一反向来的外交惯例，拒绝受理此书契，并要求日方修改书契上的用语。维新政权的首脑很早就开始鼓吹"征韩论"，此次也并没有回应朝鲜方面的修改要求，而是试图先与中国签订条约，以此来解决眼前的问题。

朝鲜国王高宗的亲生父亲。采取
锁国政策，与日本对立

图7.4　大院君（1820—1898年）

在当时的朝鲜，掌权的人是被称为"大院君"的李罡应。此人是1863年即位的年少君主高宗的亲生父亲。大院君在压制大两班地主势力的同时，以崛起的商人势力为依托，一直在推进中央集权化。大院君政权还坚持锁国策略。在1866年和1871年，6艘法国舰船和6艘美国舰船先后占领汉城的"大门"江华岛，但均被朝方击退。1866年那起占领事件后，大院君通过对马藩主提醒德川幕府提高警戒，也就是说朝鲜的锁国针对的仅是"洋夷"。朝方拒绝接受维新政权的书契并不是因为锁国政策，而是对日本的"征韩"倾向有所戒备。

明治四年七月，完成了废藩置县、签订了《日清修好条规》的明治政权借助对马藩废藩的机会，计划将对朝外交一元化。明治五年九月，日本政府接收了旧对马藩曾使用过的釜山草梁倭馆，将其改名为"大日本公馆"。明治六年四月，外务省七等官僚广津弘信接到"朝鲜国在勤"的任务，前往该地赴任。此前，当地的贸易仅允许对马商人参与，但广津开始偷偷地许可其他地方的日本商人来此地进行贸易。

当然，日本这些单方面的做法遭到了大院君政权的反对。明治六年五月，东莱府（朝鲜方面的地方政府）门前张贴出了禁止走私贸易的命令书，该命令书上写道，以日本人近来的所作所为来看，日本简直是"无法之国"。外务少辅上野景范在接到广津的报告后，认为此事事关重大，于是要求太政大臣三条实美在正院发起审议。明治六年政变以"征韩"论争为契机，而此次事件则成了政变的直接导火索。

但是，在当地任职的广津并不认为仅凭这种程度的小事就能以"无礼"之名对朝鲜问责。正院之所以围绕"征韩"议论得热火朝天，不仅是因为此事与前文提到的"征台论"有关联，还有一个重要原因是日本国内出了问题——留守政府过于激进的近代化政策导致国内出现了反抗。在讨论明治六年政变之前，我们先来看看废藩置县后留守政府主导推行的文明开化政策到底是怎样一个状况。

2. 文明开化之百态

◇ "土地紧缚"的废止 ◇

幕藩制社会成立的基础，是领主禁止百姓的自由迁移（将其束缚在土地上），并从他们身上收取租税。

基于《宗门人别账》所进行的人口史研究证明，实际上，当时有很多农村人口前往城市务工，农村与城市间的人口移动是很频繁的。但是，这也必须是在领主许可的范围内。

在幕藩制社会下，如果要进行国内旅行，就必须像今天的出国旅行一样，先取得"鉴札"⁵。举家越过藩境迁移是根本不可能的。在庆应四年（1868年）三月"五榜揭示"的第五块告示牌上，维新政权正式禁止了士族和平民脱离本国，并在明治四年四月四日制定的《户籍法》中对于旅行和暂住的新鉴札制度作出了详细规定。

新鉴札制度延续了以往对于平民自由迁移的限制，但该制度尚未真正实施就碰到了废藩置县。明治四年七月二十二日，政府宣布废除鉴札制度，民众所受到的"土地紧缚"自此解除。"五榜揭示"的第五块告示牌亦依据同年十月四日发布的公告被撤去。

废藩置县刚开始实行不久，幕藩制下的各种封建性限制就接二连三地被废除。农民不仅脱离了土地的束缚，而且在明治四年九月七日"田地自由耕作许可"发布后获得了使用土地的自由，在明治五年二月十五日"土地永代买卖"解禁后又获得了交易土地的自由。然而，农民的土地私有权并未因此得到充分保障。这是因为，这些规定都没有明确一个很重要的问题——从土地上获得的收益是否归农民自身所有。后文所述的地租改正就是针对这一点所进行的改革。

◇自上而下的"四民平等"◇

废藩置县后不久，政府就发布了废除士农工商身份制度的公告。在此前的明治三年九月一日，政府就已经发布公告允许平民使用姓氏[6]。明治四年八月九日，理发、解除佩刀、服装穿着的限制也被解除。同月二十三日，从华族到平民诸阶层间的通婚得到了政府的允许。

按井上馨的说法，理发、佩刀等的许可令堪称"消除一切身份象征的解放令"，具有划时代的意义。在身份制社会，发型、服装和佩刀全都是身份的体现，解除佩刀毫无疑问意味着士族将放弃自身的身份象征。

在明治四年五月第二期的《新闻杂志》上刊登了以下三首当时的俗歌：

> 敲一敲半发头，响起因循姑息的声音。
> 敲一敲总发头，响起王政复古的声音。
> 敲一敲散切头，响起文明开化的声音。

所谓"半发头"，即幕末流行的"丁髻头"的一种，这种发型有武士和平民的区分，差别很大。也有的俗歌中将"半发头"替换为"丁髻头"。"丁髻"可以说是一种传统的身份象征。而"总发头"本来是医生或儒者等阶层的发

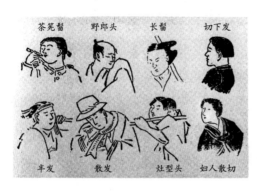

旧式发髻也有多种式样，理发的方式亦不尽相同
（此图中没有武家仆役的总发头）

图7.5 各种新旧发型

型，因为此种发型也为坂本龙马等幕末浪士所喜爱，因此被视作过渡性质的"王政复古"发型。

所谓"散切头"，是指一种不束发，仅将头发剪短，任其披散的发型。明治六年左右又演变成了将头发向两边分开的、类似于现代发型的形式。"丁髻"到"散切"的转变首先在有出国经历者和西式军队士兵中兴起，并以东京、横滨为中心，很快普及到全国。不过在普及过程中，有地方官以各种奖励手段甚至强制措施对其进行推进。在爱知县，如果逻卒（巡查）在街上发现留"半发"的人，就会强制令其理发。因此根据报告，该县的"丁髻头"在明治六年年内几乎就已经彻底消失。这样的事例充分体现了所谓"四民平等"是政府出于自身的需要自上而下强制推行的。

应该说，理发许可令完全没有把女性包括在内也是上述结论的一个旁证。女性在结婚后剃掉眉毛、涂黑牙齿的习俗在维新后已经迅速消失，但当理发的女性出现时还是遭到了当时新闻报道的指责。明治五年四月五日，东京府发布公告，禁止女子理发；同年十一月八日，政府发布"违式诖违条例"（相当于现在的《轻犯罪法》），规定妇女理发将被罚款。可见，所谓"文明开化"终究是站在男性的立场，女性解放的问题并未受到重视。

左起：津田梅子（出发时 8 岁）、山川舍松（出发时12岁）、永井繁子（出发时9岁）

图7.6　唯一一批公费女留学生

在女性解放这一方面还有一点值得注意，那就是后文所述的学制和初等教育提出的男女平等的口号。另外，跟随岩仓使节团一同出航的公费留学生中包括5名女生，这也是文明开化风潮在当时的一个体现。当时年仅8岁的津田梅子在女留学生中年纪最小。她在美国东部的乔治城努力学习，于明治十五年（1882年）回国后致力于推动女子高等教育，后来创办了女子英学塾（即现在的津田塾大学）。但是，公费派遣女留学生仅此一次，可以说是个例外。

"四民平等"的重点在于武士阶层的解体，但这并非因为平民人权意识的提高，而是幕末以铁炮为中心的军事改革打破了武士阶层内部的身份阻隔，并且进一步瓦解了武士身份本身的存续基础所带来的结果。要想与欧美的近代军队对抗，就必须将依据旧式军役基准构成、包括各种阶级（甚至有专门负责搬运的小卒）的武士军队解体，建立人人平等的以铁炮为武器的军队。这样的军事改革在幕末突然进入了高潮。应该说，实行改革的国家层面的需要，才是政府自上而下推动"四民平等"政策的背景。

◇ "部落[7]98 解放令"的发布 ◇

推动身份制度废除的这样一个背景，也决定了明治四年（1871年）发布的"部落解放令"的性质。作为废藩置县后一连串解放令中的最后一个，"部落解放令"中废除了"秽多""非人"[8]的称谓，并规定部落民的身份、职业与平民同等。这本身是一个具有划时代意义的法令。

幕末动乱时期，社会对解放部落民的期待高涨。然而，这种期待被幕府和诸藩利用于对部落民进行军事动员。在长州藩诸队中就包括维新团和屠勇队等由部落民组成的军队。第二次征长战争时，他们在艺州口浴血奋战，但战争一结束，队伍即遭解散，长州藩并未采取任何部落解放的措施。而有意思的是，庆应四年（1868年）一月十三日，住在江户的"秽多"头弹左卫门因于第二次征长时提供了协助而被幕府赐予平民身份。二月五日，头弹左卫门的65名直属手下也获准取消了"贱称"。

维新政权起步后的明治二年四月，一场关于部落解放的讨论在公议所举行，绝大多数人同意进行部落解放。会上，会计官权判事加藤弘之表示，对部落的歧视有悖"天理"，就连幕府都在着手实施部落解放，新政府绝不应坐视不管。民部省内部也开始针对此事进行讨论，尤其是大江卓在明治四年一月和三月提出的解放建议，没有仅局限于取消"贱称"，还包括鼓励部落民发展产业的政策。

明治四年八月的"部落解放令"虽然不能说与上述背景毫无关系，但其主要目的是为"四民平等"政策画上一个完美的句号。因此，在"部落解放令"中看不到大江提出的那些对于如何推进国民身份意识和职业观念变革的考量，而仅是一种单方面的理念宣告。

虽然当时提倡"四民平等"，但华族、士族仍然佩刀，且有领取家禄的特权。平民的阶层要比他们低一级。之所以最开始解放部落民并将他们编入平民籍的政策会遭到平民的强烈反对，不得不说其原因之一就是身份制度整体废除得不彻底。

要使明治四年的"部落解放令"具有实质性的意义，部落解放运动者们必须成长起来，使自身能够将"部落解放令"用作斗争的武器。比如明治四年九月在奈良县提出的参加祭礼的要求，明治五年六月在滋贺县提出的加入氏子的要求，明治八年在群马县发起的加入氏子的诉讼，以及明治九年八月在长野县向县权令要求让部落民的子女入学等。以上这些事例仅是一个开端，随着自由民权运动的高涨，类似的事件还在不断增加。

◇历法与时钟◇

随着封建的身份束缚逐步消除，西洋近代文明也如潮水一般涌入了日本社会。明治五年十一月的太政官达[9]宣布采用太阳历和定时法即是其例之一。国民日常生活节奏自此发生巨大变化。

之所以采用太阳历，是因为日本与各国的外交、通商越来越频繁，若继续沿用旧有的太阴历则极其不便。因此，旧历的明治五年十二月三日就被定为新历的明治六年一月一日。由于十二月只经过了两日，所以按月领薪水的政府工作人员就没能拿到当月的工资。

采用太阳历的公告刚发布不久，政府就于十一月十五日制定了神武天皇纪元，宣布将相当于旧历元日的一月二十九日定为神武天皇即位日并于当日举行祭典。这是与"开化"相配套的"复古"举措。左院制度局少史横山由清将《日本书纪》中记载的神武天皇即位日（辛酉年正月元日）推定为公元前660年，并推算明治三年为2530年。他的意见虽被采用，但神武天皇即位一事本属虚构，政府这么做仅是基于

"发扬国威"的政治考量。

由于旧历的元日若按太阳历则会每年发生变化，翌年（即明治六年），政府宣布神武天皇即位日当天按太阳历换算为二月十一日，并将该日定为"纪元节"。以当时的学术水平，这种推算并没有科学根据。而且，无论计算如何精确，作为推算依据的《日本书纪》上的记述本身属于虚构，并不能当作史实。尽管如此，"纪元节"与明治天皇的生日"天长节"还是很快被官方正式定为节日。

太阳历刚开始采用时，政府部门的休假日被定为每月一、六为尾数的日子（即每月共6天）。不过，也有一些类似大阪兵学寮的机构，因为雇用了外国人做教师，已经开始实行周日休假制。公立学校全部实施周日休假制是在明治七年三月的文部省通告发布后，此举普及至全部政府部门则是明治九年四月以后的事了。

采用定时法也给人们的生活带来了巨大影响。江户时代的计时法是将昼与夜各作六等分，根据季节不同，昼与夜的一时的长度会发生变化，是一种不定时法。在西方的机械时钟输入日本后，日本人将其改造或进行仿造，制造出指示不定时法时刻的和式时钟。在各城下町和农村，报时的城钟和寺院时钟四处鸣响。在以农耕为中心的社会，日出而作，日落而息，这样的时钟已经足够使用了。

将一天时间二十四等分的定时法自明治后开始在政府部

门首先采用。庆应四年七月的京都兵学校规定中有"八字至十字练兵，十字至二十分时之间休息，十字二十分时至十二字兵学"的内容，其中所谓的"字"指的就是定时法的时刻。明治五年制定的日本最初的铁路时刻表也有"首班上行列车为横滨上午八字发车"的内容。使用"字"这一表达是为了与一直以来的不定时法中的"时"区分开来。明治六年之后则发生了变化，"时"这个表达已经指定时法中的时刻了。而其结果则是和式时钟全部变成了废铁，本来只是爱好者手中的小玩具的西洋时钟则成了实用品，在明治六年数量激增。

不过，当时进口的挂钟和座钟平均2圆一台，怀表8圆左右一个，对于日薪40钱的木工、泥瓦匠等群体而言，时钟仍然是一个买不起的奢侈品。自明治四年九月起，东京千代田城本丸遗址开始在每天正午发射炮弹，据说当时的人们就以炮声为基准来调校时针。

◇银座炼瓦街◇

将文明开化以空间的形式进行最大程度浓缩的一个经常被提到的例子，就是东京银座的炼瓦街。以明治五年（1872年）的大火灾为契机，政府开始了一个将东京改造成"不燃都市"的计划。该计划的第一步是将京桥到新桥一带（后来的银座八丁大道）改造为砖造建筑[10]林立的区域。

明治七年（1874年）正月，模仿伦敦和巴黎风格建造的街道基本完工。街道的路面宽达15间（27米），两侧是砖铺的人行道，人行道边栽种着松树、樱花树、枫树等树种，风格别致优雅。身穿洋装的男男女女手挽着手在街头散步，马车和人力车在路上奔走——歌川广重等人将这样的场景描绘成华丽鲜艳的浮世绘，炼瓦街的风光由此传播到了全国。明治七年十二月安装煤气灯后，银座的夜景变得更加五光十色。在那之后，众多的报社和出版社将办公地点设在银座，记者们对银座炼瓦街极尽溢美之词，认为它是代表文明开化的一个新景致。

然而，在离灯火通明的银座炼瓦街不远的地方，就能看到空无一人的荒废的武家宅邸。没有了武士群体的光顾，工

画中为明治十五年的银座炼瓦街。新桥—日本桥间的铁道马车于该年开通，乘坐者只需示意便可自由上下车

图7.7　《东京名所之内银座通炼瓦造铁道马车往复图》

商业者也陷入了苦境。幕末时期江户的人口据说有130万，而到明治五年，这个数字大幅减少，只剩下原来的2/3。

不过根据小木新造的观点，银座炼瓦街本身并不宜居，由门分隔开的商店生意也并不好。人们增建木造披屋用于居住，被禁止后无人空屋越来越多。很多人难以还清从政府手上借贷的建筑费用，不得不离开祖祖辈辈居住的地方。

可以说，不管从好的方面还是坏的方面来看，银座炼瓦街都是当时文明开化实际状况的一个象征。在这里能看到对西方物质文明的充分吸收，这样的积极态度在当时的亚洲社会是极其罕见的。然而，这样的措施是在政府主导下推行的，国民为此被迫付出了许多代价。

作为文明开化的一个光辉灿烂的象征，炼瓦街诞生在东京一隅。然而，在其背后残留着巨大的阴影。不仅如此，创造这一光辉象征的过程本身，也包含对当地居民进行驱赶这样一个新的阴暗面。

◇开化的社会意识◇

不过，文明开化的更大问题其实在于精神方面。福泽谕吉在《劝学篇》的第五篇（明治七年一月出版）中发出了这样的感叹："观日本如今之情状，文明之形式似有进步，然文明之精神即人民之气力反而日渐退步。"正如福泽谕吉所言，独断专行的政府不断引进最先进的西方文化和技术，民众却几乎要被政府压迫得喘不过气来。

中津藩下级武士出身。曾修洋学，并于幕末三度前往欧美旅行。创立了庆应义塾。此照片为明治三年时所摄

图7.8　福泽谕吉（1835—1901年）

于是，集结于明六社[11]的西周、中村正直、加藤弘之、福泽谕吉等"启蒙思想家"为了消除政府与民众间的这种隔阂，开始积极地开展启蒙活动。

"天不生人上之人，亦不生人下之人。"——这句话就是福泽的《劝学篇》开篇第一句。《劝学篇》总共分17篇，各单篇的小册子在当时共销售了20万册以上，成为销量极高的畅销书，国民的意识也因此发生了巨大变革。

但是，在经济领域和政治领域，启蒙取得的成果是完全不同的。在经济领域，众多被《劝学篇》所触动而成为福泽忠实拥趸的人开始站出来担负起民间产业发展带头人的角色，在方方面面大显身手。比如群马县碓冰郡的豪农萩原镣太郎就将当地养蚕制丝农民聚集起来，创办了"组合制丝碓冰社"。

这样的趋势表明，岩仓使节团在英国等地遇到的那种实力雄厚的民间资本家已经逐渐开始在日本出现。后文所述的内务省设立后推行的"劝业政策"——从以国营为中心转向重视民间力量——以豪农豪商等经济人的觉醒为基础，而启蒙家们的活动顺利地促进了政策目标的达成。在此背景下，日本总算开始走上能够充分发挥民间活力的工业革命道路。

自幕藩制建立以来，日本社会即彻底世俗化，现世利益被放在了至高无上的位置。因此，要使经济活动活跃化，并不需要类似于西欧的宗教改革，只要对压抑自由经济活动的政治体制进行变革，再加上豪农豪商等经济人的觉醒，就已经足够了。在这方面，启蒙主义者们出色地完成了这一任务。

而在政治领域，事态开始朝着福泽等人未曾预想的方向发展。启蒙家们虽然试图唤起民众的政治主体性，但是实际上仍然将他们视为"愚民"。另外，此时已经逐渐成形的对近代天皇制国家的批判也几乎不存在于"启蒙思想家"的思想体系里。因此，当明治七年一月《民选议院设立建白书》被提出，自由民权运动由此兴起的时候，这一预想之外的政治主体的登场就给"启蒙思想家"们带来了巨大冲击。他们对此提出反对，坚称这一举措的实施为时尚早。

明治八年（1875年）六月，政府公布《谗谤律》《新闻纸条例》，表现出了言论管制的倾向。其后，"启蒙思想家"们因担心与政府产生对立，立刻停办了机关刊物《明六杂志》。这一事例也体现了他们在权力论上的幼稚。自由民权思想可以说是诞生于启蒙思想的基础之上，然而现在，后者受到了前者的猛烈批判。随着活动家们的转向，启蒙思想很快便从政治舞台上消失了。

3. 留守政府内部的政策对立

◇向金本位转变◇

岩仓使节团尚未回国之时，随行的大久保利通和木户孝允就被提前召回。其原因如前文所述，一方面是对外关系紧张化，另一方面是留守政府内部的大藏省与其余诸省之间的对立已经尖锐到了无法调和的地步。作为留守政府财政总负责人的大藏大辅井上馨及其心腹（即同在大藏省的三等官僚涩泽荣一）与诸省矛盾不断激化，最终二人在大久保、木户回国前夕的明治六年（1873年）五月十四日辞职。

旧名闻多，长州藩士出身，与伊藤博文私交甚笃，与三井家也有很深的交情

图7.9 井上馨（1835—1915年）

一直以来的大部分观点认为，井上作为均衡财政论者，主张财政收支平衡，而推进"开化"政策的文部、司法、工部、

陆军各省提出的支出要求过于巨大，井上辞职正是表达对此事的抗议。但是，这一观点并不能充分反映双方深刻的政策对立。与财政密切相关的币制问题——简而言之，如何确立金本位制度——才是造成双方对立的最根本原因。

明治四年二月十五日，大阪造币寮开业典礼盛大举行，以右大臣三条实美为首的众多政府高官及多国公使到场出席。当日，大阪城内与天宝山海域的军舰上均鸣响礼炮，还放了烟花，异常热闹。贺宴上，造币寮负责人金德尔及各国公使发表了祝词。此后，大阪造币寮还将业务拓展到铸造货币所必需的硫酸、焦炭等材料的制造，成为日本引进移植西方技术的一大中心。

同年五月十日，新货币条例发布，根据其规定，纯金1.5克相当于1圆，与从前的1两等价。此后，造币寮开始了本位金币的铸造。实际上，在当时还存在着1两庆长小判交换10圆6钱、1两天保小判交换4圆36钱的情况，但当时市面上流通最多的是万延二分判，而2个万延二分判（相当于1两）与新金币1圆的素材价值几乎等同。因此，从"两"到"圆"的转变进行得非常顺利。

幕末的日本开始逐渐脱离金银复本位，朝着金本位转变。从当时日本国内的状况来看，采用金本位是有其必然性的。

在当时，东亚的贸易货币是一种被称为"墨西哥银币"的货币。因此，在金德尔的进言下，政府本来考虑实施银本位方案。之后，在美国出公差的大藏少辅伊藤博文呈送了一封意见书，政府这才决定实施跟随欧美先进国家动向的金本位方案。在这一时期的通商口岸，出于贸易便利的考虑，一元洋银与同位同量的辅助货币一圆银币的无限制通用是被许可的。所以从事实上看，当时的日本其实是金银复本位制。

另外，只要还存在大量的不兑换纸币，这样一种本位制就有很大的缺陷。后来，政府终于发布公约，认可"金札"（太政官札）兑换本位货币。明治四年十月，最初的以"圆"为单位的纸币——"大藏省兑换证券"发行，发行金额为680万圆。明治五年一月，"开拓使兑换证券"发行，发行金额为250万圆。以上两者如其名所示，均为金币兑换券，由"为换座"三井组负责发行和兑换。

为了将太政官札和藩札整理统一，自明治五年四月起开始发行一种被称为"新纸币"的不兑换纸币。随着太政官札和藩札逐渐交换为"新纸币"，上文所述的兑换方针也开始收缩。到明治九年四月，大藏省和开拓使的两种兑换券也开始交换为"新纸币"。虽说如此，政府也并没有彻底抛弃兑换方针。

尤其值得一提的是，井上馨在政府纸币的兑换准备货币积累上花了很大的力气。涩泽荣一后来说："（井上大藏大辅）将纸币是否采用兑换法一事深深刻于头脑之中，因此常言积聚本位货币之事。彼时，余以为此事大可不必如此烦扰。"明治五年六月，井上制定了"准备金规则"，将积蓄的1133万圆资金作为基金，试图继续扩大资本。后文所述的井上与司法卿江藤新平的对立，皆因是否取用这笔钱所致。

明治五年十一月，《国立银行条例》制定。制定这一条例的目的是通过发行"'金札'交换公债"并以其为抵押发行兑换银行券，通过"不兑换的'金札'→'金札'交换公债→兑换银行券"这样一个流程，将可以视作政府借款凭证的不兑换政府纸币收回。然而这一时期恰好遇上世界性银价下跌，金币不断地从事实上实行金银复本位的日本流出，发行的银行券也立刻被兑换为金币，没有正常流通。因此，政府的上述计划其实并未成功。不过，这一计划毫无疑问是井上为建立兑换制度所做的一次努力。

从井上的这样一种努力实现金本位制（兑换制）的做法来看，井上财政已经超越了单纯的均衡财政。他尽力保证财政黑字以囤积兑换纸币的本位货币的做法，可以说是一种"超均衡财政"。正因如此，对于诸省的支出要求，他能作出的回应也就非常有限。

◇ "家禄处分"方案受挫 ◇

当然，井上也很清楚诸省正在推进的近代化政策非常重要。因此，大藏省紧急制订计划，对占据每年支出1/3（约

1800万圆）的华族、士族家禄进行调整、削减，试图以此为推进近代化政策提供更多资金。

　　这就是明治五年（1872年）二月通过的"家禄处分"方案。根据井上制定的该方案，华族、士族的现家禄将被削减1/3，且家禄再继续发放6年就停止。这一计划比明治九年的"金禄公债"方案还要激进得多。留守政府在决定实施这一方案的同时，将大藏少辅吉田清成派往美国募集3000万圆外债以填补家禄处分费等支出。

　　但是，此时尚在美国的大使岩仓具视和副使木户孝允认为此处理方案未能充分顾虑到华族与士族的生计问题，因此表示了反对。另外，驻美辩务使森有礼对此也提出强烈反对。森有礼坚决认为世袭的家禄属于华族与士族的私有财产，他不但将吉田狠狠批评了一番，还发表了一份英文的反对意见书。可以说，此时的森

萨摩藩士，曾于幕末赴英美留学，在外交、教育两个领域颇有建树

图7.10　森有礼（1847—1889年）

有礼已经忘记了自己作为辩务使的本职工作，陷入了失控的状态。曾经主张实施废刀令的森有礼此时却拼命想要维持家禄制度，他的这样一种"分裂"的思维模式本身也很有意思。总之，在此之后，吉田清成放弃在美国募债，转而前往

英国。

而此时，留守政府内部也开始有越来越多的人反对井上提出的处置方案。最后，政府不得不决定在使节团回国后对该计划进行重新讨论。恐怕这是因为以岛津久光为首的旧领主阶级通过西乡隆盛等人向井上施加了压力。明治五年八月，吉田收到一封新委任状，上面写道，因计划变更，募债至1000万圆即可。明治六年一月，吉田通过东洋银行成功发行了7分利息的英国货币公债240万英镑（相当于1171余万圆）。

◇无资金来源的学制◇

明治五年（1872年），政府决定将家禄处分方案延期。同年八月，政府公布了学制，并提出了"自今以后，一般人民（华族、士族、农工商及妇女儿童）必期邑无不学之户，家无不学之人"的高调口号。然而，政府几乎无法为此提供资金，启动这一计划的负担最后还是压在了民众身上。文部卿大木乔任提出了金额为200万圆的明治六年年度预算，井上馨将该预算削减到了130万圆。不过，该预算中的大部分是用于高等教育的，初等教育的经费原则上由受益者自行负担。

对于普通民众而言，儿童是支撑生计的重要劳动力，让

当时的初等教育以寺子屋时期的"读、写、算盘"为基本。此照片摄于明治中期，为爱德华·莫斯藏品

图7.11　教室风景

他们去上学而且还要为此支付教育费用，这对他们的家庭是一个沉重的负担。将出席率考虑在内的推定实际入学率，明治六年时为 23%，明治九年时上升至 29%，其后则几乎没有继续增加。之所以会出现这样的结果，无非是因为学制的规定完全是出于政策上的需要。因为要推动富国强兵，所以通过学制来培养优秀的劳动力和士兵。

这样的入学率其实和幕末的推定入学率没有太大的差别。在当时，如此高的入学率可以说是居于世界前列的。承担小学教育的是自幕末以来广泛普及的寺子屋[12]和私塾。当时，日本全国超过 2 万所的小学中，一大半都是由寺子屋合并或改建而来的。

将寺子屋转变为小学，改变的是教育内容和教育方法。

在初期阶段，小学自由选择福泽谕吉的《劝学篇》和翻译引进的书籍作为教科书，使用课桌、椅子、黑板、挂图等配套设备的"一齐教授法"开始普及。有一些小学的教学楼还很有特色，比如现存的长野县松本市关智学校教学楼是由当地的木工头领立石清重仿照东京的西式建筑设计建造的二层仿西洋风建筑。静冈县磐田市的见付学校教学楼则是名古屋的宫大工[13]伊藤平左卫门设计建造的三层建筑。

要说仅是因为"政府强制"，各地的偏僻乡村便忽然出现了民间木匠运用传统技术模仿西式建筑风格建造的大型小学教学楼，恐怕并不符合实情。这一现象更应当看作是民众所释放出的能量。

◇征兵令的制定◇

政府以萨、长、土三藩藩兵共8000人组成的亲兵部队为依托，实施废藩置县，并撤销了诸藩的军队。明治四年八月，政府在东京、大阪、镇西（熊本）、东北（仙台）设置了4个镇台，约8000名旧藩兵被整合成镇台兵，收归中央政府指挥。明治五年三月，亲兵改称近卫兵。近卫兵作为直属天皇的职业军队，其人员从镇台兵中选拔。同年七月，陆军省决定在明治六年三月前彻底取消旧亲兵部队。

陆军大辅山县有朋主导推动了法式、德式征兵令的制定。明治五年十一月二十八日，征兵诏书与太政官告谕发布。半个月后的明治六年一月十日[14]，征兵令正式发布。发布此征兵令的原因是愿意加入镇台兵的人并不多，政府对这支队伍的未来非常担心。

按理说，诏书、告谕和征兵令应该同时发布。之所以前后相隔了半个月，是因为陆军省提出的原方案遭到了左院和正院的大幅修改。根据藤村道生在其论文《征兵令的成立》（《历史学研究》第四百二十八号）中提出的观点，陆军省的原方案是对士农工商四个阶级的兵役形式设置细微的差异，以此建立以士族为中心的征兵军队，但后藤象二郎任议长的左院以"四民平等"为由对该方案进行了批判。最后，方案不得不进行一番大修改。

修改的结果是，原方案中本来针对农工商阶层的兵役免除条款（比如缴纳了270圆"代人费"的人员，以及一家之主及其继承人可免除兵役）变成了对所有人适用。最后组建起来的军队人员以贫农的第二、第三子为中心，跟所谓"士族军队"完全是两码事了。山县之所以宁愿接受如此大的方案修改也要将征兵令制定出来，是因为取消旧亲兵的期限马上就要到了。

由于兵役免除条款覆盖面太广，政府又被镇台兵人员不足的问题弄得焦头烂额，社会上开始出现付一些钱登记为某人的养子来逃避兵役的现象。这类逃兵役的人被称为"征兵养子"或"军队养子"。还有一些人利用户籍制度的漏洞，在刚刚达到征兵年龄即20岁的时候，特意将年龄改为21岁，以此躲避征兵。

反对征兵令的一揆也接连发生。征兵告谕中将征兵称作"血税"，因此这些一揆便被称为"血税一揆"。"血税一揆"以西日本为中心总共发生了十余起，其中也有规模相当大的。比如，明治六年五月北条县（现冈山县美作地区）的一揆。起事者在前往县厅强行上告的过程中，对相当于旧大庄屋的户长、被歧视部落、小学等发动了袭击。此次一揆的参加者中被判刑的多达26906人，其中15人被判处死刑。煽动起事的是相当于旧组头[15]的中农阶层，他们发动一揆的动机是对征兵令、学制、部落解放等一系列新政策的担忧和不信任。

如上文所述，征兵令在政府内部、在政府与民众之间都造成了尖锐的对立，但事态还没有发展为陆军省与大藏省的对立。这是因为，对于山县提出的明治六年年度预算1000万圆，井上采取了比较宽松的做法，批准了总预算额的80%。

◇司法省对大藏省◇

司法卿江藤新平管理的司法省与大藏省之间的对立最为尖锐。司法省设置于明治四年七月，其权限并不大。东京府以外府县处理民事裁判时，都是由地方官在大藏省监督下进行的，其形式与旧幕府时代的"代官"相同。

江藤于明治五年四月被任命为司法卿，其后，他在各地设置法院，尝试将全国的审判权收归司法省。当然，由于地方官归大藏省管辖，这样的做法就必然会引起司法省与大藏省的权力争夺。司法省提出的明治六年年度预算为96万圆，而井上馨仅批准了45万圆，其原因就是两省之间的权力争夺。江藤要求动用准备金，但遭到了井上的拒绝。

于是，明治六年一月二十四日，江藤提交了辞呈，以抗议大藏省对司法省预算的大幅削减。

太政大臣三条实美得知此事后大惊。他驳回了江藤的辞呈，同时发起了正院对预算方案的重新讨论。四月十九日，由三条实美、西乡隆盛、板垣退助、大隈重信构成的正院又加入了后藤象二郎、江藤新平、大木乔任3名新参议。另外，在五月二日，太政官的组织分工发生变更，立法和决定预算的所有权限都集中到了正院。这样一来，并非参议的井上就束手无策了。五月三日，大藏大辅井上馨与三等官僚涩泽荣一提交辞呈，于十四日被免去官职。

司法卿江藤赌上官位的苦肉计获得成功。此后，审判权逐渐从地方官手上转移到司法省。然而，地方官的权力仍然很大，因此，江藤试图在行政厅方面打开人民的诉讼之道，压制地方官的独断专行。所谓"小野组转籍事件"就是在这样的背景下发生的。当时，小野组计划将户籍从京都移往东京，但遭到长州出身的京都府大参事槙村正直的阻止。明治六年五月，小野组向京都法院提出诉状，终于使自己的要求得到了满足。

另外，江藤还在追究井上馨和山县有朋这两个长州阀实权人物的贪污渎职嫌疑。前大藏卿井上馨曾将从旧南部藩御用商人键屋茂兵卫手上没收的尾去泽铜矿山转让给自己的心腹政商冈田平藏，江藤试图以此为由关押井上；山县有朋则不仅挪用了约65万圆陆军省公款，还有与该省御用商人山城屋和助（原奇兵队队员，于明治五年十一月自杀）相互勾结的嫌疑，因此遭到了江藤的追究。江藤的做法自然遭到了政府内部长州阀势力的反抗。

五月十二日（即井上和涩泽被免职前不久），井上主持举行了一场地方官会议。尽管井上即将提交辞呈，会议还是通过了地租改正方法草案并向正院提出。关于地租改正及其实施过程，笔者将在下一章介绍。

4. 明治六年政变的真相

◇西乡隆盛的真实意图◇

明治六年（1873年）八月十七日，正院决定以参议西乡隆盛为使节前往邻国朝鲜。此时，大久保利通已回国，但他并非参议，所以没有出席正院的会议。木户孝允虽然是参议，但称病缺席了会议。因此，正院的这项决定是由留守政府的参议们作出的。

太政大臣三条实美将此事上奏给在箱根宫避暑的明治天皇，天皇认为此事可行，但同时表示应当待大使岩仓具视回国并进行充分讨论后再做奏报。恐怕这是因为三条自身认为此事事关重大，所以特意做了这方面的工作。

关于西乡亲自作为使节前往朝鲜的真实原因，一直以来有各种各样的推测。近年，毛利敏彦主张与其说西乡提倡立即"征韩"，倒不如说，他其实是希望通过和平交涉与朝鲜发展友好关系的。事实是，西乡压制了立即派兵攻打朝鲜的论调，主张向朝鲜派遣使节。不过，此前日本方面将明治天皇放在与中国皇帝平起平坐的地位，居于朝鲜国王之上，朝鲜方面对日方的傲慢态度进行了抵制。而西乡和其他参议一样，认为朝鲜的这种做法很"无礼"。考虑到这一点，就无法否认西乡仍然是"征韩论"的支持者。

如果西乡以这样的态度与朝方交涉，那自然就不可能有一个和平妥善的结果。尤其是朝鲜直到1873年（明治六年）11月24日王妃闵氏一族掌权为止，大院君政权都是坚持对外强硬政策，西乡在无武装的情况下出使朝鲜，肯定得不出什么结果。此前，留守政府方面已经通过探子对朝鲜当地的严峻形势有一些了解。因此，西乡做好被杀的心理准备而出使朝鲜并不仅是单纯摆个姿态。当时的客观形势与毛利敏彦的推测相反，派遣使节一事极有可能会引发战争。

西乡明知有这样的危险还坚持主张派遣使节——正如很多人所指出的——是为了将留守政府的激进"开化"政策造成的士族阶层对政府的不满转移到国外。

◇大久保利通的立场◇

那么，回国后的大久保利通到底是出于什么考量而反对派遣西乡隆盛去朝鲜呢？大久保并不反对"征韩"，这是事实。但毛利敏彦认为，大久保对爬上留守政府核心位置的江藤新平抱有反感，因此才反对派遣使节。这种说法恐怕也不对。

司法卿江藤在留守政府内部的表现确实极为耀眼。但是，长州阀的众人暂且不论，要说萨摩出身的大久保无论如何都要打倒江藤，实在是不至于。江藤对大久保来说并不是一个如此重要的敌人。

大久保和好友西乡进行激烈对决的原因，恐怕还是应该直接理解为，他判断派遣使节会导致战争爆发。日本政府在后文所述的明治八年（1875年）九月江华岛事件中所采取的强硬手段，是在察觉到朝鲜方面对外政策转变之后作出的决定，而这与明治六年十月时采取的慎重策略并不矛盾。

　　十月十四日，刚当上参议的大久保出席正院会议。他表示，派遣使节会导致战争，但目前的国力无法支撑战争，因此应当延期派遣使节。然而，西乡也坚持自己的想法不肯妥协，十五日的会议最终确定将西乡派往朝鲜。

　　在正院败下阵来的大久保向太政大臣三条实美提出辞去参议一职，岩仓也同时表明了辞意。面对这前所未有的政府完全分裂的危机，三条陷入精神错乱，最终晕倒。与此同时，大久保在官中所做的工作取得成效，岩仓因此被任命为太政大臣代理。二十三日，岩仓将正院决定上奏时，同时也把自己的反对意见一同奏报了天皇。二十四日，天皇下达敕书，指示此事按岩仓的意见办。大久保、岩仓的一番操作使形势逆转，成功利用天皇权威驳回了正院的决定。

　　其后，西乡、板垣、后藤、江藤、副岛5名参议辞职，

画面左侧为大久保、岩仓等人，右侧为西乡、板垣、江藤等人。此图虽描绘的是正院论战的场景，但画中也有参议以外的人物（杨洲周延绘）

图7.12　《"征韩论"之图》

伊藤博文、寺岛宗则、胜海舟被任命为新的参议。于是，明治六年政变以大久保等使节团成员将留守政府首脑驱赶出政府而告终。

译者注

1. 明治初年的地方官制中地位仅次于长官的职位。

2. "韩"曾是古代东亚地区对朝鲜半岛的简称。

3. 中国称《中日修好条规》。

4. 琉球是中国明清时期的藩属国。1609 年，琉球遭日本萨摩藩入侵并被强迫朝贡，受其制约，成其附庸。自此，琉球虽仍为独立国家，但同时向中国、日本称臣，即呈"两属"样态。日本在明治维新后谋划并最终吞并了琉球。

5. 一种证明文书。

6. 依据江户时代的幕府政策，武士、公家以外的人原则上不能使用姓氏。

7. 日本封建时代最下层人群的聚居地，是带有歧视色彩的称谓。

8. 均为对部落民的蔑称。

9. 即太政官发布的公告。

10. 日语中的"炼瓦"即指砖。

11. 日本最早的学术思想团体，于明治六年（1873 年）由森有礼发起，翌年正式成立，主要社员有西周、加藤弘之、福泽谕吉等。

12. 最初是教授村吏阶层子弟读写的农村教育机构，多开设在当地的寺院中，故名"寺子屋"。幕府中期以后，一般农民和町人也广泛要求接受教育，寺子屋亦在城乡开办，幕府末期开办得最多。明治维新以后，小学教育普及，寺子屋逐渐消失，但对提高庶民的教育水平起了很大作用。

13. 专门设计建造寺院、神社的木匠。

14. 如前文所述，由于历法的变更，旧历明治五年十二月三日被定为新历明治六年一月一日。因此，明治五年十一月二十八日到明治六年一月十日只经过了大约半个月。

15. 相当于庄屋（村主任）的助手。

第 **8** 章

大久保内务卿的独裁

1. 大久保独裁与士族的反抗

◇新政府的阵容◇

在明治六年（1873年）十月的政变中，西乡隆盛等五名参议称病辞职。其后，右大臣岩仓具视与参议大久保利通讨论决定，任命伊藤博文、寺岛宗则、胜海舟为参议。再加上木户孝允、大隈重信、大木乔任，参议总共七人，其中萨摩、长州、肥前各两人，旧幕臣一人。

与此同时，每个参议都分别兼任某个省的卿（长官）。大藏卿大隈、司法卿大木、工部卿伊藤、海军卿胜、外务卿寺岛都是在担任参议后被任命的。十一月新设内务卿职位，由大久保担任。一直不是很愿意合作的木户也于明治七年（1874年）一月就任文部卿。只有陆军卿山县有朋直到明治七年八月都没能当上参议，这恐怕是因为他有严重的贪污嫌疑，政府因此想避免萨摩、土佐出身的近卫兵等势力对他产生反感。

在组建新政府时，大久保依靠最多的，除了岩仓就是伊藤和大隈。

十月二十四日晨，大久保得知天皇接受了岩仓反对派遣西乡的意见。其后，他在给岩仓的回信中写道，关于参议、省卿兼任的方针"已与大隈、伊藤二位密谈，均表示同意"。

二十五日下午六时，大久保邀请伊藤与自己一同前往大隈府邸，商讨新政府的基本方针。

根据大久保的日记内容，该方针有三条："至尊（天皇）御辅导"，"大臣"的人才选拔，"同僚"的协力一致。要与在士族阶层拥有极高人望的西乡对抗，就必须将人才聚集于政府并且加强团结，不过要想拥有权威，还是需要设法对年轻天皇进行引导。这就是三条方针背后的考量。

表8.1 中央政府的构成 II

机构	官职		姓名	出身
正院	太政大臣		三条实美	公卿
	左大臣		岛津久光	萨摩
	右大臣		岩仓具视	公卿
	参议		木户孝允	长州
			大隈重信	肥前
			大木乔任	肥前
			大久保利通	萨摩
			伊藤博文	长州
			胜安芳	幕臣
			寺岛宗则	萨摩
			（伊地知正治）	萨摩
			（山县有朋）	长州
			（黑田清隆）	萨摩
左院	左院议长		（伊地知正治）	萨摩
右院	内务省	卿	·大久保利通	萨摩
		大辅		
	外务省	卿	·寺岛宗则	萨摩
		大辅		
	大藏省	卿	·大隈重信	肥前
		大辅		
	陆军省	卿	·（山县有朋）	长州
		大辅	西乡从道	萨摩
			津田出	纪州
	海军省	卿	·胜安芳	幕臣
		大辅	川村纯义	萨摩
	司法省	卿	·大木乔任	肥前
		大辅	佐佐木高行	土佐
			（山田显义）	长州
	文部省	卿	·木户孝允	长州
		大辅	（田中不二麿）	尾张
	工部省	卿	·伊藤博文	长州
		大辅	山尾庸三	长州
	宫内省	卿	德大寺实则	公卿
		大辅	万里小路博房	公卿
	教部省	大辅	宍户玑	长州
	开拓使	长官	·（黑田清隆）	萨摩

注：表中内容为明治七年四月二十七日统计；标·者同时兼任参议，（ ）内为明治七年内担任此官职者。

然而，天皇在这一时期的权威尚未在政府内部确立起来。继西乡辞去参议、近卫都督的职位后，陆军少将桐野利秋（萨摩藩出身）也提交了辞呈，军队尤其是近卫兵受到的影响非常大。天皇为了消除军队中的动摇情绪，于十月二十五日召集了以近卫局长官陆军少将筱原国干（萨摩藩）为首的近卫军官团，声明西乡仍然是陆军大将，其作为"国家柱石"的地位依然没有变。但是，筱原没有应召前来。天皇于十月二十九日再度召集，但预定时间过了一个小时之后，筱原仍然没有现身，另外还有不少军官称病缺席。

其后，构成近卫兵中心势力的萨摩、土佐出身者纷纷辞职回乡。在他们看来，与对明治天皇的忠诚相比，还是对西乡隆盛和板垣退助的信任要重要得多。要在军队中确立天皇的权威，就必须采取一些人为手段，比如其后山县等人撰写的"军人敕谕"。

◇内务省的设立◇

明治六年十一月十日，内务省设立。大久保将该省作为政府的核心，并亲自出马担任内务卿一职。

留守政府此前就一直在计划设立内务省并将大藏省掌握下的地方行政管理权转移至该省，不过，大久保在最初计划的基础上进行了很大的变动。在原方案中，户籍寮居于内务

萨摩藩士，成功倒幕后与西乡、木户并称"维新三杰"，但在新政府内部与西乡是对立关系

图8.1　大久保利通（1830—1878年）

省内部机构的首位，警保寮与劝业寮的地位则在其下。但根据明治七年（1874年）一月决定的内务省官制，警保寮与劝业寮作为一等寮构成省务的中枢，而户籍寮的地位则有所下降，变为了二等寮。

统一户籍是征兵、征税的依据，地方管理（人民管理）则是在建立统一户籍的基础上进行。上文所述的变动并不意味着地方管理的重要性减弱了，而是表明了这样一个方针：内务卿在直接通过掌握人事权的敕任官（通过敕命任免）、奏任官（基于内务卿、地方长官的推荐发布任免敕裁）级别的地方官管理地方行政时，发展民营企业与强化警察制度两个事项将被放在优先的位置。

内务省劝业政策的内容将会在下一章正式提到。不过，以往的劝业政策都是以中央政府经营的铁道铺设、矿山开发等国营事业为中心，此次内务省的劝业政策则是着力于民间传统产业的近代化。大久保曾经在西方目睹由众多民间资本家共同建立起来的欧美机械文明，因此，该政策可以说是大久保海外经历的一个体现。

既然是针对传统产业的政策，地方官的作用就显得尤为重要。

两省都设立于大手町一丁目二番地。内务省于关东大地震后移至霞关，大藏省于昭和十五年七月移至霞关

图8.2 内务省与大藏省

　　大久保把原为司法省二等寮的警保寮升格为一等寮，并将其划至内务省。同时，警察机构的职能也变得不仅局限于搜捕犯罪者的司法警察职能，还增加了保护人民、卫生、风俗取缔、搜索国事犯等行政警察职能，覆盖面非常广。

　　使警察能够介入国民生活方方面面的"警察重视型"内政，是萨摩藩出身的川路利良在对欧洲各国的警察制度进行考察后提出的。川路认为，与以地方政府司法警察为中心的英美式制度相比，日本更应当引进以中央集权型行政警察为中心的德法（大陆）式制度。川路之所以提出这样的意见，是因为他抱有"国民等于未成年人"的观念，即认为"政府为父母，人民为子女，警察为保傅（儿童看护人）"。

　　一直以来的大藏省内政并不具备警察力量，因此在治安维持上有所欠缺。而掌握着警察力量的内务省内政，即使在面对士族叛乱和农民暴动时也能对其进行武力镇压。

◇大久保独裁体制◇

大久保内务卿在省内的地位是至高无上的。胜田孙弥所著《甲东逸话》中的一段文字可以很好地表现出当时内务省的氛围：

> 甲东（大久保利通的号）每日清晨乘马车来到内务省，在大门前下车。当他在长长的铺石路上或走廊上行走时，"嘎嘎"靴音响彻省内各个角落，楼上楼下谈笑声一齐停止，省内瞬时鸦雀无声。

该书后面还记载道："甲东的威风并不仅限于全是其下属的内务省，在太政官之中亦是如此。"内务卿大久保在整个政府中能够具有独裁式的地位，与大藏卿大隈和工部卿伊藤的大力支持是分不开的。

内务、大藏、工部三省拥有人数巨大的官僚队伍。如图8.3所示，明治十年（1877年）之时，三省的官员人数超过官员总人数的一半。这群官员的中心，是萨摩、长州、土佐、肥前四藩出身的人。而在地方官之中，正如田中彰所指出的，在明治十年的时候有71%的长官都是上述四藩出身，次官中的46%都是萨摩、长州出身。也就是说，地方与中央一样，藩阀色彩都非常浓厚。

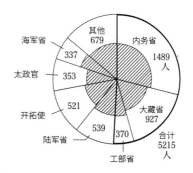

图8.3　明治十年太政官、各省使判任官以上官员人数及萨、长、土、肥四藩出身者（斜线部分）

（资料来源：石塚裕道《日本资本主义成立史研究》）

在年支出金额上，三省的优势地位也显露无遗。从明治九年年度（明治九年七月至明治十年六月）支出决算额（图8.4）来看，内务省支出额（包含警视局支出）与工部省支出额基本相当。另外，图中未单独列出的"府县"相关四个项目的支出合计608余万圆也可以算在内务省名下。如果这样计算，内务、大藏、工部三省的年支出额所占比重远远超过陆军、海军两省。

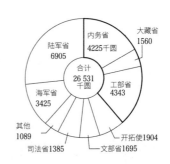

图8.4　明治九年太政官、各省使年度支出决算额

（资料来源：《明治财政史》第3卷）

在大隈、伊藤的协助下，大久保直接控制了内务、大藏、工部三省。他的独裁大权甚至已经延伸到了军事、外交方面。下文马上就要提到的对"佐贺之乱"的镇压和围绕"牡丹社事件"与中国政府的交涉这两件事中都有大久保活跃的身影，由此也可证明其权力之大。

内务卿大久保已经成为能够驱使太政大臣三条实美和右大臣岩仓具视的最高当权者，并且也成了事实上的独裁者。

在明治六年十一月起草的关于立宪政体的意见书中，大久保主张将来应当在"定律国法（宪法）"的基础上实现"君民共治"，而不是"立君独裁"或"人民共治"。这的确是一个事实。但是，不能因此就认为大久保以民主政治为理想，以实现君主立宪制为目标。作为一个渐进主义者，大久保在意见书中很明确地表示，目前应当坚持"君主擅治（专制）"。同时，大久保认为，即使是在作为将来目标的"君民共治"状态下，在讨论、实行一切国事的时候，最重要的还是"必有独立不羁之权，以断然行之"。在他看来，即使成功制定宪法、成功建立议会，专制主义的基干仍然必须维持下去。

当然，就算大久保是独裁者，其影响力也顶多是从内务省到整个中央政府。萨摩藩士族中的不少人愿意随时为西乡隆盛赴死，而大久保则完全没有西乡的这种对于众人的特殊权威。说得极端一点，即使就政府内部而言，大久保的威风也并非来自他个人，一切皆因他是组织的最高当权者而已。

◇神格化的天皇◇

对于此事，大久保本人比谁都清楚。因此，他一方面致

力于提高天皇作为君主的权威；另一方面尽力摆出自己只是
天皇辅佐者的姿态，并且在必要时对天皇的权威加以利用。
近代天皇制并非诞生于狂热的尊王主义者之手，而是大久
保一手设计和创造出来的。他曾经在幕末的条约敕许事件中
断言"不义之敕命非敕命也"，是将天皇相对化的现实主
义者。

明治天皇几乎每年都要
进行国内旅行。其中，明治
九年（1876年）、十一年、
十三年、十四年的地方巡幸
规模尤其大。实际上，明治
五年五月二十三日至七月
十二日，天皇也在近畿、中
国、四国、九州地区进行过
一场长时间的地方巡幸。这
次巡幸的本来目的是去鹿儿
岛安抚因废藩置县而大怒的
岛津久光，天皇不过是带领
以参议西乡隆盛为首的70余

此照片为明治六年时内田九一所摄。
明治中期以后的"御真影"均为肖像画的
照片

图8.5　明治天皇的照片

人乘军舰往返，在途中顺道去了几个城市而已。

明治九年六月二日至七月二十一日，天皇进行了一次
"东奥"巡幸。此次巡幸是走陆路经过宇都宫一直到福岛、

仙台、盛冈、青森，然后渡过海峡到达函馆，最后乘船返回。右大臣岩仓具视、内阁顾问木户孝允等230余人参加了巡幸。此次大规模巡幸的目的就是巡视。天皇一行人每到一个地方，都会造访当地的官厅、学校、医院和工厂等地，并且指定豪农豪商的家为临时行宫或高官住处，以此获取他们的支持。这样一来，有幸获得这一机会的豪农豪商在当地的社会地位就会大为提高。

民众们则举行庆祝仪式来欢迎天皇的到来。以小学生为主的大批民众身着盛装，夹道欢迎天皇的巡幸队列。只不过在农忙期的农村，人们就没有空闲来做这些事了。随行的《东京日日新闻》记者岸田吟香对巡幸队伍离开仙台时的场面作了如下记载：

> 过田野山林之间时，拜见人亦处处有之。着股引[1]之女、携镰锹之农夫，或泥足立于田畔，或居于草中，或坐于石上。其中更有妇人背负全裸之赤子、自脊中引小儿之头至腋下而乳之者。有颜足皆覆污泥之昼寐者为人俄然叩起，遭斥曰："陛下驾临，速拜见之！"乃拭目而拜观凤辇，其状尤为可笑。

正如吟香所写，许多人对天皇顶礼膜拜，仿佛面对着一个"活着的神明"。巡幸其实是一场政治仪式，它将位于权力顶点的天皇本人暴露在民众面前，以此将民众拉拢到当权者一边。而天皇同时被民众当作"活着的神明"，政府也将天皇宣传为"现人神"，这体现了19世纪后半叶日本国君主的特征。自幕藩制建立以来，日本民众既对超越现世的"绝对存在"缺乏信仰，也对遍存于现世的"普遍真理"漠不关心。当权者们针对民众的弱点，创造出了这样一个新的近代天皇形象。

明治五年，造币寮负责人金德尔提议，日本也模仿国外的做法将天皇的肖像印刻在货币之上。不过该提议遭到官中的反对，在正院被否决。另外，天皇的肖像在当时被下发给在外公馆、地方官厅、兵营、军舰，或高级、中级官僚的敕任官、奏任官本人，但明治八年时下级官僚的判任官（由长官任免）在申请发放天皇肖像时遭到了拒绝。这些事例也说明，随着天皇的神格化，当权者集团开始主动地为专制统治的正当性寻求根据。这样的想法与国民主权原理完全是背道而驰的。

◇岩仓遭袭事件与建白书◇

新政府将主张"征韩论"的西乡隆盛等人排除之后，最先发起激烈反抗的是各地的士族。萨摩出身的人跟随西乡一同回到鹿儿岛，其后开始以私塾学校为核心构建地方权力。

土佐、肥前出身的人则展开了非常活跃的反政府活动。

明治七年（1874年）一月十四日，高知县9名士族袭击了右大臣岩仓具视。前一年五月五日，旧江户城内的皇居在火灾中被毁，因此赤坂离宫就被当作临时皇居。事件当天，岩仓受赐在离宫享用晚餐。当晚八时，他拿着一瓶葡萄牙敬献的红酒乘马车离开离宫。当马车经过赤坂喰违见附（现新大谷酒店旁）时，刺客突然出现，岩仓的眉下和左腰受了轻伤。不过，由于他在遭袭时落入外濠，所以侥幸活了下来。毫无疑问，政府最高首脑暗杀未遂事件在当时掀起了很大的风波。

在新设立的警视厅内，警保助川路利良（后担任大警视）率领属下全力展开调查，于一月十七日夜逮捕5名凶手，其后又逮捕4名。主谋武市熊吉曾在外务省工作，担任过陆军少佐，且曾在"满洲"方面开展过为"征韩"做准备的调查。其他的凶手也都是支持"征韩论"的退伍军人，且均为高知县出身的士族。凶手全部被处以斩首。其后，大久保大幅度扩充了警力。

此次事件还对一月十七日提交到左院的"民选议院设立建白"的效果造成了重大的影响。该建白书由土佐一派的前参议板垣退助、后藤象二郎在从英国回国的古泽滋（土佐藩）、小室信夫（德岛藩）的协助下撰写。最后，他们与肥前一派的前参议副岛种臣、江藤新平等人共同将建白书提交给了左院。建白书中写道，"察方今政权之归所，上不在帝室，下不在人民，而独归有司"，对大久保等人的"有司（官僚）"独裁进行了尖锐的批判。建白书同时还提出了英国市民革命时议会派一方的主张，宣称"夫人民中有义务对政府上交租税者，即有权利知晓、赞否政府之事"，并要求立即开设民选议院。

撰写了建白书草案的古泽暂且不论，板垣等人对民选议会的根据（即租税协议权的主张）和君主（天皇）同政府及议会的关系到底理解到了什么程度，非常值得怀疑。之所以这么说是因为在各方围绕建白书展开争论时，板垣等人声称议会更应当作为"传达朝命"的场所而不是一个立法机构。但是，即使有这样的局限性，此次建白作为自由民权运动的开端，毫无疑问仍然具有划时代的意义。

然而，提交了建白书的当事者们此后归返故乡，没能在中央政界大显身手。回到高知的板垣于明治七年四月与片冈健吉、林有造等人创立政治结社"立志社"，回到德岛的小室信夫则成立了名为"自助社"的政治结社。他们回到故乡的最大原因，是有人怀疑在建白提交当日被逮捕的岩仓遭袭事件的凶手跟他们有关系。据《自由党史》记载，该事件"给民选议院的建白造成了沉重的打击"。

当然，板垣等人跟岩仓遭袭事件的凶手并没有任何关系。只不过，初期的士族民权家在作为一个民权论者之前首先是一个"爱国者"（国权论者），因此，他们将扩大民权视作扩大国权的一种手段。从这一层面来看，板垣与袭击岩仓的凶手背后的集团是站在同一立场上的。在建白书上署名的江藤新平此后不久即作为佐贺县"征韩党"党首发起了武力暴动，此次事件恐怕也应当从这个角度来理解。

◇江藤新平被处死◇

在明治六年十月的政变中下台后，江藤通过自己的心腹朝仓尚武把佐贺县士族集结起来，组织成立了"征韩党"。同样在佐贺县，另外成立了一个名为"忧国党"的复古主义士族集团。两党在"征韩"这一点上产生了共鸣，二者事实上控制了佐贺县厅，表现出了明显的反政府倾向。

肥前藩士，在贫困之中倒向了尊攘派，拥有出类拔萃的制度构想力
图8.6　江藤新平（1834—1874年）

在征韩党员的要求下，江藤回到了佐贺县。同时，原秋田县权令岛义勇也在忧国党的邀请下回到了该县。不过，在此之前的明治七年二月一日，发生了一起忧国党人员袭击小野组佐贺办事处的事件。内务卿大久保通过电报获知该情况后，于二月四日秘密指示陆军大辅西乡从道

出动镇台兵，尽早镇压暴乱。二月十日，经太政大臣三条实美向天皇上奏并获得许可，大久保获得了镇压叛军所需的涉及军事、司法、行政方面的全权委任状。其后，他亲自前往九州。

二月十一日，江藤在长崎与从东京赶来的岛义勇会面。此时的江藤完全陷入了被动，迫不得已之下，他不得不做好与熊本镇台兵交战的准备。所谓"佐贺之乱"就是在这样的背景下发生的。一开始，叛军攻击佐贺城并成功击退镇台兵，但九州各县和高知县的士族并未起兵响应，导致叛军处于孤立的状况。而政府军方面有来自大阪镇台等地的援军。在政府军强大兵力的压制下，叛军终于败走。江藤于二月二十三日逃往鹿儿岛，但未能得到西乡的协力，于是又前往高知，最后在试图逃往德岛时被逮捕。

政府军的胜利要归功于明治六年十月开通的长崎—东京电信线路带来的迅速的情报收集，运送镇台兵时对蒸汽船的应用，以及对可能响应叛乱的他县士族的周到应对。政府在佐贺县设置临时法院，包括从高知押送过来的江藤在内，总共410人被判有罪，江藤和岛义勇被判处"除族（剥夺士族身份）并枭首（斩首示众）"的极刑。

这次"审判"不过是走个形式，审问仅用了两天时间，之后就下达了判决。江藤连申辩的机会都没有即被处以极刑。可以说，这一事件从侧面反映出内务卿大久保对权力的滥用。在紧急状况下，大久保独裁的冷酷本质展现得尤为清晰。

不过，既然江藤选择的道路是作为征韩党党首与忧国党联手，以"征韩"为目标建立士族中心的地方权力，那么一旦在与中央的武力对抗中失败，死亡就是不可避免的。在举兵时发表的"决战之议"中，江藤写道，"夫国权行，则民权遂全"，这恰恰表现出了初期士族民权活动家的局限性。士族民权活动家只有与以豪农为中心的民众联手，才能逐渐成长为真正的民权活动家。但江藤在佐贺县尚未有此经验就作为士族叛乱的主谋者被处死。他死于明治七年四月十三日，享年41岁。

2. "出兵台湾"与江华岛事件

◇ "出兵台湾"的豪赌 ◇

虽然"佐贺之乱"被镇压，江藤新平等人也被处死，但全国各地士族的反政府活动仍然没有平息。于是，政府终于决定将从留守政府时期酝酿至今的"出兵台湾"计划付诸实施。

明治七年（1874年）二月六日，大臣和参议聚集在因遭袭击而受伤的岩仓具视家中，对大久保利通与大隈重信提交的《台湾番地处分要略》进行了修改并予以通过。该要略的最初版本中有"对琉球人民惨遭杀害一事实行报复，并占领其地"的内容，但有人对后半句中的占领计划有异议。因此，该部分在修改时被删除。最后，计划被改成了如下内容：以琉球是日本"藩属"为前提，远征"无主之地"台湾，并在此基础上与中国（清朝政府）进行交涉。

　　然而，远征计划制订者即政府雇用的美国人李仙得[2]此后再次提出占领计划，而西乡从道与大隈重信等人赞成了他的建议。

　　正如家近良树在其论文《"出兵台湾"方针的转变与长州派的反对运动》（《史学杂志》第九十二篇第十一号）中所指出的，缺席了二月六日那场会议的参议木户孝允虽然对出兵本身并不反对，但由于担心要略中本来已经删除的占领台湾（殖民地化）方针的复活会导致日本与中国清朝政府间发生战争，所以他坚决反对占领计划，并最终因此辞去了参议兼文部卿的职务。

　　此时，因镇压"佐贺之乱"而忙得不可开交的大久保并不知道占领方针已经恢复。不过应该可以认为，他本来就和木户的意见基本相同。而最初主张重视内政的大久保为了取消殖产兴业费，宁可招致地方官的不满也要积极推进"出兵台湾"，必定不是单纯为了安抚对政府不满的士族，而是有某些特殊的原因。

坂野润治在其论文《征韩论争后的"内治派"与"外征派"》（《近代日本研究》第三卷）中指出，在当时的政府内部，主张对中国开战的以陆、海军为中心的强硬派势力很强，为了压制他们，大久保不得不在尽力避免开战这一最坏可能的前提下对中国采取强硬政策。当时的大久保对于"征台"的预测比较乐观，认为事态不可能发展成两国开战，这想必也是事实。

"佐贺之乱"平定后的四月四日，陆军中将西乡从道被任命为"台湾番地事务都督"；四月五日，大隈就任正院内部的"台湾番地事务局长官"。然而，当西乡等人在长崎进行出兵准备的时候，英国驻日公使巴夏礼与美国驻日公使宾汉对日本不告知中国政府就擅自出兵一事表示反对，本来在预定计划中的借用美国汽船，以及李仙得等人与出征队伍同行的事宜被取消。大久保得知此事后大惊，并决定将远征延期，但西乡认为远征已无法中止，因此擅自派出了先头部队。大久保抵达长崎后与大隈、西乡会面，并认可了出兵一事。此时，占领台湾的计划再一次被搁置，政府决定将一部分部队留在国内直到事态平息为止。不过，由于美英两国的反对态度，这次出兵的结果变得难以预测，对大久保等人而言可以说是一场豪赌。

到五月二日为止，从台湾南部射寮[3]湾登陆的日本军队达到了3650人。经过半个月的战斗，六月初，牡丹社的"生番"（原住民）被镇压。但是由于中国方面的强硬态度，日方与中国政府的外交交涉陷入僵局。七月八日，宫中朝议决定要做好在万不得已的情况下开战的准备。同月三十日，大久保决定亲自出马作为全权代理大臣与中国交涉。

◇中日开战的危机◇

明治七年八月六日，大久保从横滨出航，途经上海、天津，于九月十日抵达北京。当时，清朝政府的实权人物北洋大臣兼直隶总督李鸿章就在天津，按惯例，各国使节前往北京前都要先与其见面。大久保故意不见李鸿章，而是直接前往正式交涉对象恭亲王奕䜣及诸大臣所在的北京。

九月十四日，双方开始在总理衙门（相当于日本的外务省）进行交涉。大久保与随行的法籍法律顾问 G. É. 布瓦索纳德讨论后，要求中方拿出台湾"番地"属于中国领土的根据，并诘问中方，如果台湾是中国领土，为什么漂流而来的难民在当地被杀害之后中国政府却不闻不问。

而中国方面表示，日方提出的"中国对台湾的政治控制实际达到了哪种程度"的质问是对内政的干涉，双方的交流难以继续进行。当时的中国处在被周边的朝贡国、藩属国所包围的中华帝国体制之下，对于花费多年时间建立起这个体制的中国当局而言，"国境"这样一个非常近代的概念是不存在的。大久保的要求在对方看来想必是无理取闹了。

在十月五日的第四次会谈中，大久保宣称"近日可归朝"，中方则放言"非强驻之所"，交涉眼看就要决裂。大久保此时已经开始与随行人员商讨开战的名义和时机，由此可见，若交涉决裂，中日双方的确极有可能以某种形式开战。

此时，一直在中日两国间尝试调停的英国驻华公使威妥玛的动向开始浮出水面。威妥玛与法国公使合作，同时听取天津的李鸿章的意见，在总理衙门大臣等人的委托下前来与大久保会面。威妥玛对大久保说，自己已经做好准备说服中方支付"赔款"，问大久保意下如何。根据石井孝的观点，威妥玛认为，中国仅凭自己的陆、海军无法与日本一战，若战端一开则中国各地都会陷入内乱，中英间的通商也会遭受巨大打击，因此他才为避免中日开战而四处奔走。

在威妥玛提出的赔款计划背后有一个事实，那就是李鸿章在自己提交的意见书中建议中国政府向琉球漂流难民与日本士兵支付若干"抚恤金"，以此为条件让日本撤兵，而总理衙门批准了这一方案。

十月十八日，双方开始就解决眼前问题的具体策略进行交涉。中方以"抚恤金"的名义支付给日本一笔款项，日方答应了这一要求，并向中方索要300万美元（200万两白银）。然而当月二十三日，中方拒绝了日方的这一方案，理由是如此高昂的金额已经跟赔款没什么两样。于是，交涉又陷入决裂状态。当大久保再次表示要返回日本的时候，威妥玛又一次出面调停。威妥玛将中方提出的50万两白银的最终让步金额转达给大久保，而大久保要求中方必须承认"出兵台湾"为"义举"。在该条件的基础上，日方接受了这一金额。

在克服了可能导致开战的重重危机后，《日清两国互换条款》[4]于十月三十一日正式签署。大久保在天津与李鸿章会面后又前往台湾与"都督"西乡进行了撤兵的商议。十一月二十七日，大久保回到东京。他在日记中对于自己在横滨港受到的盛大欢迎如此记述道："人民欢喜之态，诚令余颇为意外。"除了一部分士族，当时的日本人没有不为免于与中国开战而欢喜的。在大久保前往中国进行交涉的大约三个月时间里，日本国内的气氛极为紧张，朝野上下已经做好了与中国开战的心理准备。

后文会提到，实力与三井组不相上下的大政商小野组因为"官金抵押增额令"一夜之间破产，而这也是上述的紧张状态带来的后果之一。与此相反，新兴海运业者岩崎弥太郎在此时抓住时机，依靠经营军事运输渐渐发展成为后来的大政商三菱。

◇国家权威的提升◇

"出兵台湾"的花费高达955万圆,而大久保政权从中国拿到的"赔款"金额不及其1/10。但是,通过此次外交交涉,其政权首次获得了能够作为政治权力的权威。如果开战,则士族阶层也必然会被动员起来。大久保政权克服了战争危机,同时也就使其实施"取消士族阶层"这一基本政策变得容易操作。

明治八年(1875年)五月,向清光绪帝派遣庆贺使一事(光绪帝于同年二月即位)在琉球引发了一场议论。日本政府见此情形,决定将切断琉球与中国宗属关系的方针执行到底。政府派遣内务大丞松田道之(鸟取藩)前往琉球,"严令"当地按此执行。于是,瓦解琉球王国的工作开始逐步推进,直到明治十二年三月,琉球王国在军事压力下最终解体。

另外,还有一个棘手的对外问题也以"出兵台湾"为契机得到了解决,那就是横滨英法驻军撤回问题。自文久三年(1863年)以来,驻军问题就一直存在。明治二年的时候岩仓曾表示,此乃"我皇国之奇耻大辱"。

岩仓曾试图与巴夏礼交涉撤出驻军一事,但英国方面只是减少了驻军人数,而拒绝撤回全部驻军。明治四年十月,横滨仍然驻扎着英军301人、法军200人。

　　岩仓率外遣使节团抵达英法后，分别与两国外交大臣（外交部长）会面并交涉撤军事宜。英国外交大臣格兰维尔在会面时仅表示，如果驻日公使提交报告称撤军后能保证安全，英国就撤军。当时回国休假的英国公使巴夏礼在现场，但一言不发，现场陷入了尴尬的沉默，岩仓不得不就此打住。

　　然而在明治八年一月二十七日，英法两国驻日公使突然主动提出要全面撤军。两国军队在三月一日腾空兵营，于三月二日离开了横滨港。在提出撤军时，巴夏礼对外务卿寺岛宗则表示，之前是因为发生了"佐贺之乱"和"出兵台湾"，所以才将撤军推迟，而现在日本与中国处于和平状态，已经不需要担心了。可以看出，大久保政权的权威因"出兵台湾"而大幅提升，各发达国家对此也表示了肯定。

◇北方领土问题◇

　　外务卿副岛种臣卸任后，继任的寺岛宗则也延续了副岛重视"征韩"的方针，所以他认为当务之急是确定日本与俄国之间的国境。但是，在当时的政府高层中找不出一个可以与俄国交涉此事的得力之人。这时，有一个人被推举出来，那就是开拓次官黑田清隆推荐的旧幕臣——榎本武扬。

　　榎本于箱馆五棱郭之战中兵败投降，其后在狱中度过了两年零七个月，于明治五年七月蒙"恩赦"出狱。当时很多人都以为"贼将"榎本难逃一死。他之所以能活下来，是因为征讨军参谋黑田清隆四处做工作，救了他一命。榎本在狱中一直对在荷兰留学时学到的科学技术进行研究，出狱后，他应黑田的邀请前往北海道进行矿物资源调查。不过在黑田看来，榎本外语能力出类拔萃且精通国际法，这样一个人才更应该在外交领域大展身手。明治七年一月，榎本被任命为驻俄公使。由于武官身份在国外更有权威，所以他又直接被提拔为海军中将。

类似于榎本这种旧幕臣被任命为高官的事例并不多见，但应当留意到，在萨长藩阀政府的中下层官僚中有很多旧幕臣，正是他们用自己的能力由下而上支撑着这个政府。

榎本于明治七年六月抵达圣彼得堡后，立即开始与俄国外交部进行交涉。他按照日本政府定下的方针，提出以放弃桦太全岛（萨哈林岛）为条件换取千岛群岛所有岛屿，最后交涉成功。明治八年五月七日，在俄国首相兼外交大臣戈尔恰科夫的官邸中，双方签署了《桦太千岛交换条约》。

对于该条约，日俄两国国内各自都有批判的声音，认为条约内容对本国不利。对于日本而言，放弃桦太早已是既定方针，而能以此换取俄国一直不肯交出来的千岛群岛全部岛屿，其实可以说是很划算的。俄国之所以会在东亚作出让步，是因为土耳其方面的俄英对峙日趋紧张，其结果就是日本得以首次与发达列强签订平等条约。

◇江华岛挑衅事件 [5] ◇

朝鲜问题是与"出兵台湾"、琉球归属问题，以及桦太、千岛问题并列的难题之一。为了解决朝鲜问题，日本政府制订了比已经下台的"征韩派"更加周到详尽的计划。明治七年（1874年）二月初，三条、岩仓、大久保等政府首脑计划在北方领土问题解决后向朝鲜派遣使节。而在此之前，他们决定先派人前去打探一下当地的情况。

根据该计划，榎本于同年三月十日出发前往俄国，其后，政府于五月十五日派遣外务省六等官僚森山茂前往釜山开展"事情探索"工作。到达釜山后，森山发现形势发生了很大的变化。前一年十一月，推翻了大院君政权的闵氏政权开始采取较温和的对日态度，并更换了负责对日外交工作的东莱府使及其下属的训导。在九月四日，甚至还发生了新任训导专程来到"草梁公馆"拜访森山这样前所未有的状况。

森山认为眼前的状况很乐观，于是决定在打探情况之余也尝试着进行外交交涉。他与朝方约定会将日本外务省的书契带到东莱府，然后暂时返回了日本。政府将森山提拔为外务少丞，并命其以理事官的身份将外务卿寺岛的书契带往朝鲜。

然而，随着形势的变化，森山与日本政府的态度变得越来越高傲。明治八年二月二十四日，森山与副官广津弘信一同抵达釜山，其后，他要求与东莱府使会面。但由于森山坚持要身着西洋礼服并从正门出入，朝方以这样的做法违反惯例为由拒绝了此次会面。就在一年前，森山还向外务卿建议与朝鲜交涉时应尽量保持"古风之体面"，现在他的态度却发生了如此大的转变。森山在出发前就表示自己要坚持身着西洋礼服，巴夏礼听说此事后非常担心，因为他知道这种做法是违反朝方惯例的。实际上，这件事也的确成了六月二十四日双方断绝交涉的直接原因。

正在双方为可否身着洋装而争执不下的时候，森山命令广津回国，请求外务卿寺岛以测量的名义派遣一两艘军舰过来，向朝方施加压力。在岩仓与大久保的许可下，海军大辅川村纯义（海军卿胜海舟已于明治八年四月辞任）应寺岛的要求派遣军舰"云扬"号与"第二丁卯"号前往釜山港，从五月下旬停留至六月中旬，其间进行舰炮发射演习，对朝鲜官民进行威吓。

返回长崎港后，"云扬"号又接到命令，在舰长井上良馨海军少佐的指挥下前往朝鲜西海岸至中国牛庄一带进行"航路研究"。九月二十日上午，"云扬"号在朝鲜首都汉城（今首尔）附近的江华岛海域放下小艇登陆寻找淡水时，遭到了江华府草芝镇炮台的炮击。井上当然也很清楚，草芝镇炮台是守卫首都入口的，在这座炮台前登陆就是明摆着在挑衅对方。于是，"云扬"号也开炮还击。双方的炮击战持续了一个小时以上。

井上意识到在江华岛登陆非常困难，于是在当天下午前往南方的永宗岛，对其东端的永宗镇炮台实施报复性攻击，并登陆破坏炮台。在夺取37门大炮、若干步枪及其他物品后，井上返回了长崎。永宗镇攻防战极为激烈，在战斗中，朝方士兵死亡35人，日方士兵死伤2人。以上就是江华岛事件的经过。

◇朝鲜开国◇

通过舰长井上发送的电报得知此事后，日本政府就先派遣军舰"春日"号前往朝鲜对"草梁公馆"和居留民进行保护。但政府内部在其后应采取的对策上产生了分歧，一时难以作出决定。

"出兵台湾"后，国内诸势力的不满突然大规模爆发。为了平息这种不满，大久保在明治八年二月的大阪会议上承诺恢复木户孝允与板垣退助的参议职位，并在四月发布的诏书中宣布逐渐建立立宪政体。其后，政府设立了元老院、大审院。元老院是立法咨询机构，大审院则相当于最高法院，因此可以说，这是向着三权分立踏出的真正意义上的第一步。然而在六月，大久保等人制定了《谗谤律》和《新闻纸条例》，试图将反政府运动彻底扼杀。因为这个原因，板垣甚至与身为复古主义者的左大臣岛津久光联手，企图进行政权改造，将参议与省卿分离开来。一直与板垣站在一边的木户这次选择与大久保合作，以解决眼前的问题。当时，"征韩"问题的热度再次高涨，在这样的状况下，在野"征韩派"与岛津联手夺取政权的可能性才是木户最为担忧的。

大久保通过太政大臣三条实美对明治天皇做工作。十月十九日，天皇以朝鲜事件为由下令终止板垣与岛津的政权改造方案。二人对此命令不满，于十月二十七日辞去职务。这样一来，大久保在面临对外危机时成功地借助天皇的权威排除了政权左右两极，并与木户合作建立了萨长藩阀政府。接下来只要解决朝鲜问题，他们所构建的政权基础就更加稳固了。

木户虽然希望作为使节亲自前往朝鲜，但因有病在身不得不放弃。最后，参议兼开拓长官黑田清隆被任命为正使，元老院议官井上馨被任命为副使。安排这个副使的作用与其说是辅佐黑田，倒不如说是为了防止黑田独断专行。在大久保与木户合作的形势下，这种萨长平衡的人事安排可谓绝妙。

明治九年（1876年）一月六日，全权大臣黑田一行从品川出发，于一月十五日抵达釜山。舰队包括2艘军舰和4艘运输船，船上共搭载809名陆军和海军士兵。与此同时，陆军卿山县有朋已经开始在下关进行出动陆军部队的准备工作，以应对随时可能发生的战争。

二月十一日，在日方以6艘舰船向朝方施加压力的同时，两国在江华府开始了全权交涉。同月二十七日，《日朝修好条规》按日方的计划顺利签署。该条规规定，朝鲜将釜山等地开放为通商口岸并与日本开始自由贸易，且日本在朝鲜境内的通商口岸享有领事裁判权。另外，根据八月二十四日双方签署的贸易规则的第七条，日方只需要缴纳极低的港税，而不需要缴纳海关税。

朝鲜问题的解决极大地提升了大久保所执掌的萨长藩阀政府的国内权威。宫地正人对此事的描述非常贴切："国家权力的确立自幕末以来就是一个根本课题。现在，虽然统治的正当性问题被搁置，这个根本课题算是暂且得到了解决。"不过，说到底也只是"暂且"而已。

3. 地租改正事业与农民

◇破天荒的"神田提案"◇

大久保利通在明治六年（1873年）十一月提交的意见书中表示，当下应当实施君主专制。他将这种专制态度坚决贯彻到底并完成了一项大事业，那就是地租改正。

下文会提到，在地方官会议决议通过后，太政官于明治六年七月发布了地租改正相关法令。而在这之前的明治五年二月，所谓"壬申地券"已经开始发行。该地券的发行是地租改正的前提和基础，具有划时代的意义。而提议发行地券的，是出身于美浓国不破郡岩手村（现岐阜县不破郡垂井町）的兰学家、旧幕臣——神田孝平。

说到"神田提案"，最有名的是明治三年六月的田租改革建议，但神田在明治二年四月时就已经向公议所提出了同一主旨的提案。根据议案录的记载，提案的主要内容如下：

> 废旧来税法、允田地买卖，准其沽券价值而收租税。若依此法，向来繁复之上中下田之别、石盛[6]及检见[7]自不待言，检地亦不复必需。田畑山野市井村落等一切地税归于一律、悉以金纳，且其沽券需有役所之印。

按福岛正夫的说法，允许土地自由买卖且对买卖地价课税的方式与沽券（地券）这种具体实施手段一起被提出，在当时是前所未有的。那一时期，减轻赋税和反对不公平待遇的呼声高涨。这种情况下，政府不敢实施总是伴随着增税的检地，已经陷入了束手无策的境地。打开这一局面的，就是地券发行。然而，由于这种方式过于超前，在当时遭到了很多反对，其具体实施不得不等到废藩置县的大变革之后。

神田这一提议的灵感恐怕来自旧幕府时代的沽券状（土

随着地租改正的推进，地租额后来也被记载在地券上。明治
二十二年地券废止后改为"土地台账制"
图8.7　地券

地所有证书），不过将其与地价赋税联系起来确实是神田的
独创。一直以来几乎不用交税的城镇地区的地券被课以券面
金额2%（后改为1%）的地租，而占总数大部分的郡村地券
上只记载了地价，并未标明地租。政府通过发行地券确认了
全国地价的税额，并计划制定具体的地租方案。明治五年七
月，政府公布了对所有土地（而不仅是进行买卖的土地）发
行地券的政策。

与新课税分离开的郡村地券由地方官发放给农民，这使
人们觉得农民的土地权利得到了保障。人们对地券政策的评
价很高，称其值得信赖。然而"壬申地券"有一个重大缺
陷，在其发行量尚未达到预定计划的半数时，政府即公布了
地租改正法，换为发行新的地券。

"壬申地券"的缺陷在于，对一直以来地域差异很大的租税不加变动，而在此基础上标明买卖地价。即使是产出量相同的土地，如果租税额的高低不同，其买卖价格当然也应当有所差异。地方官纷纷向大藏省租税寮提出，以这种地券作为将来课税的基准非常不合理。

要克服这一缺陷，就只有基于土地的生产力（收益）来规定地价，即采取收益地价的方式。纪州藩出身的神奈川县令陆奥宗光于明治五年四月曾提交过田租改正建议，而在该建议中已经有了上述的想法。同年六月，陆奥被提拔为大藏省租税头，负责制订地租改正计划。

◇未发布的"人民告谕书"◇

大藏省地方官会议于明治六年四月十二日至五月十二日召开，此次会议最重要的工作就是审议地租改正法令的草案。虽然发生了议长大藏大辅井上馨在会议中提交辞呈这一意外，但大藏省事务总裁大隈重信替补了议长之位，完成了草案的审议。

草案的通过得益于担任干事的租税头陆奥宗光的不懈努力，不过地方官们也在审议时积极提供了协助。因为他们知道，眼下呼吁减免租税的农民运动势头高涨，必须要拿出办法来解决这个问题。

明治五年，一揆、骚乱的发生次数为34次，从数量上看并不太多。但无论是抗议信浓川分水防洪工程造成负担的越后分水骚乱和反对废止"大小切租法"（一种独特的低税率金纳制度，据说是武田信玄时代以来最低的税率）的一揆，还是要求减税的丰后大一揆，都是有数万人参加的大规模农民运动。明治六年，农民运动的数量又开始回升，六月甚至爆发了30万人参加的规模空前的筑前竹枪一揆，此次一揆造成官吏、农民和士族共40人死亡。

明治六年七月二十八日，地租改正法令公布，法令作出了以下三点规定：（1）以土地调查的数据为基准发放地券；（2）地租额为核算地价的3%；（3）地租以现金方式缴纳。另外，在太政官布告附文《地租改正条例》第六章中还作出了一个很特殊的规定：随着将来烟草等物品税率的增加，地租将减至1%。在试图取回关税自主权的条约修订无法顺利进行的状况下，这其实是想减轻但又无法减轻农民赋税的大藏官僚们所采取的一个苦肉计。

然而，在大藏省内部还存在一份虽然已经撰写完毕但最终未能发布的"人民告谕书"。与实施强制检地的地租改正不同，该告谕书的宗旨是在取得人民的充分理解及支持的基础上推进改革。告谕书的开头部分尤其耐人寻味：

　　人民聚于一方而成群，言语风俗相同，此谓之国。

国必有政府。随人民一统之好，立规则、布法令，达其好，此为设政府之初衷也。其政府官员以人民一统总代之立场行事。……设此等役所则需若干费用。此费用既为国内人民一统而消费，国内人民一统各为分担自属当然，正如一村之费用由村中分担、一郡之费用由郡中分担。此分担金额名为租税。故此租税分割之法不应一方偏重、一方偏轻，而应以公平正当之方式分割。此为本文之主旨也。

上文主张政府官员不过是"人民一统总代"，政府是因"人民"而存在。这是与批判有司专制的"民选议院设立建白"相同的近代国家论。而此处的租税论则以这样一个近代国家为前提，阐明了近代租税制度的本质。

在当时的大藏官僚中居然有人能写出这样一份告谕书，着实让人惊讶。不过更重要的是，正是因为这些内容，才有了告谕书最终未能发布的这样一个事实。各府县地方官撰写、发布的地租改正告谕书都以此"人民告谕书"为原型，但开头关于国家论、租税论的内容几乎都被删除。

"人民告谕书"未能发布，预示着地租改正法令中的近代租税制度——收益地价法在后来实施过程中的倒退和变质。

◇收益地价变质为"押付反米"◇

根据地方官心得书中记载的第一个检查实例，收益地价是这样计算的：将1反步[8]（约1000平方米）水田的产量换算为金额，从中扣除稻种和肥料的成本以及地租和村入费[9]后，得出纯收益，再除以当地通行的利率，即为收益地价。在这里，必要成本只被定为产出总价值的15%，人员和农具的费用并没有考虑进去，而且利率也定得比实际上低，如此计算出的地价自然会偏高。可以看出，这种计算方式有不少缺陷。从该检查实例来看，用每一反的产出总价值乘以8.5这个固定值，则直接得出了地价。

$$X(地价) = \frac{P(米产量 \times 米价) - 0.15P(种、肥成本) - \left\{ \frac{3X}{100}(地租) + \frac{X}{100}(村入费) \right\}}{0.06(利率)}$$

$$\therefore X = 8.5P$$

图8.8　第一个检查实例（自耕地）

虽然有这样的制约，但如果以农民准确的申告为基础来计算每一反的产量并加以累积，算定的地价是完全可能准确反映出土地收益的。然而，从截至明治七年年末的改租状况（正在进行的有36府县，为全府县之半数；已经完成的有2县1郡）来看，预计新地租额将比旧租额少约600万圆（约16%），减少幅度非常大。了解此情况后，政府决定彻底转变当时的实施方法。

萨摩藩士。无论是作为政治家还是作为财政家，人们对其的评价都很高

图8.9 松方正义（1835—1924年）

明治八年（1875年）三月，政府决定将一直以来由大藏、内务两省分工进行的地租改正事务统合到一起。同年五月，大权在握的地租改正事务局成立，参议兼内务卿大久保任总裁，参议兼大藏卿大隈任御用挂，三等官僚松方正义（大藏少辅兼租税头）与前岛密（内务少辅）——尤其是松方——担任事实上的领导者。

同年七月，政府制定出地租改正条例细目，"地位等级制度"开始适用。根据该制度，中央将直接给地方规定平均反产量的"目的额"（"内示额"），而其目的是避免减租。同年十月，事务局发布公告表示，若地租改正事业进行得不顺利，将改为依照检见法收税。之所以会发布这样一个带有强迫性质的公告，是因为事务局想消除农民的抵制情绪。

所谓"地位等级制度"，是在土地丈量结束后，先确定各郡、各村、各户耕地的相对等级，接下来确定平均反产量并依次将其分摊到下一级。同时，府县层级所确定的平均反产量不得低于地租改正事务局规定的"目的额"。在冈山县、德岛县等地，一些不配合中央政策的地方官被撤换。

从中央到地方赴任的官员大部分都忠实执行中央的方针，并想方设法将其强加给地方的民众。比如，石川县令为了让村总代接受中央的"见据"（地价查定），对其进行了这样一番恐吓：

> 官之见据不可更改。纵令富士山崩，见据亦不变；纵以铁锤击之，见据亦不碎。既如此则必受之。若不受，则必遭太政官及首引之惩罚。其惩罚之法乃堂堂政府所定，非卑微人民所能预料也。不受此见据则为朝敌，必赤裸流放至外国。

若将这段话与前文中引用的"人民告谕书"中的语句进行比较，则不难看出，当初大藏省租税寮的官员所构想的近代租税制度最终被扭曲到了何种地步。该制度因反产量以这种方式决定，所以被称为"押付反米"[10]。这种"押付反米"制度充分体现出了地租改正政策的本质。

◇ 地租应当归谁？◇

从明治八年（1875年）下半年开始，改租工作的强制性色彩越来越浓厚，同时，其推进节奏也大大加快，这使当权者与农民之间的矛盾日益尖锐。明治九年，茨城县真壁暴动和以三重县为中心的伊势暴动爆发，政府出动军队才将这些大规模的运动镇压下来。政府担心农民运动与士族叛乱这两股力量汇合到一起，于是在明治十年一月发布公告，将地租率从3%（3分）降至2.5%，勉强平息了反对的浪潮。斗争没有局限于仅反对高额地租，而是继续发展，开始反对"政府将地租强加给农民"这件事本身，并逐渐与呼吁开设国会的自由民权运动合流。

对于改正地租的历史本质，一直以来有两种相互对立的观点。一种观点认为改正地租是近代租税，而另一种观点认为改正地租是资产阶级革命以前的半封建租税。在这里无法对此争论进行深入探讨，但我们必须回到原点来看"资产阶级革命"这个概念。资产阶级革命的目的在于创造出一个能够保护国民（以资产阶级为代表）私有财产权的国家权力。这时，我们就需要好好思考一下约翰·洛克的这几句话："无论何人，若在未得人民同意的前提下企图倚仗自己的权威以获得向人民征收租税的权力，他就违背了所有制度的根本法，也将对政府的公信力造成损害。"（《市民政府论》）

在英国的清教徒革命中，国王与议会之所以会产生对立，究其原因，在于一方认为国王有权力支配臣民的财产，而另一方认为国民的私有财产权是不可侵犯的。双方"全部冲突的核心"就在于此（A. L. 莫顿，《英格兰人民的历史》）。洛克主张私有财产由个人以自身的劳动对自然的一部分进行加工而得来，并以此理论作为私有财产不可侵犯论的基础。洛克认为，既然自己的劳动属于自己，那么通过这样的劳动获得的物品自然也应当归自己所有。

当然，实际的所有状况并不会这么简单。不过就资产阶级革命时期而言，在劳动基础上对私有财产权的主张，对于仅控制土地的封建领主是一种极其强烈的批判。

如此看来，地租到底属于什么性质，其实取决于由谁来决定其形式。只要地租由专制政府单方面施加给农民，那么即使农民在缴纳税金后自己还有所剩余，这种地租的本质也与"近代"无缘。对于国民而言，无论在经济上如何富足，如果无法靠自身的力量来决定租税的形式和政府的政策，他们就没有资格被称作"近代市民"。

从这个意义上来讲，若将自称君主专制的大久保独裁体制放在世界史范围内进行比较，确实是一种类似于资产阶级革命前的君主专制政体的权力形态。然而，从世界史发展阶段的角度来看，大久保独裁体制又与英法等国的古典君主专制有着巨大区别。这一体制在自由民权运动开始时即有吸收引进资产阶级议会制的倾向，它在对抗列强外部压力的同时，又以政策推进机械化大工业的移植。或许应当说，这是一种具有"日本特色"的君主专制制度。

译者注···

1. 一种细筒裤，自江户时代起多为工人、农民等穿用。

2. 李仙得（Charles William Le Gendre, 1830—1899 年），美国外交官，原籍法国，曾担任美国驻厦门领事。后经日本人推荐，出任朝鲜外务协办和内务协办。

3. 日本记为"社寮"，位于中国台湾省屏东县车城乡射寮村。

4. 又称《中日北京专条》。1874 年春，日本发兵侵犯中国台湾，遭高山族人民顽强抵抗，清政府亦调兵增援，全面布防。日本转而与清政府会谈，清政府代表在英国驻华公使威妥玛的压力下妥协。10 月 31 日，恭亲王奕訢与日本特使大久保利通在北京签订本约。主要内容为：日本退兵；中国允给"抚恤"银10 万两，赔偿日本在台"所有修道、建房等件"银 40 万两；中国承认日本此次侵台为"保民义举"，给日本此后正式兼并琉球以口实。

5. 朝鲜和韩国均称此次事件为"云扬号事件"。两国都认为，"云扬号事件"是日本军舰"云扬"号在航行途中打着获得饮用水的旗号，在没有任何通告，也没有升起日本国旗的情况下，对朝鲜领海江华岛草芝镇前海进行非法侵犯，致使朝鲜士兵自卫炮击的事件，是日本为了打开朝鲜国门而蓄意谋划的一次侵略战争。

6. 估定土地产量以作为征收年贡的基准。

7. 稻米收获前，官员实地对收获量进行检查以确定年贡额。

8. 同"反"，日本土地面积单位。

9. 一村运营所需费用，由村民分摊。

10. 日语中"押付"为"强加""强迫"之意。

第 *9* 章

资产阶级的诞生

1. 自力经济建设路线

◇贸易赤字的累积◇

　　幕末的贸易收支状况连年黑字。与此相反，明治初年的贸易（见图9.1和图9.2）却连年大幅入超，赤字累计额按日本当时的经济实力来看已经相当高。

　　不过，关于实际赤字累计额究竟达到了多少这个问题，由于当时的贸易统计不甚准确，所以笔者在这里就使用《长期经济统计14》中引用过的建元正弘的修正数据。从明治七年（1874年）开始，采用金本位的国家逐渐增多，因此，世界范围内的银价都开始下跌。在日本，即使是同样面值，金币和银币的价值也出现了差异。然而在当时的日本，贸易统计的方法是与金币国家之间的进口贸易额用金币计算，与银币国家之间的进口贸易额用银币计算，最后再

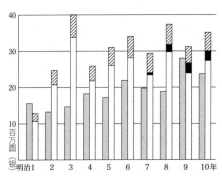

左侧为出口额，右侧为进口额；斜线为换算为到岸价后的变动部分，黑色为将金银币混合计算统一为用银币计算后的增加值

图9.1　明治初年进出口额（全国）

将数据综合在一起。而建元统计法的第一点，是对于所有的进口贸易都采用与出口贸易相同的计算方式，即全部用银币计算。其计算结果，就是原史料中的5762万圆赤字（明治元年至明治十年）变成了6570万圆，增加了808万圆。

建元正弘还认为，由于当时的进口贸易额统计不是基于到岸价而是基于离岸价，因此在计算入超额时必须加上运费和保险费。若根据此方法即建元统计法第二点进行计算，前文中十年间的赤字累计额竟然增加到了1.088亿圆。

明治三年与明治六年的外债发行额总计不过340万英镑（约1660万圆），由此可推算出庆应三年（1867年）年末日本国内的金银币总额1.0367亿两到明治十年的时候几乎已经尽数外流。不得不认为，贸易赤字让明治初年的日本经济陷入了更加困难的境地。究竟为何会这样？在如此窘迫的状况下，日本经济又是如何实现近代化的？

首先来看

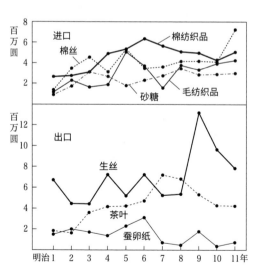

图9.2　明治初年主要进出口商品（全国）
[资料来源：《横滨市史》资料篇2（增订版）]

看贸易的具体内容。在图9.2所示的主要商品中，纤维制品
和砂糖等商品的进口额在逐步增加。在图9.1中，明治三年
（1870年）和明治八年的进口额尤其高。明治三年时是米谷
拉高了进口额，明治八年时则是兵器和汽船。其原因是在这
两个年份的前一年，即明治二年和明治七年分别发生了粮食
大减产和"出兵台湾"事件。在图表上还有一点值得注意的
是，传统棉纺织业的强敌即进口棉纺织品的增加在明治六年
时停止，之后棉丝进口额开始增长，并在明治十一年时超过
了棉纺织品进口额。在邻国中国并没有出现这样的逆转，为
何在日本却发生了这一现象呢？笔者在下文中会提到，明治
七年至八年时，由于世界性经济危机，棉丝价格大幅下跌。
于是，国内的传统棉纺织业开始借助进口棉丝东山再起，并
自此进入了一个新的发展时期。

　　在这一时期，出口商品以生丝和茶叶为中心，排在第三
位的蚕卵纸的出口额从明治七年（1874年）开始呈大幅下降
趋势。当时，法国科学家L. 巴斯德为了防治蚕微粒子病，想
出了一种将母蛾单独分开产卵并进行检查的方法，意大利、
法国两国的种蚕业、养蚕业因此得以复苏，而这就造成日本
的蚕卵纸出口量下降。与此同时，意法两国的机械制丝业也
恢复了活力。幕末开港以来，日本的手摇生丝一直被当作意
法机械制生丝的替代品，而在这一时期，日本生丝陷入了严
重的出口停滞。

于是，在明治七年至明治八年这段时间，就发生了对美茶叶出口的繁盛弥补了生丝出口的衰退、茶叶出口额超过生丝出口额的这样一种空前绝后的状况。不过，此后茶叶出口陷入低迷，生丝出口的恢复情况又左右了贸易平衡。下文将会提到，明治七年至明治八年正好是手摇缫丝得到改良并开始艰辛地向机械制丝转变的时期。

◇排除外资的路线◇

明治七年（1874年）二月十四日的《东京日日新闻》上有这样的记载："横滨陷入开港以来未曾有之大不景气，舶来品价格仅为前年1/3，然更无买家光顾。"二月二十八日，该报又对神户港做了这样的报道："贸易商人及杂货铺的数量不断减少，其他交易也大不如前。"从这些事例可以看出，贸易赤字的不断增加造成了日本对外国商品购买力的下降。

为了解决这个问题，在日本的外国人异口同声地建议政府引进外资，以此加强经济建设。比如，明治五年受日本政府雇用来到日本的法国法律学家G. 布斯克就在其撰写于明治十年的著作《日本见闻记》（野田良之、久野桂一郎译，美篇书房）中提到了日本的贸易赤字和财政赤字，并且在书中做了如下论述：

　　……也就是说，日本失去了积累的资本，目前的交换手段所提供的补给也并不充分，因此陷入了无法开发自己国土上的天然资源的状况。那么，日本会永远处于这种停滞状态吗？不，绝对不会。解决问题的方法其实一目了然，非常简单。日本缺乏的是工业资本，如果国内没有，就必须到其他地方去找。日本应当向欧洲的资本求助。我衷心希望日本能像曾经的欧洲在印度、澳大利亚、巴西和其他地方所做的那样，开拓一片自己的新天地。

　　紧接着，布斯克又阐述了日本政府认可外国人对矿山等产业进行直接投资的必要性。对于这一点，来自美国的开拓使顾问H. 卡普隆也表达过同样的意见。受大藏省雇用、担任银行业务指导工作的英国人A. A. 夏特也是一个外资引进论者。缺乏资本积累的落后国家想要进行工业化，理所应当要依靠外资——这在当时可以说是个世界性的常识。况且，江户时代遗留下来的经济遗产——金币和银币中的大部分已经流失，在这样的危急状况下更应当引进外资。

　　然而，大久保等日本政府首脑的方针是排除外资，依靠自身的力量进行经济建设。在明治六年十月的反对"征韩"的意见书中，大久保对发行外国债券可能带来的对外从属的危险性做了如下叙述：

> 亚细亚洲中，英国所占之地跨越诸州，殊为强盛。国民移住后，又屯兵泛舰以备卒然不虞之变，且有虎视眈眈、朝告夕来之势。然今我国外债多依赖于英国，若今吾国生不虞之祸难，陷于仓库空乏、人民贫弱之困境，无力偿还其负债，英国必以之为口实，如此终招致关乎我内政之祸，其弊害之深难以言表。

于是，自明治三年与明治六年在伦敦发行两次外债后，直到中日之战[1]结束，日本政府都没有再发行外债。

对于外国人在日本的直接投资，政府在原则上是禁止的。当然，政府仍然允许对居留地的直接投资。居留地内建设有众多的茶叶加工厂和造船所等设施。现在的麒麟啤酒[2]便是由W.科普兰于明治三年在横滨兴建的酿造所发展而成。但是，外国企业超出居留地的范围进入内地是被禁止的。

欧美人最乐于投资的两项产业是铁道建设和矿山开发。在铁道建设方面，如前文所述，政府用募集外债的方式筹措资金以雇用外国技术人员来修建铁路，避免了外国直接投资。在矿山开发方面，旧肥前藩主锅岛直大于明治五年三月提出申请，希望能与荷兰贸易公司共同经营高岛煤矿，但政府当即发布《矿山心得书》，拒绝了这一申请。政府主张"矿山只能交给日本人经营"，这样一种"本国人主义"在当时的世界范围内都极其罕见。明治六年（1873年）七月发布的《日本坑法》中对这一点做出了明确规定，高岛煤矿于明治七年一月被收归国有。

政府之所以全力阻止外资插手高岛煤矿的经营，是因为如果这一点没有守住，外商内地通商禁止政策就可能会全面崩溃。一旦认可外国直接投资，那么必然就要许可相关的外国企业家和技术人员在内地展开营业活动。而且，根据最惠国条款，赋予荷兰人的权利也会立刻对其他国家适用。

尝试侵入内地的外商不仅拥有雄厚的经济实力，还有领事裁判权这个保护伞。这些实力雄厚且有治外法权保护的外商如果超出居留地的边界侵入内地，极有可能导致弱小的日本商人被国内流通机构拒之门外。

依据明治六年二月发布的《生丝检验公司规则》，政府指导横滨生丝经销商和地方生丝商人组织成立了生丝检验公司。成立该公司表面上是为了杜绝粗制滥造，真正的目的其实是防止外商侵入内地。日本政府尝试以此将生丝出口的渠道单一化，即统一为"生产者—地方检验公司—通商口岸检验公司—居留地外商"的流程，力图将外商的活动限制在居留地内。但外商和外国公使认为生丝检验公司本质上是违反自由贸易原则的"丝绸公会"，因此发起了强烈的抗议，这导致政府不得不宣布入社退社自由及交易自由。然而，政府其实已经向各地方检验公司下达了禁止直接与外国商人（及其下属人员）交易的命令。

◇悄然进入的外资◇

尽管政府为了排除外资做了各种限制，但外资还是以各种形式悄然流入了资金缺乏的日本国内。说是外资，其实也只有前文提到过的在世界金融中心伦敦募集的两次国债，其投资主体是通商口岸的外国贸易公司和贸易银行。

由于庆应二年（1866年）的经济危机，一直以来依靠自营交易获取了巨大利润的大型贸易公司中也出现了登特商会这种破产的案例。明治四年（1871年）架设至长崎的海底电缆为赚取佣金的中小型贸易公司提供了便利，同时加剧了各贸易公司之间的竞争。而激烈的竞争也使外商们走出居留地的冲动更加强烈。

明治六年，横滨的德国贸易公司科尼弗雷尔商会派遣其在日本的代理人前往上州收购蚕种，但货物被政府扣留。此次事件之所以会发生是因为该公司代理人在公开场合宣称自己被外商雇用，实际上，外商以这种形式从产地收购货物的事例可能数不胜数。根据在横滨最大规模的茶叶经销商大谷嘉兵卫商店工作的山口金太郎（明治六年生）的说法，大谷于明治元年从史密斯·贝克商会独立出来自己开店，但其后仍然担任着该商会的番头[3]，并将大谷商店的大部分进货都售给了该商会。这种经营形态大谷一直保持了很久，其形式其实类似于中国的"买办"。根据这种情形几乎可以断定，大谷使用的是外商的资金。

　　某些外商的投资额甚至超过了100万美元，其中一例就是怡和商会对高岛煤矿的投资。该商会横滨分店的E. 维塔尔擅自挪用从香港总部送来的进口货品销售款，将这笔钱借贷给了后藤象二郎与鸿池等大阪商人合作设立的金融商业机构蓬莱社。仅明治六年年内，借款金额就达到了150万美元。然而，蓬莱社不断亏损，维塔尔极其担心借出去的钱收不回来。明治七年十一月后藤将高岛煤矿买下后，维塔尔应后藤的请求不断增加新的融资，试图从煤矿利润中收回借款。

　　但是，他们的计划并没有成功。根据怡和商会方面的计算，明治十一年时借给后藤的总金额超过了130万美元。最终，商会香港总部不得不出面发起诉讼。用于购买采矿机械及薪金支付的金额只占借款总额中的很少一部分，其余大部分被蓬莱社用于返还从怡和商会以外的地方借的旧债，再加上火灾与暴动频发，导致怡和商会根本无法收回借款。

　　但是，案件开始审理后，高岛煤矿违反《日本坑法》的事实浮出水面，怡和商会一时陷入了尴尬的境地。后来在大隈重信的斡旋下，岩崎弥太郎于明治十四年三月买下高岛矿山，怡和商会拿到20万美元现款，这起事件才终于得到了解决。怡和商会在高岛的投资因日本的外资排除政策而碰壁，最后以失败告终。其后，该商会以香港、上海为主要据点，开始在中国推进多元化经营。

◇民营事业扶持政策◇

那么，将外资排除以后，政府又该如何进行自力经济建设，使日本能够跻身世界市场呢？以内务省劝业寮为核心展开的新政策的特征，是以振兴出口、减少进口为目标，大力发展民营事业。工部省的政策一直以来以国营事业为中心，而现在的新政策则是一次大幅度的方针转变。

一直以来，铁道建设都是国营事业的中心。继东京—横滨间铁路开通后，明治七年五月，大阪—神户间铁路也开通了。明治十年二月（该月西南战争爆发），大阪—京都间铁路开通。但明治八年以后，铁道建设经费急剧减少。从明治八年一月的大隈建议中可以看出，在政府内部有很多人主张应该优先发展近代化海运，而不是把精力放在铁道建设上。后文中所提到的"三菱保护政策"在此时开始逐渐推进。那段时间，政府甚至承诺将东京—横滨间铁路转让给华族建立的"东京铁道组合"（明治九年八月签约，其后取消）。

其后，工部省事业的中心转移到了矿山。釜石铁矿山开始了新高炉的建设，同时，三池煤矿的采矿工作也进入了正轨。虽然曾经把开采重点放在非铁金属矿山上，但现在工部省意识到了"铁与煤矿"的重要性，与之相关的兵库、长崎造船所和东京的赤羽工作分局也得到了扩充。

　　与此同时，内务省直营事业则以农牧业和农产品加工业为主轴。在农牧业方面，内藤新宿（东京）试验场致力于果树、谷物、蔬菜的试种植和配发；下总牧羊场则尝试进行美利奴羊的繁育，力图能够与进口羊毛制品展开竞争。在农产品加工方面，内务省接手了原属大藏省管辖的富冈制丝厂，并新设立了新町（群马）屑丝纺织所、千住制绒所、爱知纺织所、广岛纺织所和纹鳖（北海道）制糖所。

　　然而，这些工厂只不过是对欧美技术进行机械的模仿，仅在制丝和纺织领域多少发挥了一些将技术引入民间的作用。在技术水平的提高这一点上，我们更应当注意到，内务省下辖府县的劝业场等机构促进了国内最高技术水平的迅速传播。比如，西阵和桐生的纺织技术、群马和福岛的养蚕技术、宇治的制茶技术，都通过各府县迅速地向该技术相对落后的地方进行普及。正是因为日本成了统一国家，才使这样的状况成为可能。

　　这一时期的另一个特征，就是政府面向民营企业或个人制定了多种贷款政策，而其中心，就是源于"准备金"的公司、个人贷款（见表9.1）。位列公司贷款金额第一位的三菱公司是大久保"海运助成策"的扶持对象，位列广业商会之后的四家企业未经中介即拿到了直接出口资金贷款，上毛茧丝改良公司与日本商会则通过横滨正金银行获得了直接出口资金贷款。不过，除了三井物产，政府借给其他所有企业的

表9.1 准备金的民间融资

单位：圆（%）

融资对象		时间	融资额（返还率）
企业	三菱公司	明治八年—明治十二年	2479940（77）
	广业商会	明治十年—明治十三年	670000（10）
	三井物产公司	明治十年—明治十三年	625000（85）
	起立工商公司	明治十年—明治十三年	310000（3）
	新燧社	明治十年—明治十三年	310000（34）
	东京汇兑公司	明治十年—明治十三年	300000（9）
	上毛茧丝改良公司	明治十四年	300000（—）
	日本商会	明治十四年	262004（—）
	其他共计（33笔）		7339697（49）
个人	五代友厚	明治八年—明治十二年	690660（8）
	涩泽、益田、原	明治十年	500627（37）
	岛津忠义	明治十二年—明治十五年	251062（100）
	岩仓具视	明治九年、明治十年	240000（100）
	川崎八右卫门	明治九年	200000（100）
	田中平八	明治九年	186000（98）
	后藤象二郎	明治八年	150000（100）
	笠野吉次郎	明治十二年	150000（100）
	其他共计（25笔）		3199508（64）

资料来源：石井宽治《日本经济史》，一部分数据有修正。

注：其他还有经由府县渠道的17笔共81万圆及经由银行渠道的26笔共4164万圆融资。

贷款最后几乎都成了呆账。拿到最大金额个人贷款的五代友厚是萨摩出身的政商，他依靠与大久保的私人关系，以无利息的方式借贷到了大制蓝所朝阳馆的50万圆创设资金。涩泽荣一与益田孝、原善三郎三人的贷款是在横滨处理过剩出口蚕种时所需的紧急资金。岛津忠义的贷款则用于鹿儿岛县的矿山开发。

可见，虽然准备金贷款的一部分到了豪农阶层的手上（比如群马县蚕丝农民建立的上毛茧丝改良公司），但其中的大部分还是集中到了与政府高官有私人关系的某些政商手上。当然，获得了政府资金的政商们情况也各不相同，有的成功，有的失败。之后，笔者会举几个例子来讨论这一点。不过在这之前，我们先来看一个特例——北海道。就一个地区而言，北海道获得了巨额资金投入，其开拓使事业受到了政府的特殊对待。

◇曲折的开拓使事业◇

黑田清隆于明治三年（1870年）被任命为开拓次官（明治七年八月升任长官）后，一方面，依靠鹿儿岛出身的官僚巩固开拓使的地位；另一方面，从美国聘请以卡普伦为首的顾

左起第二人为卡普伦，来到日本时已是68岁高龄

图9.3 卡普伦（1804—1885年）

问团，并在顾问团建议下推进开拓事业。

出于针对俄国的国防上的考虑，政府非常重视北海道开发，决定在明治五年至十年期间每年投入100万圆政府资金。直到明治十五年被撤除为止，开拓使总共从辖区内的渔民手上征税685万圆，并总计投入了2000万圆以上的事业投资。

一开始，黑田为了做好准备接纳移居者，致力于土地测量、道路建设等基础工程。但在明治六年十一月，他无视卡普伦的抗议，宣布基础工程告一段落，然后开始把精力转向以国营事业为中心的产业振兴。这是因为财政的紧张状况迫使黑田不得不尽快拿出开拓的成果。其后，卡普伦于明治八年五月末回国。

开拓使于明治九年设立札幌农学校和官园（农事试验场），并聘请美国化学家W. S. 克拉克前来任教。开拓使利用这些设施进行技术人员的培养和西式农业技术的引进，同时还设立了啤酒厂、制粉厂、精糖厂和制麻厂，并在矿山开发及铁道建设领域投入了巨额资金。尽管如此，开拓使所取得的成果却并不多，后来发生的"廉价转让"事件还引发了明

桦太阿伊努人因《桦太千岛交换条约》而移居到札幌近郊，克拉克博士对这一人群颇为关注

图9.4　阿伊努人与克拉克博士（1826—1886年）

治十四年的政变。

从旧幕府时代开始，由于日本商人和渔业家的残酷剥削，阿伊努人的人口一直呈减少的趋势。而现在，阿伊努人又碰到了开拓使实行的严格的同化政策，比如使用日语者获得奖励，以及禁止使用毒箭等。根据卡普伦的开拓构想，日本渔业家们的活动本来也是振兴的对象，但自明治六年十一月政策转变之后，开拓使就将渔业从产业振兴的对象中剔除并在货物流通上加强了管制，比如让广业商会独占海带的出口等。如此一来，日本渔民对于发展的期望就在开拓使事业面前化为了泡影。

2. 政商的沉浮

◇何谓"政商"？◇

在政府的殖产兴业政策下所获利益最大的群体，就是所谓的"政商"。山路爱山在其所著《现代金权史》（明治四十一年出版）中写道："政府出手干涉以图民业发达之时，人民之中自然诞生一阶级，我等姑且称之为'政商'。"这是第一次有人有意识地对"政商"一词下定义。

山路认为政商是一个很独特的存在，在中国没有政商，在江户时代的日本也没有政商。如果将"政商"一词理解为

"与政府有某种特权上的关联并以此为基础展开活动的前期资本家（商人、放高利贷者）"，那么可以说这一群体与西欧君主专制时期出现的初期垄断商人的性质基本相同。

在政商之中，既有三井、小野和住友这种从旧幕府时代就已经积蓄了巨大资本的，也有三菱、五代、安田、古河和大仓这种在幕末维新时期突然崭露头角并一跃成为富商的。不管怎么说，在本书所探讨的明治初年乃至整个明治前期这段时间，是政商活动的鼎盛时期。一部分政商实行多元化经营，最终成长为财阀；另一部分政商则在经营上遭遇失败，最终衰落。

在当时，人们又是怎么称呼政商的呢？虽然在这方面的研究还不够充分，但一般认为使用最广泛的称呼是"御用商人"。

比如明治十九年（1886年）五月二十一日的《朝野新闻》在论及"官有物转让"一事时如此记述道："此事业繁昌者即世间所谓'御用商人'，其或受政府保护，或借用官金，此类事业家超出世间常规之外，以政府为其商业之源泉。"《国民之友》191期（明治二十六年五月出版）上刊登了一篇题为《议员与御用商人》的报道，文章认为御用商人"勾结高官以轻松获得巨额利润"，还在国会开设后巴结议员，试图与之结伙。"御用商人"这一称呼是江户时代的用语的变体，三井组、小野组被称为"明治政府御用达商人

之核心"（《太阳》第三卷第七号，明治三十年四月发行）
也是类似的情况。

说到新称谓，还有一些例子。在明治十四年八月的一场
批判开拓使"官有物转让"政策的演讲会上，福地源一郎使
用了"宠商"一词。福地在演讲中指责某些人"将我国民之
共有物无偿让与一二宠商，或低价卖与一二商会"。更有意
思的是德富苏峰在明治二十一年（1888年）二月至四月连载
于《国民之友》的"田舍绅士"论中使用的"世之所谓电气
商人"这一表达。德富将"获得政府许可"比喻为"接收到
一股电流"。当时电灯刚开始普及，从这个侧面也可以想象
出人们在明亮炫目的灯光面前那种惊诧不已的模样。

但是，也并非没有人使用"政商"这一称谓，如《国民
之友》295期（明治二十九年五月出版）上的一篇名为《政
商之弊》的文章。该文章批判了一些人在担当皇室财产转让
的中介时从中牟利，并把这些人称作"政商"。不过，此处
的"政商"指的是中介人，而并不是指接受转让的三菱（岩
崎）。所以，从这一意义上来讲，"政商"一词应当还是山
路爱山的原创。

在下文中，笔者将以代表性的政商三井和岩崎为例，将
二者分别与小野和五代对比，探究其得以发展壮大的条件。

◇三井组对小野组◇

直到鸟羽、伏见之战开始前，三井家同时与幕府和朝廷接触，并分别向双方提供资金。其后，三井家明确表态支持新政府，且于庆应四年（1868年）二月与小野家、岛田家共同组成了新政府的会计事务局为替方[4]，协助政府推进"会计基立金"的债券募集及发行"金札"等工作。正是因为得到了他们的支持，维新政府才获得了压制旧幕府的力量。

三井家、小野家、岛田家均以京都为大本营展开多种多样的商业和金融业活动，但在幕末时期，这三家的经营状况并不算太好。在财力上，以大阪为根据地的鸿池家情况要好得多。鸿池家虽然与一些大阪商人共同为"会计基立金"的债券募集提供了协助，但其态度非常消极。这恐怕是因为鸿池家的主要业务本来是向大名放贷，其经营已经与幕藩统治体系一体化，所以比三井家等豪商对幕藩体制的依赖程度更深。鸿池家在获得新选组庇护的同时为后者提供资金援助的状况绝对不是偶然。作为走

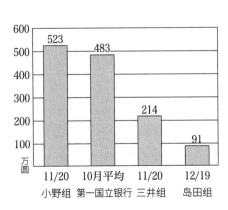

图9.5 政府存款额的比较（明治七年）

政商路线的后来者，鸿池家设立了第十三国立银行（明治
三十年改称"鸿池银行"），保住了其全国数一数二的豪商
的地位，但之后，其地位的降低仍然无法避免。

三井、小野、岛田三家加入维新政权在当时是一场豪
赌。不过，随着维新政权的统治逐渐稳固，组成为替方的这
三家豪商获得了保管和运用巨额政府资金的机会。在政府资
金的使用上最为积极的是小野组。根据维新政权最初的财政
负责人由利公正的回忆，鸟羽、伏见之战开始时，小野家番
头西村勘六被选为军资金相关事项顾问，其后，他将三井、
岛田两家也邀请了过来。于庆应二年（1866年）被三井家雇
用，担任维新时期三井家政商活动总责任人的三野村利左卫
门此时正在江户管理三井御用所及处理幕府相关业务，所以
并不在京都。

从图9.5可以看出：明治七年十月至十一月的政府资金存
储额以小野组为最高，甚至超过了第一国立银行；三井组仅
位列第三，且与第一位、第二位有很大的差距。这不仅是由
于三井组的大藏省为替方的位置被第一国立银行抢走，还因
为在府县为替方的业务方面，三井组也大大落后于小野组。
明治六年左右的府县为替方状况如下：三井组二府13县；小
野组26县；三井、小野共同出资1府2县；岛田组4县。从以
上数据可以看出，小野组具有压倒性的优势。

另外，小野组对政府资金等资源的运用方式也是最为多

元的。虽然它和三井组都经营大规模的米谷、生丝贸易，但唯独小野组对机械制丝业和矿山业进行了积极的资金投入。

明治三年十月，在番头古河市兵卫的建议下，小野组雇用了刚结束前桥藩营机械制丝厂的设立、指导工作的瑞士工程师C. 米勒，在东京筑地入船町建立了可容纳60名缲丝工人的意大利式机械制丝厂。该厂是第一座民间设立的西式制丝厂。其后，小野组又依靠自己的力量在福岛二本松及长野县各地设立了若干机械制丝厂，并向它们提供资金援助。

小野组对东北地区矿山的投资也颇为积极。小野一族中的键屋权右卫门家曾经是南部藩釜石矿山的御用商人，从幕末时期开始就一直是该矿山实际上的经营者。维新后，组建了小野组的井筒屋善助家（以及助次郎家、又次郎家）则从明治五年十月开始就向横滨进口商人冈田平藏经营的阿仁、院内（位于秋田县）等诸多矿山投入资金。明治七年一月冈田突然死亡后，小野组丝店的古河市兵卫则负责对这些矿山进行直接经营。后来"矿山王古河"的诞生，可以说就是得益于此时积累的经验。

而三井组对资金的运用则是以向商人等群体放贷为重心。迄今为止有很多研究都基于这一点，认为与小野组和岛田组的粗放经营相比，三井组的经营方式要踏实得多。但据三井组东京店负责人回忆，贷款业务实际上是"因为有很多钱，所以就硬着头皮拿出来放贷。这些贷款根本无法固

定下来"。由此可见，
三井组的经营也是相当
粗放的。根据明治八年
（1875年）六月末的调
查，若不算上353万圆
的坏账，三井组就只剩
下了巨额的负债，可以
说经营情况十分严峻。
如下文所述，第一国立
银行在明治七年二月与
十月的"官金抵押增额

图为幕末三井家家主高福及其起用的汇兑商
三野村

图9.6　三井高福（右）与三野村利左卫门（左）

令"发布后，立即将明治六年年末还有600万圆以上的政府
存款通过贷款回收等方式一口气减少到200余万圆。不得不
说，这种应对方式是完全错误的。

◇三井组存活的关键◇

　　明治七年（1874年）十月的"官金抵押增额令"造成
了小野组和岛田组的破产。该命令将同年二月定为公款储蓄
额1/3的抵押额增加到与全部存款金额相当，且将缴纳期限
定为同年十二月十五日，条件十分严苛。政府之所以会发布
"增额令"，最主要的原因恐怕是"出兵台湾"事件造成日

本与中国面临开战的危机。当时的政府内部处于高度紧张的状态，一两个政商的破产此时已经不重要了。

在为替方三巨头中，只有三井组成功渡过了这一难关。至于其原因，有人推测三井组受到了政府的特殊保护，有人则强调是三井组踏实的经营方式使其摆脱了困境。关于前者，就目前的实证来看，政府除单独允许三井组以股票作抵押之外并未赋予其更多的特权；关于后者，笔者已经在前文中指出了该观点是错误的。近年的研究发掘出了一个事实：在面临危机时，三井组拿到了来自东洋银行横滨支行的100万美元巨额融资。想必，能够确保与外国银行间有这种强大的资金渠道，才是三井组存活下来的最大原因。

明治二年，东洋银行与日本政府签订货币铸造条约。明治四年，三井组被单独任命为新货币为替方。此后，双方分别负责面向外国人和日本人的旧金银回收和新旧货币交换业务。三井组和东洋银行关系的紧密化就是这样开始的。进入币制的中枢并与外国银行建立紧密关系给三井组带来了莫大的好处。

然而，事情并非到此结束。明治九年七月，继承了三井组衣钵的三井银行成立，而此时经营陷入困局的东洋银行提出了急迫的还款要求，三井银行又不得不面临新的困境。如果无法返还借款，作为抵押的三井银行一半的股份都会落入东洋银行之手，这样一来，恐怕就会出现金融中枢被外资控制的情形，三井家也很可能就此衰落。

在进退维谷的状况下，三野村利左卫门与大藏卿大隈重信多次交涉，最终成功获得了政府的保护：由明治九年七月成立的三井物产负责政府出口米的业务；同时，将东洋银行出口资金预付金的一大半暂时用来返还三井银行的欠款。将三井家从破产边缘拉了回来的三野村于明治十年二月死于胃癌。

◇岩崎对五代◇

在幕末维新时期的激烈动荡中，土佐藩地下浪人（原乡士）出身的岩崎弥太郎展开积极的商业活动并与政府建立联系，短时间便一跃成为全日本最大的政商。

经土佐藩士后藤象二郎的提携，岩崎从庆应三年（1867年）开始进入藩营商会工作，其后在长崎、大阪等地展开活动，并于明治四年废藩置县之时收购了"夕颜船""鹤船"等汽船，独

企业家，原土佐藩乡士，亲手建立起一个大财团。具有超强的魄力与行动力，且酒量很大

图9.7 岩崎弥太郎（1834—1885年）

自经营起了海运业务。土佐藩最初从外商手上购买这两艘汽船时，"夕颜船"（"太平丸"）价格为15.5万美元（庆应二年），"鹤船"（"千年丸"）价格为10万美元（明治三年），而岩崎收购这两艘船时总共花费4万两，可以说是非常合算的。

岩崎于明治六年（1873年）将公司改名为"三菱商会"，而在此之前，该公司都被称作"三川商会"，取此名是因为三位实务负责人川田小一郎、石川七才、中川龟之助的名字中都有一个"川"字。显而易见，岩崎身边有很多有能力的助手，比如他的弟弟弥之助便有美国留学经验，在商会担任领导职位，带领着一群庆应义塾和开成学校（后来的东京大学）出身的下属。

三菱的竞争对手日本国邮便蒸汽船公司是一家半官半民的大公司，旗下有10艘从政府手上购买的船只，且有东京汇兑公司的资金援助。而三菱商会则从美国沃尔什·霍尔商会及英国奥尔特商会等在日外商手中借入大量资金，以购入更多的汽船。三菱商会的优势在于员工之间的团结及亲民的服务，这使该商会把在规模和特权上占优势的竞争对手逼入了绝境。

明治七年五月至十二月的"出兵台湾"事件是三菱商会作为政商达成飞跃式发展的一个契机。正如不列颠哥伦比亚大学的W. D. 雷在其巨著《三菱与日本邮船（1870—1914

年）》（W. D. Wray, *Mitsubishi and the N. Y. K.*, *1870–1914*）中所强调的，"台湾番地事务局"于该年七月二十八日将三菱商会定为"番地海运御用"，其原因是美英两国宣布中立导致日本政府雇不到船只，而邮便蒸汽船公司也拒绝合作，大隈重信迫不得已才找到了三菱商会。台湾的战斗结束后，大久保在北京的交涉到底会是个什么结果也无法预测，因此直到年末为止，三菱商会的船只和政府购入的9艘汽船都一直往返于日本与中国台湾之间运送士兵、武器、食料。

当三菱商会把精力投入台湾方面的时候，邮便蒸汽船公司企图趁机独占国内航路。然而，此时因明治七年十一月小野组破产的影响而陷入困境的东京汇兑公司催促邮便蒸汽船公司返还40万圆借款，这导致后者于明治八年六月解散。

三菱商会回应了政府的期待，其后，依照双方的约定，该商会继续接受官船委托，并于明治八年一月在政府的指令下开通了至上海的航路。同年五月，内务卿大久保提出了关于海运政策的三个方案：（1）自由放任；（2）民业保护；（3）海运官营。其中，第二个方案获得通过，三菱公司由此获得了政府保护。

根据明治八年九月发布的《第一命令书》的内容，政府将委托给三菱公司的13艘官船无偿让渡给该公司，且每年向该公司支付25万圆补助款（翌年发布的《第二命令书》中确定补助款将连续支付14年）。另外，政府从原邮便蒸汽船公司手上购买的17艘船只也被无偿让渡给了三菱公司，该公司由此成为国内最大的海运企业。其后，三菱将美国的太平洋邮船公司和英国的P&O汽船公司驱逐出了上海航路，并在明治十年的西南战争中赚取了约122万圆的巨额利润。岩崎将这笔钱中的一部分支付给政府，买下了政府无偿让渡给三菱的船只，这使三菱公司在与政府的关系中获得了自主性。此后，该公司的经营变得更加多元化。

可以说，萨摩藩士五代友厚起起落落的经历则与岩崎弥太郎的成长轨迹形成了鲜明对比。

五代于明治二年七月辞去会计官权判事一职后，在大阪开设了金银分析所，将旧货币重铸并交给造币寮，

萨摩藩士中数一数二的开明派。下野后成为大阪金融界领导人物

图9.8　五代友厚（1836—1885年）

以此赚取了巨额利润。其后，五代用这笔钱收购各地的矿山并将这些矿山纳入了弘成馆的经营。另外，弘成馆还并入了小野组的资金，并在不久后拿到了第一国立银行的融资。明治十年，弘成馆旗下4座金属矿山的产额达到了约13万圆，其地位仅次于产额25万圆的住友别子铜矿山（位于现爱媛县

新居滨市）。

但是，如果以福岛县半田银矿山为例探讨矿山事业的盈亏状况（图9.9）可见，该矿最初几年其实是连续亏损的，明治十六年前后的高利润也必须除去此前

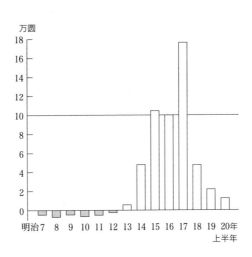

图9.9　半田银矿山盈亏状况
（资料来源：《五代友厚传记资料》第3卷）

投入的约26万圆创业费用后再做评价。

虽然奈良县天和铜矿山与冈山县和气铜矿山一开始有不少盈利，但即使把这些利润都算上，明治十年的"各山盈亏"推算额也仅有2万余圆黑字，明治十二年更是变成了1万余圆赤字，可见当时的经营状况并不太好。

五代的另一个与弘成馆相提并论的大事业，是朝阳馆的近代制蓝业。为了对抗进口的靛蓝染料（印度蓝），五代从明治六年就开始尝试以阿波蓝[5]为原料制作靛蓝染料。正如前文中所提到的，五代找到大久保利通，从政府准备金里借出了50万圆的无息贷款，其后于明治九年九月在大阪设立了朝阳馆。

事业壮大后，五代还计划向中国等地出口染料，但由于产品价格过高，货款收回困难，最终计划未能成功。

五代之所以会牵扯到引发明治十四年政变的"开拓使官有物转让"事件，也与他的事业尤其是朝阳馆事业遭遇失败有关。五代制订的计划与进军北海道航路的三菱公司的利益发生了冲突，结果招致大隈、岩崎和福泽谕吉等人的反击。最终，五代对"官有物"的收购未能成功。

生卒年几乎都与岩崎弥太郎相同的五代友厚最终未能像前者一样从政商成功地转变为财阀。五代失败的主要原因，是在没有像岩崎那样获得巨额政府援助的情况下贸然展开高风险的新事业。五代曾经是大阪金融界的核心人物，在当地十分活跃，以至于被人拿来与"东之涩泽荣一"相提并论。然而，作为一个企业家，五代的身边没有优秀的助手，这恐怕也是他败北的原因之一。

3. 茶农与蚕农

◇茶树栽培的扩大◇

明治初年，生丝、蚕卵纸的贸易出现停滞和衰退。与此相反，茶叶的出口额却开始上升。如表9.2所示，日本大部分的茶叶都出口到了美国。大量的绿茶从横滨港与神户港出

表9.2 出口贸易具体状况（明治七年）

单位：千圆

		生丝	茶叶	其他合计
出口国	美国	128	6930	7465
	中国	501	155	3655
	英国	2286	105	3233
	法国	2194	—	2759
港口	横滨	5295	4848	12579
	神户	7	2048	3051
其他合计		5302	7194	17954

资料来源：租税寮编《日本各港进出口年表》，明治七年一月至十二月。

发，被运送到美国的旧金山。从这一年开始，美国首次成为日本最大的出口市场。到明治十二年（1879年）日本对美生丝出口大量增加之后，美国真正确立了在日本对外贸易中的地位。南北战争以后，美国经济迅速发展，在19世纪80年代，美国的工业产值就已经超过了英国。同时，与美国经济联系紧密的日本经济也借此分到了一杯羹。

在当时，美国人的饮料以咖啡为主，而英国人则喜欢喝中国、印度、锡兰（今斯里兰卡）产的红茶。当时，内务省劝业寮也计划引进红茶生产技术，但印度和锡兰的茶树种植园采用的是半奴隶制劳动制度，其产出的红茶价格极为低廉，劝业寮由此得出结论，认为日本无法与他们展开竞争。因此，日本的茶叶出口几乎仅限于对美绿茶出口。中国先于日本开始对美出口绿茶，不过从此时起，日本绿茶的对美出口额开始逐渐接近中国，并最终在明治七年超过了中国。

以煎茶为主的绿茶出口持续增长，于明治十三年达到了3000万斤（日本的1斤约600克），其后，增长基本停滞。根据角山荣的说法，这是因为美国人喝绿茶时在其中放入砂糖或牛奶，使绿茶的清香被掩盖，从而无法在市场竞争中胜过红茶。美国人以咖啡为主、绿茶为辅的饮料构成自明治时期起开始逐渐转变为咖啡和红茶。

生丝的出口港仅有横滨，而茶叶的出口港有横滨、神户两地，这与茶叶的生产状况有关。通商口岸开放后，焙炉煎茶开始对外出口。焙炉煎茶的发祥地在山城国缀喜郡宇治田原乡，山城、近江两国自古以来就一直出产这种煎茶，其焙炉制法也普及到了骏河、远江两国。自明治时期开始，无论是从茶叶的质量还是数量上来看，骏河和远江都是出口茶叶的主要产地。明治六年三月，驻横滨英国领事就提交报告称，骏河、远江两国茶叶的改良非常迅速，很可能会成为著名的山城茶的有力竞争对手。

一般认为，横滨最初作为通商口岸开放时，出口最多的是山城茶和伊势茶。一直以来都运往江户的那些茶叶恐怕或是被直接运送到了横滨，或是经江户茶叶批发商之手被运往横滨。比如，山城国缀喜郡青谷村（现城阳市）的茶商本德次郎一直以来与江户茶商山本嘉兵卫保持着贸易关系，但在开港后，本德次郎将业务拓展到了横滨，明治七年左右又开始转向神户的贸易。

在兴盛的茶叶贸易的刺激下，各地尝试栽培茶树的人越来越多。根据明治十六年的树龄调查，在全国总共37400町步[6]的茶树园中，已种植10年以上（种植于明治六年以前）的占46.5%，种植了5至10年（种植于明治七年至十二年）的占41.7%，种植时间未满4年（种植于明治十三年至十六年）的占11.8%。可以看出，明治七年至十二年的茶园面积扩张非常明显。若按地区分布来看，相较山城、近江两国，骏河、远江两国有更多的新增茶园。

◇农民的茶业经营◇

那么，生产出口煎茶的茶农们，其茶业经营又达到了怎样的规模呢？关于这一点，目前有两种说法。一种说法主张当时已经发展出了使用雇工的资本家经营方式，即所谓"大经营论"；另一种说法则认为，"大经营"的案例来自"士族授产"[7]政策，其目的是开垦土地或教授技术，是迟早会解体的一种经营方式，茶业发展仍然由"小经营"挑大梁，即所谓"小经营论"。这两种说法相互对立，至今没有一个明确结论，其原因是目前尚未有人进行过相关的实证研究。

接下来，笔者将列举煎茶生产发祥地山城国的两个村庄的实际案例。第一个案例是京都缀喜郡乡之口村（现宇

表9.3　乡之口村的制茶情况

农家编号	耕宅地（明治九年）单位：反	制茶量（明治十二年）单位：贯
1	69	290
2	55	205
3	46	200
4	37	165
5	32	10
6	29	95
7	26	95
8	21	90
9	15	75
10	15	…
11	14	175
12	14	75
13	14	70
14	14	65
15	11	95
16	7	95
17	5	80
18	13	75
19	—	75

注：数据出自该村文书，编号1、2、3、4、16、17者为茶商。

治田园町）。在庆应三年（1867年）时，该村的茶叶产量就已经达到了14800斤，将这个数字与该村明治六年的产量20650斤（其中煎茶11650斤、番茶9000斤）、明治十二年的产量24031斤相比可看出，该村很早以前就已经在大量出产茶叶了。

表9.3中编号1至4的茶商拥有全村最好的土地，并且自己经营着大规模的茶叶生意。编号2的并木重郎兵卫（万屋）与编号3的潮见久右卫门（田丸屋）曾经作为"上方汇款对象"出现于丁吟江户店庆应三年的账簿上。他们从幕末开始就一直将田原乡的茶叶销售给横滨的茶叶经销商。

根据表格中编号7的奥村宗三郎家的《日志》抄录（《宇治田原町史》资料篇第四卷）内容记载，在明治十五年（1882年）五月中旬，每天共有26名采茶女和七八名焙炉师进行摘茶、制茶的工作。不过，《日志》上并未记载这一年的茶叶产量。若根据后面年份的产量姑且假设这一年的茶叶产量，应该跟明治十二年差不多，即95贯，那么总计75人的焙炉师每人一天的生产量约为1.3贯。由此推算，明治十二年产量最高的1号茶农总共雇用了22名焙炉师。明治十二年茶叶产量在75贯以上的茶农有15户，这15户茶农生产的茶叶占该村全部98户茶农总生产量的49%，可以说已经成为该村制茶业的核心。

第二个案例是明治十八年（1885年）的京都相乐郡观音寺村（现木津川市加茂町）。因为有助于了解该村雇工的真实状况，所以表9.4中列出了该村耕地所有量和茶叶产量（尽管二者在不同时期有一定差异）排名靠前的茶农的相关数据。该村的茶叶产业在开港后才开始兴盛起来，虽然单独一户的经营规模并不大，但除了村内地位最高的地主（持有约7町步土地），该村每一家都在从事茶业经营。另外，几乎每一户茶农都雇用了1至2名焙炉师及人数是焙炉师两倍或数倍的采茶女，且受雇时间很短，最长也不超过一周。

根据明治十一年五月时该村各户的"茶制人雇入止宿人名簿控"的记载，雇工大部分来自大和国，农民带着妻女前

表9.4 观音寺村的制茶情况

农家编号	耕宅地价（圆）（明治十二年）	制茶情况（明治十八年五月）			
		产量（斤）	焙炉师（人）	摘茶女（人）	天数
1	5077	—	—	—	—
2	1697	50	2	4	5
3	1524	62	2	4	6
4	1167	20	1	2	4
5	1071	50	2	4	5
6	1002	35	1	3	6
7	996	35	1	2	7
8	911	20	1	2	4
9	901	20	1	2	4
10	872	40	2	4	3
11	844	65	2	4	7
12	694	80	2	4	6
13	76	75	8	19	4
14	672	60	2	4	6

注：数据出自该村文书；编号13的农家显示的人数或为累积人数。

来、一家人被同一户茶农雇用的情况非常多，恐怕这些雇工到这里来就是为了做短期临时工。在该村，多数情况下，1名焙炉师每天的生产量为5斤，即0.8贯，生产力比前文中的乡之口村的低一些。

虽然以上只是两个村的例子，但多少还是能展现出传统茶叶产地和新兴茶叶产地在当时的状况。无论是"大经营"还是"小经营"，都是依靠雇工进行采茶和制茶，但雇工的受雇时间极短，制茶时蒸生叶的工作和在焙炉手揉茶叶的工作到底由另外的工人负担了多少就不得而知了。在"大经营"模式下的作坊内，恐怕已经开始实行分工合作制，以此来提高生产效率。

因此，虽然不应当将"大经营"模式视作暂时的、例外的情况，但不得不说，受雇时间的短期性大大限制了"大经营"向真正的资本主义经营模式发展。

◇制丝资本家的大量出现◇

与茶农的状况相反，在以养蚕和制丝为生的蚕农中却接连不断地出现中小制丝资本家。从机械制丝中心地带长野县的制丝厂创业年度统计表（图9.10）可以看出，从明治五年或六年起，机械制丝厂逐渐开始设立，至明治九年时数量迅

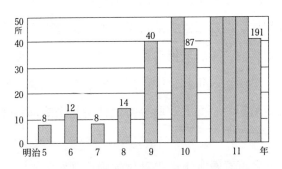

注：数据出自《信浓蚕丝业史》下卷，为明治十二年二月调查所得。

图9.10　长野县10人以上机械制丝厂创业数量（按年度）

速增加。

从明治五年（1872年）开始，小野组就为诹访郡上诹访村的土桥半藏、上高井郡雁田村的关菊之助、上伊那郡宫田村的平泽长造、下伊那郡乔木村的长谷川范七等人提供资金和技术，帮助他们建立机械制丝厂。明治五年设立于上诹访的深山田制丝厂基本上相当于小野组筑地制丝厂的分厂，在明治六年筑地制丝厂关闭后，其设备都被转移到了深山田。曾将横田英等传习女工送到富冈制丝厂的松代藩士族于明治七年建立的西条村制丝厂（后改名为六工社）最开始也是依赖于小野组提供的运营资金。在深山田制丝厂和西条村制丝厂的技术影响下，明治八年五月，开发诹访式制丝机械的中山社在诹访郡平野村（现冈谷市）成立，而根据最初的计划，该社也曾打算依靠小野组的资金。

由此可见，长野县这些成立不久的主要机械制丝厂对小野组资金的依赖特别严重，而明治七年十一月小野组的破产对这些制丝厂造成了巨大的打击。但是反过来看，这也意味着该县制丝业"下层发展道路"（矢木明夫语）上的障碍被扫清了。自明治八年起，中小型机械制丝厂迅速增加，而他们已经不用担心会面临政商小野组扶持起来的那些强力的竞争对手。

接下来再看看诹访郡平野村的中小制丝资本家的状况。如表9.5所示，很多农民的持有土地面积在1町步至2町步（地价400圆至800圆）这个中间数值以下；而持有土地的地价在1000圆以上的富裕土地所有者则完全没有从事制丝业经营。也就是说，地主式的资本蓄积并没有被投入制丝业。既然这样，他们又该如何解决投资不足的问题呢？

第一，在追求设备简易化的同时将起步阶段的缫丝工人数控制在10人至20人，以此将所需投资额降至最低限度。机械制丝与手摇缫丝有两个区别：一是机械制丝可利用心轴使缫丝框一齐转动，女工就能把精力集中到缫丝作业上来；二是机械制丝可以将从多个蚕茧中抽出的蚕丝束相互贴在一起，以此提高丝线紧实度。只要掌握以上原理，使设备简易化并不是一件难事。

另外，工厂建筑也完全没必要建造成富冈制丝厂的砖造风格。这样一来，设有300台锅炉的富冈制丝厂需要近20万

表9.5　平野村的制丝情况

所有地地价（圆） （明治十二年）		户数	制丝农户 （明治十年）
以上	未满		
2000 —	6000	4	0
1000 —	2000	14	0
800 —	1000	16	2
600 —	800	16	1
400 —	600	51	0
200 —	400	177	8
100 —	200	174	2
50 —	100	134	2
50圆未满		298	5
无土地		95	0
合计		979	20

注：数据出自该村文书。

圆的设备资金（每台锅炉约600圆），而设有50台锅炉的西条村制丝厂却只需要2950圆（每台锅炉约59圆）的设备资金便足矣，设有96台锅炉的中山社甚至只靠1350圆的投资就得以起步。

第二，借入周转资金。在春茧大量产出的六七月份，制丝农户通常会从附近的放贷者或银行借贷一些收购蚕茧的必要资金。在运用银行的押汇业务时，由收购生丝的横滨生丝经销商支付垫款。也就是说，从接收生丝到将其销售给居留地外商这段时间，经销商实际上在向货主，即制丝农户融资。明治十年左右在各地设立的国立银行和私立银行就在这种经销商金融的支撑下展开押汇金融业务，而这也加快了制丝农户的资金周转。

这样一种制丝金融体系的形成，是制丝资本家大量出现的背景和前提。那些获得了"上层"经济支持的制丝者以低于市场行情的价格从蚕农手上买入原料茧，以此牟取巨大利润，而那些从整体上属于"下层"的制丝资本家的活动把全体系内部"下层道路"的发展压制在了一定的限度内。

◇手摇缫丝的改良◇

新设立的民营机械制丝厂集中在长野县、山梨县和岐阜县这些蚕丝产业方兴未艾的地区，在被称作"古蚕国"的福岛县、群马县反而很少见。造成这一状况的原因是什么呢？

群马县东部的南势多郡水沼村（现桐生市）的豪农星野长太郎于明治七年设立水沼制丝所，而其中的女工大部分都来自外地。海野福寿认为，造成该现象的原因是"依赖于雇佣劳动力的机械制丝工厂不适合设立在群马县这种农民阶层分化较晚的地区"。

但是，也不能笼统地说群马县、福岛县的商品经济化（及其带来的农民阶层分化）就一定比长野县、山梨县更晚。当然，如果要从附近雇用到制丝女工，前提是这一带必须有没落为佃耕贫农的农家。然而在福岛县、群马县这种先进手摇缫丝技术已经得到普及的地区，只要有手摇缫丝机，即使是没落农家也能在自己家中生产蚕丝，而这也使得制丝工厂难以雇用到足够的女工。之所以在"古蚕国"没有设立多少机械制丝厂，其根本原因或许就在于此。此时的机械制丝尚处于工厂手工业阶段，其生产仍然大大依赖于女工的熟练度，这也使机械制丝厂无法完全驱逐手摇缫丝的个体蚕农。

然而，在意大利和法国的制丝业复苏后，传统的手摇缫丝生产出来的蚕丝就有可能在欧洲市场失去竞争力。为了避免发生这一情况，上文中提到的星野长太郎就开始着手进行手摇缫丝技术的改良。星野于明治九年（1876年）三月派遣其弟新井领一郎前往纽约，试图开通一条不经外商之手直接出口的渠道。明治十年三月，在友人前桥藩士族速水坚曹的指导下，星野制订了设立共同扬返所的计划。扬返所内将会配备装有取丝装置的扬返器，这种取丝装置可以使缠绕在小缲丝框上的生丝左右摆动并将其卷上大缲丝框。于是，这样生产出的样品丝在寄送给新井后，于当地获得了好评。得知此事后，星野于同年七月将村中的蚕农集结起来成立了名为亘濑组的制丝组织。

在星野的带动下，前桥町的士族们纷纷成立改良手摇缲丝组织，至翌年（即明治十一年），改良手摇缲丝的风潮已经推进到了西上州的碓冰郡、北甘乐郡，组合制丝碓冰社、甘乐社的前身就是此时设立的。

4. 外部压力下的棉业与糖业

◇真的有外部压力吗？◇

资产阶级，由于开拓了世界市场，使一切国家的生产和消费都成为世界性的了。……它的商品的低廉价格，是它用来摧毁一切万里长城、征服野蛮人最顽强的仇外心理的重炮。……它按照自己的面貌为自己创造出一个世界。

马克思在《共产党宣言》里写下上面这段话是在1848

年，而日本于1859年设立通商口岸。但日本经济史学界目前存在一种"外压否定论"，认为在当时，"世界工厂"英国的棉布商品在日本并没有马克思所说的那么有影响力。

川胜平太将西方棉业和亚洲棉业的构造进行比较后，在其论文《亚洲棉花市场的构造与展开》（《社会经济史学》五十一卷一号）中指出，以"生金巾"（Grey Shirting）为代表的进口英国棉布是由细丝织成的薄布，而这种布在日本是作为丝织品的替代物，日本国内生产的粗丝织成的厚布并不会被抢走市场。因此，"在传统棉纺织业领域，英国进口棉布带来的威胁几乎不存在"。研究近代日本产地棉纺织业史的阿部武司在此基础上又提出，衰退的纺织业地区之所以会衰退，其原因并不是进口棉布造成的直接压力，而是这些地区在与纺织业发达地区的激烈竞争中败下阵来。阿部的理论又为川胜的说法提供了支撑（《明治前期日本的固有资产》，载1983年梅村又次、中村隆英编著《松方财政与殖产兴业政策》）。

一直以来通行的说法有一个漏洞，那就是忽视了棉布本身品质的差异，倾向于仅从价格上分析其竞争力，川胜则一针见血地指出了这一点。然而，进口棉布和国产棉布之间真的完全没有展开竞争吗？在川胜曾引用过的明治十二年（1879年）大阪商法会议所的报告中，有以下一段内容：

○上等金巾用于衬料，代用秩父绢，其定位介于棉布与绢之间。

○中等金巾用于衬料，为城乡中等阶层以下人群着用，其定位与伯州（伯耆）四十八钱棉布相当。

○下等生金巾用于衬料，均面向农村。其定位与泉州（和泉）一反三十五钱棉布相当，故其价格差异极大。近来一时减少进口，其缘由有二。……其一乃此时国内多以唐丝纺织棉布。

也就是说，作为当时进口棉布代表的生金巾也有很多种类，用以替代下等丝织品的只有上等金巾，而中等、下等金巾则被用来与伯州棉布或泉州棉布（均为白棉布）比较并与它们争夺市场。此处以图示简单列出了通行说法与新说法的要点，以及笔者个人的见解（图9.11）。

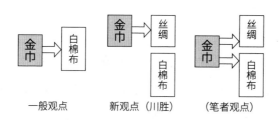

图9.11　关于进口金巾市场竞争关系的多种观点

川胜认为，此处关于白棉布的记载使用了"相当"一词而没有使用"代用"一词。因此，进口棉布与国产棉布之间不存在竞争关系。但正如高村直助在其论文《关于维新前后"外压"的一二问题》(《社会科学研究》三十九卷四号)中所指出的,"代用"一词本来就仅用于不同种类物品之间(比如绢与棉布、米饭与代用食品),在二者都是棉布的情况下根本不会使用这个词。

还有一点值得注意的是,这段引用史料中提到,下等金巾进口减少的原因之一是以"唐丝"(进口棉丝)为原材料的棉布生产的发展。英国驻横滨领事在提交的报告中称明治八年增加的进口棉丝在国内的运用使金巾进口减少,而一时衰退的泉州棉布生产刚好从此时开始逐渐复苏。然而,如果按照阿部的理论,就无法解释纺织业发达地区的衰退和复苏了。

在中国的棉纺织业发达地区,即长江中游的湖北省南部一带,一直实行禁止使用洋丝(进口棉丝)的行会规定,较落后的地区对洋丝的使用反而更多。而在日本,进口的洋丝主要集中在尾西、泉南的纺织业发达地区。自天宝改革时发布"入股行会解散令"以来,日本的公会式限制就放得很宽;中国则一直处在严格限制之下。两国在这一点上的差异就体现在"洋丝进口额是否超过棉纺织品进口额"上面。

◇纺织业地区的重新整合◇

现在需要对幕末维新时期纺织业（棉与绢）地区的真实状况与外部压力之间的关系进行一番深入研究，目前，谷本雅之等人已经开始着手这方面的工作了。

不过，笔者并不打算在这里提出新的实证。接下来将以尾西和泉南为例，简单地叙述一下洋丝的引进给纺织业地区带来了怎样的影响。

洋丝在文久年间（1861—1863年）即开始流入尾张西部的纺织业地区。根据研究，该地区的经营者所经营的纺织品的原材料以当地农民生产的原棉所制成的棉丝为主。在价格低廉的洋丝被引进后，这些经营者或是脱离纺织业转变为地主，或是就此没落。与此同时，在乡商人[8]与从横滨洋丝进口商人手上购买洋丝的一宫地区洋丝商人建立了联系，并开展面向下层农民的外加工（批发制经营）业务。迄今为止的纺织业都是以地区内部的社会分工为基础，一直延续着"底层小生产者型发展模式"；而这一时期，在与横滨进口商联手的地方洋丝商人的影响下，纺织业地区开始被重新整合，"底层小生产者型发展模式"已无法进行。

在和泉南部的纺织业地区，幕末时期也发展出了棉纺织工厂手工业，但随着明治八年左右洋丝的流入，泉南地区的在乡商人也开始借助堺、岸和田地区洋丝商人的中介从大阪、神户的洋丝进口商手中购入洋丝，并同样展开了外加工业务。可以认为，在这一地区，"底层小生产者型发展模式"也遭遇失败，而掌控洋丝流通的商人则推动了"自上而下的纺织业地区再整合"。

不久，在这些洋丝商人的大力支持下，机械制棉纺织工厂得以设立，不过那是明治十年以后的事，已经超出了本书的写作范围。

这些引进洋丝并成功完成了再整合的纺织业地区得到了发展，虽然棉花种植业和纺丝业出现了衰退，但棉纺织业最终延续了下来并得以扩大。不过，在这"成功"的背后，"底层小生产者型发展模式"已经以失败告终，而在形成过程中与之紧密结合不可分割的市民社会关系也停止了发展。落后资本主义国家困境——在推进工业化的同时民主化却陷入停滞——的基础构造就是如此产生的。

◇**糖业的没落**◇

砂糖是紧随纤维制品之后的另一个重要进口商品，其主要进口地是中国台湾地区的高雄、中国大陆南部的汕头及中国香港。世界市场的形成不仅意味着欧美各国与亚洲各国间贸易的扩大，也意味着亚洲内部各国间贸易的开始和扩大，砂糖的进口就是一个典型例子。

在砂糖贸易方面，中国商人非常活跃。在幕末的横滨，以怡和商会为首的众多欧美商家都经营砂糖。不过在明治六年的横滨，几乎有一半的进口砂糖都是来自中国商人；在神户和大阪，几乎所有的砂糖都是从中国商人手上购买的。明治四年七月《日清修好条规》签订后，中国商人在日本的活动变得更为活跃。明治六年六月，中国台湾高雄的大商人同时也是台湾制糖股份公司大股东之一的陈中和乘着满载台湾生产的红糖的帆船来到了横滨。

进口糖中的相当一部分都是粗糖也就是红糖，其中将近一半产自台湾。当时虽然也进口了大量白砂糖，但这些白砂糖几部全部都是以传统精糖技术生产，直到明治十七年，日本才开始大量进口中国香港中华糖局与太古糖局的机械制精制糖。在此之前，日本糖业的竞争对手一直是中国传统糖业。

鹿儿岛、冲绳产的黑砂糖在国内开辟了一片独立的市场，因此与进口糖之间并没有多少竞争。真正受到廉价进口红糖、白糖的冲击的，是香川县产的白砂糖。在庆应元年（1865年），即赞岐糖业的巅峰时期，该地甘蔗种植面积达到近4000町步，但明治八年至九年时减少到了2000余町步，这一现象反映了兼营白糖母液（初制糖）制造的蔗农在经营上遭遇了亏损。从农户手上购买白糖母液并将其加工成白糖的制糖业者其实很多都是地主或放高利贷者，这群人对白糖生产的近代化并没有兴趣，他们只不过是把进口糖带来的压力转嫁给了蔗农。如此一来，赞岐糖业的衰落自然无法避免。

明治二十一年宫里正静视察了中国台湾的糖业后，对当地糖廍粗糖生产的"宏大规模"赞叹不已。他还认为，自古以"勤勉"著称的赞岐、阿波地区的"职工"也远不及台湾糖业工人。可以说，日本的传统糖业在被中国香港的机械制糖业打败之前，就已经在与中国传统制糖业的竞争中逐渐败退。

虽然我们常常笼统地将外来商品的冲击称为"来自西方的压力"，但若仔细分析就会发现，事情并非那么简单。外部压力并未将日本国内传统产业赶尽杀绝，但大大改变了存活下来的传统产业的状态。在接二连三被拉入世界市场的亚洲各国之间，新式多边贸易开始逐渐扩大，而这也造成了国际分工的重新调整——这就是近年来经济史学界一直在强调的"亚洲内贸易"。亚洲的这样一种充满活力的发展状况说明，资本主义工业化同样可以在东方展开，只不过其形式多种多样，与西方不尽相同。

译者注

1. 中国称"甲午战争"。

2. 在日本名气极大、市场占有率极高的啤酒酿造巨头。

3. 管理商店内雇工的职位。

4. 负责对收纳入国库的金钱进行收取、鉴定、运输、支出的机关。

5. 即蓼蓝，其茎叶中可提取蓝色染料。

6. 1町步约等于 9920 平方米。

7. 明治维新后，中央政府和各府县厅针对困于生计的士族实施的一系列救济政策。

8. 以农民身份从事商业经营的人群。

第 **10** 章

华族与士族的结局

1. 秩禄处分的明与暗

◇ "维新三杰" 的分裂 ◇

本书以明治十年（1877年）西南战争的终结作为结尾，因此，书中对开国和维新历史的讲述，到这里也即将迎来尾声。自从远山茂树在其著作《明治维新》（岩波全书，1951年）中主张 "西南战争的终结代表着维新时期的结束" 以来，该观点就成了学界通行的说法。

后文将会提到，笔者认为，从19世纪后半叶的世界史角度来看，明治维新终结的标志应当是明治宪法体制的建立和日本工业革命的开始。因此，以西南战争作为本书的结尾总有一种叙述被中途打断的感觉，但这也是不得已而为之。

"西南战争的终结代表着维新时期的结束" 这种通行说法的根据在于，推动维新变革的主体势力即倒幕派的政治生涯随着西南战争的终结而画上了句号。萨摩藩士族军队作为倒幕派核心军事力量，其全面败北的确可以说意味着倒幕派彻底瓦解。然而，推动变革的主体势力的消失却意味着变革的达成与终结，这倒颇有些耐人寻味。他们到底是为谁而战，又是被谁所灭？另外，明治维新到底催生出了怎样的国家政权？

笔者之所以要特地提出这些问题，是因为明治维新本身就具有极其复杂的性质。虽然本书无法对二战前开始的"讲座派"与"劳农派"的论战进行深入探讨，但显而易见，本书的基本立场是接近于所谓"讲座派"的。"劳农派"认为，只要是促进资产阶级成长的国家政权，就全部是近代资本主义国家政权。这种单纯的经济还原国家论几乎放弃了对政治权力本身的分析，并不能算是真正的国家论。不过，日本经历了很长的时期才从古代专制国家演变至今，又在被强制融入近代世界的过程中成了近代天皇制国家，其政权性质的确与欧洲古典君主专制有诸多相似，但其复杂程度还远不止于此。

维新变革的复杂性质通过华族和士族阶层瓦解所引起的对立体现出来，而这两个阶层中就包括推动维新的主体势力即倒幕派。明治维新的三位大功臣，常常被称

从字中能看出西乡的豪放笃实、大久保的沉着刚毅、木户的纤细伶俐

图10.1　西乡、大久保、木户的书法（左起）

作"维新三杰"的大久保利通、西乡隆盛、木户孝允三人的意见在明治六年至十年之间发生巨大分裂，这预示着虽为维新主体势力却不得不面临自我否定的华族、士族阶层（尤其

是士族阶层）的最终命运。

◇陷入孤立的木户孝允◇

　　前文已经提到，出于对士族阶层的照顾，西乡主动提出由自己担任遣韩使，而这引发了明治六年（1873年）十月的政变。西乡等人下野后，正院讨论了一直悬而未决的家禄处分方案，并于明治六年十二月二十七日宣布征收"家禄税"及实施"家禄奉还制"。所谓"家禄税"就是根据家禄发放额（"现石"）的高低，按累进制征收2%—35%的税金；"家禄奉还制"则是以现金及"秩禄公债"的方式向申请者一次性支付6年的家禄，并且将国有荒地以市场价格的一半转让给申请者，为其提供一条务农谋生的道路。此前，吉田清成在英国募集英镑公债所拿到的钱就被用于家禄奉还制的现金支付。

　　因病缺席的木户孝允对正院的讨论结果表示了强烈的反对。他在十二月七日提出的建议中批判道，政府是依靠士族的力量建立起来的，现在却突然剥夺士族的生存之道，是为"不义"。其后，他提出了另一个方案：政府扣除家禄的1/3并将这部分钱积存下来，15至20年后再返还。木户的这一方案考虑的是依靠现有家禄的2/3即可保证生活的中级以上的士族。该方案以强制储蓄为手段来创造资本，并不会使政府的支出减少。木户孝允曾经是大藏省开明派官僚的靠山，此时他却站出来阻挠大藏省的支出削减计划，力图为士族向资本家的转变提供庇护。

根据丹羽邦男的说法，以上两制度实施后，家禄发放额及领取家禄的人数各减少了约20%，但在下级武士势力根深蒂固的鹿儿岛、山口和佐贺等西南雄藩的地界，家禄奉还者的数量并不多。从客观的角度来看，家禄奉还制度实际上起到了将西南雄藩的下级武士势力孤立起来的作用。

尽管家禄发放额有所减少，但由于米价的上涨，将家禄换算成金额后实际还有所增加。再加上地租收入的减少，财政支出中家禄的比重仍然在1/3左右。于是，政府于明治八年（1875年）九月决定实施家禄的金禄定额化，并开始讨论禄制的最终处分方案。明治八年九月，大藏省国债头乡纯造起草了一份家禄处分方案，该方案经大隈重信修改后于明治九年三月二十九日提交至正院。方案对于处分理由做了如下叙述：

> 家禄一事，曩者奉还武门政权、朝纲维新，是即封建时代之约已然消尽，假令立废永世之家禄本亦无妨。然其至今尚存，实乃情势之不得已，岂能永世以之给与其家？

这段话想表达的是，"大政奉还"之后的武士之世已然终结，"支付家禄"这样一个"封建时代之约"也应当自然消灭。话虽如此，政府并没有无偿地将领有权废除，而是如下文所述，以发放金禄公债的方式推动有偿废除。

对于这一方式，木户孝允又提出了反对。木户自身也很清楚禄制废止势在必行，但他认为大藏省的方案对于士族尤其是"中等以上"的士族非常不公平。然而，正院并没有理睬木户的意见。

不用说，主导正院讨论方向的人是大久保利通。木户是站在维新变革的直接推动者即士族的立场上，因此会提出反对意见也是理所当然。他没有像西乡那样与政府决裂，而是以内阁顾问的身份批判大久保与大隈的政策。但是，此时的政府正在一边压制农民反抗一边全力阻止地租收入减少，费尽心思筹措殖产兴业资金，因此根本不可能采纳木户的意见。在19世纪中叶的近代世界体制下，一个国家要维持独立就必须建立机械化大工业及近代军事力量，然而，曾经推动倒幕的士族阶层并没有能力来完成这一任务。

从这一意义上来讲，要想让倒幕的领导者同时成为新国家建设的领导者是非常难的一件事。他们在成为中央政府的官僚后，首先必须做的就是超越自身所属藩的立场。而现在，他们又不得不执行秩禄处分，也就是说要否定自己所属阶层的利益，抛弃曾经的同伴。由于无法忍受一次又一次的自我改变，西乡最终离开了政府，留在政府内的木户则被孤立，而成功爬上天皇制国家最高当权者之位的大久保则在不久后被暗杀。可以说，这样的结果非常清晰地反映了明治维新所具有的复杂性质。

◇金禄公债的分配◇

正院不顾木户的反对，通过了家禄处分方案，并于明治九年（1876年）八月五日公布了金禄公债证书发行条例。根据条例，政府将向所有华族及士族发放相当于5至14年家禄（金禄）额的公债（年利率5分至10分），以代替一直以来的家禄。

如表10.1所示，几乎与旧藩主阶层相重合的5分利公债支付群体的收入减少率非常高，接下来依次是对应上级、中级士族阶层的6分利公债支付群体和对应下级士族阶层的7分利公债支付群体，其收入减少率逐级降低。另外，对于以"禄券"方式进行买卖的家禄，根据同年十二月十一日发布的太政官布告，无论家禄高低，一律发放10年家禄额的10分利公债，保证士族的收入与从前相同。这其实是对即将脱离政府控制的鹿儿岛县士族的安抚政策。

从收入的减少率可以看出，家禄处分对上层较严，而对下层较宽。不过，问题在于收入的绝对金额。对下级士族的

表10.1　金禄公债的交付

金禄额（估算实际家禄额）	公债利息	金禄额所乘年数	利息与原收入的比率	公债受领人数	发行总额	每人平均
1000圆以上（220石以上）	5分	5.00—7.50	35%—44%	519人（0.2）%	31414千圆（18.0%）	60527圆
100圆以上（22石以上）	6分	7.75—11.00	46%—74%	15377人（4.9）%	25039千圆（14.3%）	1628圆
10圆以上（2.2石以上）	7分	11.50—14.00	88%—98%	262317人（83.7）%	108838千圆（62.3%）	415圆
买卖家禄	10分	10.00	100%	35304人（11.3）%	9348千圆（5.4%）	265圆
合计				313517人（100）	174638千圆（100）	557圆

资料来源：丹羽邦男《明治维新的土地变革》。

公债发放额是人均415圆，年收入只有29圆5钱，日收入更是每天不足8钱。大部分士族得到的利息收入甚至比木工（日薪45钱）、建筑工（日薪24钱）的收入还低得多。如果没有什么固定的工作，摆在这些下级士族面前的道路就只有一条：卖掉公债，沦落至赤贫阶层。

而相比之下，旧藩主阶层的收入减少率虽然高，但公债利息的绝对金额完全足够支撑他们的生活，且还绰绰有余。他们可以把余下的部分投入各个领域，以扩大自己的资本。旧家臣团队的士族们陷入了困境，但大名华族仍然能够保持高收入，这是因为如前文所述，在版籍奉还时，知藩事的家禄一律被定为"现石"（藩收入）的1/10。

由于窘迫的藩财政状况，很多大名一直与家臣一起过着朴素的生活，而版籍奉还让这些大名的生活突然富裕了起来。从这一时期起，维新政权的官僚们就开始拉拢旧藩主阶层，并借助他们的力量推进新国家的建设。这样的状况也就造成了秩禄处分之时华族和士族截然不同的命运走向。

2. 成为资产家的大名华族

◇幸运的华族◇

虽说华族拿到了金额相对较高的金禄公债，但具体到每一个华族身上，情况又有很大的差别。在总共287人的大名华族中，拿到10万圆以上公债的仅有67人，有166人——占旧大名中的一大半——仅分配到5万圆（年利息收入2500圆）不到的公债。而在总共195人的公家华族中，获得公债金额最高的三条实美也不过6.5万圆，剩下的大部分人仅拿到2万圆（年利息收入1000圆）不到的公债。

这样的差异基本上反映出了旧幕府时代各大名、公家经济地位的不同，同时又明显反映出这些人在维新变革中的政治地位。这一点从大名华族公债额前十名的示意图中也可以清楚地看出来。应当注意的是，公债额最高的岛津家的手上还有岛津久光的赏典禄收入12500石对应的376664圆金禄公债。

从岛津家与前田家排名的逆转不难看出，以大名家禄和赏典禄收入作为依据计算公债额的这种方式，可以通过改变米谷兑换价格行情进行某种程度的操作，但这种操作也有限度。对公债额高低造成巨大影响的，其实是戊辰战争时期的赏典禄。

旧将军家曾是鹤立鸡群的大领主，但后来被迁到骏河70万石的封地，结果只能勉强挤到第十名的位置，而占据前几名的都是拿到了大量赏典禄的萨、长、土、肥等西南雄藩旧大名家。

大名华族的公债年利息是5%，也就是说100万圆公债每年就能获得5万圆利息收入（参见图10.2右侧标注）。在明治十年时，5万圆已经是个相当可观的数字了。除去政商岩崎家和三井家，当时民间的富豪能达到5万圆年收入的几乎没有。即使是幕末最大的富豪鸿池家，明治九年（1876年）的利

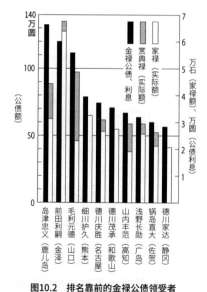

图10.2 排名靠前的金禄公债领受者
（资料来源：石川健次郎《明治前期华族的银行投资》）

息收入也不过10419圆，直到明治十七年仍只有30550圆，加上鸿池善右卫门名下的第十三国立银行明治十七年的股息27500圆，才总算达到58050圆。

也就是说，旧大名家不但熬过了维新时期"亦敌亦友"的动荡，而且获得了巨额的财产，经济状况甚至比旧幕府时代更加稳定。这些大华族收入极高，即使仅看他们的利息收入，也只有少数政商才能够达到这一水平。旧统治阶级的顶层部分被完整地保全下来，这样一个事实可以说十分明显地反映出了明治维新作为一场变革所具有的局限性。

◇巨大的华族银行◇

岩仓具视将所有华族发动起来，利用他们的公债筹措到1782.61万圆巨额资金，设立了规模巨大的第十五国立银行，其目的是避免历经辛苦终于成形的华族财产分散和消失。

一般认为向岩仓建议设立华族银行的人是大藏大辅松方正义，但同时还应注意到，明治天皇也曾对岩仓说过："放眼华族之前途，齐整家政，更努力引导之。"要使君主制充分发挥其作用，就必须有贵族制作为支撑，逐渐形成的近代天皇制也不例外，天皇自身就意识到了华族的重要性。

岩仓试图将所有华族手上的公债全部集中到第十五国立

银行。在明治十年（1877年）五月三日寄给大隈重信的信中，岩仓表示要尽力把尚未加入的锅岛直大（旧肥前藩主）等人也拉拢过来。这是因为如果对这群人放置不管，他们可能就会接二连三地与旧藩士族合作设立国立银行。岩仓已经意识到，华族要想继续存在下去，就必须将自身与士族之间的利害关系切断。

明治十年五月二十一日，第十五国立银行开业。除了锅岛直大与蜂须贺茂韶（旧德岛藩主），几乎所有的华族都成了该行的

另外还有20圆、10圆、5圆、新5圆、1圆、新1圆等面值。各行的银行券图案统一

图10.3　第十五国立银行券

股东。该行行长由毛利元德（定广）担任，总部设于东京木挽町七丁目（现中央区银座八丁目）的蓬莱社旧址，别无分店。坐拥巨额资金却只有一个门店，这样一种古怪的状况反映出该行十分依赖于政府，还远不能算是一个近代银行。根据明治九年八月一日发布的《改正国立银行条例》，第十五国立银行获得了不兑换银行券的发行权，另外，该行还享受到了其他国立银行所没有的特殊待遇。

金禄公债的正式发放于明治十年七月开始，但唯有华族可以提前拿到临时证明书。而且在当时，根据元老院的决

定，金禄公债被禁止用作抵押，但这项业务独在该行是被允许的，该行能够发行银行券也得益于此。另外，当时的银行券兑换准备通货比率通常是25%，而该行的政府贷款部分可以适用5%的比率。虽然当时规定禁止借出超过全部本金10%以上的巨额贷款，该行却被允许贷给政府1500万圆的资金。这是由于此时的政府因筹措不到用于西南战争的经费而焦头烂额。士族与华族待遇的差别由此一目了然。

如此一来，政府几乎完成了对华族金禄公债的"圈占"。明治十年三月，金禄公债的买卖、抵押事实上被解禁，士族设立国立银行的热潮来临。也就是说，政府成功达到了其目的——实现华族与士族的分离。

◇德川家与细川家◇

在大名华族中，有很多人从拿到金禄公债之前就开始运用家禄和赏典禄等收入，试图以各种方式增加自己的资产。

根据松平秀治的研究《明治初期尾张德川家的经济结构》（《社会经济史学》四十一卷五号），尾张德川家在明治二年版籍奉还时约有14.8万圆资产，而明治十年时其资产总额已激增至96万余圆，其中最主要的部分是4314股第十五国立银行的股份，价值达43万余圆。该家资产8年间翻了6.5倍，每年增长率达26%（除去股份部分也有17%），远超明治后期三井、三菱两家14%的年增长率。原因其实很简单：首先是最开始的本金少；其次是每年都有新本金从外部（政府）注入，尤其是明治十年金禄公债的大量发放起到了很大作用。

这种资本常被称作"华族资本"。在当前阶段（严格地说是在金禄公债发放之前，不过视情况也可以一直算到公债偿还之前），这类资本具有一个与私人资本完全不同的"领主的侧面"，越是往前追溯，这些资本的自我增值性就越弱，而开始纯化为依赖于对农民的强制剥削的"领主性"资本。从版籍奉还时推行家产保障到明治初年秩禄处分造成收入骤减的这段时期极为重要。在此期间，国家权力通过直接介入的方式从根源上积蓄、创造出了华族资本。

尾张德川家在其大本营名古屋的收入其实有将近70%都来自家禄和赏典禄，剩余部分则主要是变卖名下的建筑物和工具及收回贷款，自江户时期以来开垦的117町步新田及新购置的田地所带来的佃租收入仅占该家总收入的5%。不过，该家将这一时期的收入用于在东京、名古屋等地放贷或购置地产，积极寻求资产增值。至明治十年（1877年）年末，尾张德川家的贷款余额为33万余圆，所持有的名古屋周边地产价格为8万余圆（332町步），加上在东京的地产则达到了15万余圆。

尾张德川家拿到的5分利金禄公债为738326圆，相当于5

年的家禄和赏典禄总额。向第五银行出资时，其价值被评估为面额的55%，另外再加上若干现金投资，就得出了前文所述的4314股。该家在秩禄处分中失去了"领主的侧面"，而获得了地主（放高利贷者）的性质。自此，尾张德川家开始正式作为华族资本家展开活动。

关于肥后细川家（图10.2中排名第四），我们先来看看千田稔的研究《华族资本的成立・展开》（《社会经济史学》五十二卷一号）。细川家自江户时代开始就经营若干独立于藩厅以外的事业，其中之一就是有明海的排水开垦事业。排水开垦的资金来自藩主，开垦出来的土地被称作"御内家开"或"御侧开"。开垦地的面积本身非常大，再加上新购置的田地，细川家名下的土地在明治十五年（1882年）前后就至少已经达到了624町步。据推算，这些土地总共为该家带来12867俵[1]佃租米的收入。明治三十年之后，细川家终于成为千町步地主。

细川家还经营制蜡业。享和三年（1803年），细川家设立了独立于藩厅栌方[2]之外的水前寺制蜡所。废藩置县时期，该制蜡所一时被收为官营，但不久又被返还。明治七年，细川家以28300圆的价格收购旧藩营蜡缔所，其后一段时期，熊本县制蜡业被细川家垄断。

细川家将每年的家禄收入用于在熊本与东京购置地产，以及经营物品抵押贷款业务，以此使资产增值。同时，该家

表10.2　高收入者（明治二十年）

排名	姓名（所在或旧领）	所得（圆）
1	岩崎久弥（东京）	696596
2	岩崎弥之助（东京）	250664
3	毛利元德*（山口）	173164
4	前田利嗣*（石川）	145543
5	原六郎（神奈川）	117062
6	岛津忠义*（鹿儿岛）	111116
7	细川护久*（熊本）	98354
8	涩泽荣一（东京）	97316
9	住友吉左卫门（大阪）	77351
10	德川茂承*（和歌山）	74842
11	德川义礼*（爱知）	72586
12	池田章政*（冈山）	71190
13	平沼专藏（神奈川）	61670
14	鸿池善右卫门（大阪）	60354
15	浅野长勋*（广岛）	57240
16	松平赖聪*（香川）	57153
17	山内丰景*（高知）	53920
18	茂木惣兵卫（神奈川）	53022
19	藤堂高洁*（三重）	52285
20	久次米庄三郎（德岛）	52131
21	黑田长成*（福冈）	51233
22	原善三郎（神奈川）	51211
23	锅岛直大*（佐贺）	50591
24	本间光辉（山形）	50096

资料来源：阿部勇《日本财政论·租税》。

注：标*者为华族。

自江户时代起就一直在经营的排水开垦事业及制蜡业也在盈利。应当说，细川家很早就成了华族资本家。

尽管时间点上略有差异，但作为参考，笔者姑且在此处列出明治二十年5万圆以上高收入者一览表（表10.2）。该表数据来自《所得税法》颁布时进行的第一次综合调查。

三井家没有出现在表格中，是因为该家被分成了八家并分别列出，其中所得额最高的是总领家三井八郎右卫门，达29573圆。另外，绸缎店主三越得右卫门[3]的所得额为28858圆。三井八家的所得额基本等同于三井大元方[4]发放的资金，若将此金额与得右卫门的所得额进行合计，总额应该在15万圆左右。在表格中排名的华族用圈号标出，其地位之高一目了然。

◇三条家失势◇

同样是华族，公家出身的华族收入却低到生活难以为继。考虑到家禄超过1000石的公家只有九条和近卫两家，这种状况也就不足为奇了。三条实美家的家禄收入为375石，岩仓具视家则仅有278石，加上两家各自的赏典禄收入1250石，才勉强能位列公家中第一、二名。

再看三条家的情况。若按1石等于6圆进行换算，则三条家的家禄、赏典禄收入为9750圆，太政大臣俸禄为9600圆，太政大臣交际费为6000圆，其合计达到25350圆的年收入，在当时算是非常高了。明治六年（1873年）八月，三条家家令丹羽正庸与家扶会计方村井三四之助等人建立兴业社，并开始为设立玻璃制造所进行投资。丹羽另外还与纪州德川家合伙经营广岛县内的矿山，村井也经营着自己的村井铁工所。这样一来，仅动用三条家的收入就远远不够，于是他们开始以三条实美的名义从横滨外商处借高利贷。至明治八年年末，借款本息合计近10万圆。

三条实美不善理财，因此财务都交给手下人打理。手下的人擅自挪用了从细川家借来的1万圆之后，三条才终于意识到事情的严重性，遂把家中事务委托给旧臣尾崎三良（太政官二等法治官）处理。尾崎辞退家令等人后，找到工部卿伊藤博文，将建设中的品川玻璃制造所转卖给了工部省。其后，他又拿出宫内省的赏赐金、土地及矿山采掘权的转让款，才总算还清外商的借款。至于从细川家借的钱，据说采取了无利息30年还清的方式。

当这些家务事处理告一段落的时候，三条家刚好又遇上秩禄处分，结果该家公债利息收入仅剩3250圆，即使换算成第十五国立银行的股份，其年收入也没有超过4000圆。虽然另外还有大臣俸禄等收入，但尾崎担心家中财政过于窘迫，遂通过井上馨向毛利家借款10万圆，约定无利息10年还清，然后用这笔钱买入10分利的公债，试图使资产增值。最后，到明治二十四年（1891年）三条实美去世时，家中所持有的股份价值达到了17万至18万圆，再加上宫内省赏赐的6万圆整理公债，三条家才勉强保住了华族的体面。

3. "士族商法"的成功与失败

◇成为官吏、教员的道路◇

那么，仅拿到极少的金融公债，甚至连生计都难以维持的士族们，这之后又该怎么办呢？关于这一点，虽然在时间上已经超出了本书叙述的范围，但笔者还是要简单地提一下。

他们最主要的就业方向是可以充分发挥自身写作能力的官吏、教员等职业，而对自己的武艺有信心的人则选择了警察这一职业。在这些职位的人员录用上，政府常常为士族提供优先的机会。

从表10.3反映的明治十六年（1883年）年末士族出身的官吏和教员的情况可以看出：在中央及府县官公吏中，士族人数占压倒性优势；即使在区郡町村吏中，士族所占比例也超过士族人数占总人口的比例。只不过，在42万户（195万人）士族中，像这样成功就业的人只有一小部分。

表10.3　士族出身的官吏、教员（明治十六年）

类别	总人数	士族人数及占比
中央、府县官公吏（含巡查）	90317人	58704人（65.0%）
区郡町村吏	83821人	9013人（10.8%）
公立学校教员	83943人	34629人（41.3%）
合计	258081人	102346人（39.7%）
总计	37451727人	1945638人（5.2%）

资料来源：《第四统计年鉴》。

以东京大学（成立于明治十年）及庆应义塾（前身成立于安政五年）为代表的高等教育机构中也聚集了很多士族子弟。他们勤于学业，梦想着有朝一日出人头地，让自己的

"家"再次复兴。在庆应义塾，从文久三年（1863年）到明治四年（1871年），总共有1329名学生入学，但其中只有40人是平民。该塾的平民学生自明治五年开始增加，直到明治十三年，平民学生人数才超过士族学生人数。而在东京大学，明治十四年的总共66名毕业生中，士族45人，平民21人士族人数达到平民人数的两倍以上。此后，士族子弟仍然在源源不断地涌入公立学校。

对于幕府旗本及佐幕派诸藩士族的子弟而言，进入这样的高等教育机构是出人头地的最佳路径。比如，东京大学名誉教授土屋乔雄的父亲出身于旗本家，此人在维新后生活相当穷困，一边在胜海舟家做书生，一边在东京大学学习，明治十三年毕业后担任大审院法官，后来自己在外经营律师事务所。

南部藩的原敬在戊辰战争中败北后，其母变卖家中大部分住宅筹措到一笔资金，他则利用这些钱来到东京，并于明治四年十二月进入旧领主南部利恭设立的英语学校共惯义塾学习。然而，仅半年后，原敬就已经付不起学费。于是，他在法国传教士马林的神学校中学习了一段时间，之后前往新潟成为传教士艾伯哈尔德的学仆并改名戴维·原。他在不久后再次来到东京，并于明治九年七月进入司法省法学校（后并入东京大学）。然而在该校就读还不到3年，原敬就因与校长不和而被开除。其后，他当过一段时间新闻记者，最后进入了外务省工作。毫无疑问，这还是得益于他在法学校的学习经历。

◇成为资本家的道路◇

福泽谕吉在《时事小言》明治十四年九月刊中对士族赞美道："若以人身比喻，则百姓町人为国之胃，士族既如脑又如腕。万事本源居于脑，其功能亦出于脑。"之后，在谈及士族勇敢地挑战新事业时，他又做了以下的评论：

> 士族者，并非仅于文学、政治发挥其头脑、手腕之功能，近年渐着手农工商之事，往往图大业者颇多。其中非无失败之例，然无论得失，企之者必以士族为多，而旧来百姓町人之中罕见。此可证明士族入殖产界亦可为国之胃也。

高度评价当时士族企业家精神的论调在今天仍然经常被提起。东畑精一曾表示，"在日本资本主义环境下，成为企业精神发挥者、产业战士的人中，旧武士的人数占压倒性优势。明治时代的企业家群体因他们而显得丰富多彩"（《日本资本主义的形成者》）。这可以算是一个代表性的例子了。东畑认为，"士族商法"这种嘲讽性质的词语过于片面、过于吹毛求疵，真正让士族成为新社会经济活动主体的，是他们所掌握的对事物的组织能力。

但是这样一来又会产生一个疑问：维新时期之所以会发生动乱，不正是由于幕末时期武士阶级的组织能力（秩序形成力）骤然下降吗？不过，这一点暂且不论，我们先来看看士族成为企业家之后，都进行了一些怎样的活动。

士族企业家们开始在全国范围内积极展开活动是在明治十一年（1878年）他们拿出手上的金禄公债成立国立银行之后。明治十二年六月，全国共有148所国立银行，这些银行的股东中有29630人是华族、士族（总出资额3058万余圆），而平民只有4730人（总出资额不到888万圆）。由此可以看出，华族、士族的股东人数远远超过平民股东人数。然而，士族股东人数在此后迅速减少。从持股数来看，若除去华族，士族股东人数在明治十四年时就已经被平民股东超过。

前桥第三十九国立银行曾经被认为是"例外"取得成功的"士族银行"，但有一个几乎可以确定的事实是，该行最初设立时，除了前桥藩士族，横滨生丝经销商涩泽喜作、涩泽作太郎父子也作为大股东兼董事加入了进来。明治二十年该行以倍额增资时，平民持股数已经超过了华族、士族持股数。明治二十四年一月，前桥生丝商江原芳平被选为该行行长。

被认为属于类似例子的馆林第四十国立银行也是如此。

该行设立时，桐生的纺织品中介批发商小野里喜左卫门和佐羽吉右卫门等人也加入并成为股东。该行在明治十五年末的股东总人数为325人，其中士族占232人，但此时士族的持股数已经被平民超过。明治十四年一月，小野里等人加入了董事团队，但"士族二人组"南条新六郎与笠原圆藏分别担任该行行长及董事一直到明治三十三年上半年。上述两名馆林藩士族积极地开展商业活动（比如于明治二十九年创立日本制粉公司），这使他们在该行的地位得以保持。

国立银行这种民间金融机构的大量出现促进了士族产业投资的灵活度。这一时期，政府也以各种名目将低利息的授产资金借贷给士族，其总额在明治十二年（1879年）至明治二十二年间约为526万圆。据推算，在以养蚕、制丝、开垦、机织为主，同时包括制茶、畜牧、纺纱、制糖的诸多领域中，有将近20万士族结成各种团体或结社并从政府手上借贷了资金。不过其中的大部分都以失败告终，在整理明治二十二年的借款时，借款总额的80%以上做了"弃捐"（依据法律放弃借贷关系）处理。

再看制丝业。松代藩士族设立的六工社于明治十二年获得政府的1.5万圆贷款，该社用这笔钱更新了设备，因产出的生丝质量优良，该社与明治十年米泽藩士在藩主资助下设立的米泽制丝所共同成为全国机械制丝厂的模范。

　　前桥藩士族利用从幕末以来就一直作为副业的制丝技术创办了改良手摇缫丝结社，但这些结社在明治二十年后相继没落，唯一存活下来的只有交水社。不过，这是由于该社在后来加入的平民制丝家的主导下转向了机械制丝，士族制丝家中并没有成长为制丝资本家的案例。

　　因此，从全国范围内来看，人们认为士族才是"产业战士"的这样一种通常观念其实并没有实证支撑。接下来，我们就把关注的范围缩小，探讨具有代表性的实业家们的出身问题。

　　J. 海希默在其著作《日本企业家精神的形成》（土屋乔雄、由井常彦译，东洋经济新报社出版）中选出具有代表性的50名实业家，并指出其构成如下：士族23人、农民14人、商人13人。乍一看，似乎士族占优势，但在实业家的总人数中，各阶层所占比例是士族7%、富农3%、商人5%。如此看来，士族出身的实业家人数与农商出身的实业家人数可以说是惊人的均等。于是，我们可以得出这样一个结论：出身对企业家的形成并未起到决定性的作用，能够切断自己与以往经济生活的联结，吸收建立一个新的价值体系才为重要。

　　恐怕这个结论才是最切合当时的现实状况的。如果武士阶层一直抱着"重面子"的旧传统不放，就根本不可能成长并转化为资本家，他们必须有一个大的飞跃和转变。从这一点来讲，已经习惯了幕藩制社会体制的平民基本上也是一样的。幕末的自发式经济发展阶段与其应当达到的世界水准经济阶段之间的差距不是随随便便就能缩短的。要想成为联结这两个阶段的实业家，就必须无视自己的出身，完成彻底的蜕变。海希默的理论之所以正确，就是因为他在基于落后国家资产阶级论进行系统分析时无意识地涉及了这样一个边界。

◇农民还是"穷民"◇

在以农业为中心的社会，对于士族而言，如果成为"上班族"（官吏、教员）或资本家的路走不通，剩下一个比较好的选择就是"农民化"。

早在废藩置县以前，诸藩就已经在努力推进士族的农民化。而对于被移封到骏河70万石封地的旧幕府来说，这是一个亟须完成的课题。根据明治二年（1869年）年末的"改正扶持金"金额推算，假设一个旧幕臣成为维新政权的"朝臣"仕官并且居住在东京，如果此人旧"石高"为2000石（实际收入为其1/3，约700石），那么他的实际收入仅会被削减到105石。但如果是前往骏府（现静冈市）等地侍奉新藩主德川家达的旧幕臣，其旧"石高"即使同样为2000石，却只能得到8人扶持（实际收入仅为14.4石）。多达15000户的该藩士族只好全部另谋出路。

藩厅也在推进各种各样的授产事业，其中最为引人注目的是骏河国榛原郡牧之原（现牧之原市）的开垦事业。该地由于地势较高、水利落后，所以一直以来只是作为公用的采草地。明治二年七月，中条景昭率领225名精锐新番⁵入驻该地，开始着手进行茶树栽培。明治十一年，该地的开垦地面积达493町步。明治十二年，开垦队伍获得了内务省的2万圆贷款，但该年一户的平均收支为生茶叶贩卖额119圆、栽种费用（除去自家劳务费）88圆。也就是说，纯利润仅为31圆，相当于4石米，勉强维持一家人的生活。

因此，明治十六年（1883年）之后茶叶价格的下跌使他们的生活陷入困境，从内务省借贷的款项也难以还清，到明治二十三年时，这笔钱实际上已经作为"弃捐"处理。由于农民化失败，有的人离开牧之原去了其他地方。不过，此后的茶园仍在继续发展并逐渐成为日本最大的产茶地。从这一意义上来讲，牧之原开垦事业也算是士族授产的一个成功案例。

明治三年十二月，政府在民部省增设开垦局，开始对全国荒地进行调查并按当时的市场价转让。明治六年十二月家禄奉还制实施后，如前文所述，政府又开始将荒地转让给还禄士族。截至明治八年六月，转让土地的面积达到8万余町步。其后一直到明治十七年为止，转让、租借给普通士族的土地又达到至少2万町步。

在国营开垦事业中，福岛县安积郡（现郡山市）的安积原野开垦与安积疏水工程尤为著名。根据高桥哲夫的研究，福岛县令安场保和依照典事中条政恒的计划于明治六年将旧二本松藩的19户士族迁到安积野一隅，让他们在当地进行开垦。他同时又说服郡山富商茂兵卫，以其设立的开垦公司开成社为中心建立了开拓村（现桑野村）。明治九年六月，当时恰巧在福岛县的内务卿大久保利通专程前来视察开拓村的盛况。以此为标志，国营事业的发展正式开始。

明治十一年（1878年）十一月，政府正式决定开垦安积野，其后派遣内务省劝农局南一郎平等人展开安积疏水工程的测量、设计工作，该工程将把猪苗代湖的水经过奥羽山地引入安积野。内务省雇用的荷兰工程师C. J. 多伦基对南一郎平等人的设计图进行了实地勘察，几乎未做修改就通过了该方案。坊间传闻该工程的设计者是多伦，但正如高桥哲夫所指出的，这是一种误传。

在疏水工程推进的同时，从明治十一年开始，以久留米藩士族为首的合计500户士族相继迁入该地。最初他们被带到共同长屋[6]，在看到房间地板上铺的粗草席之后非常愤慨，认为这是罪人才应该受到的对待，但实际上这是当时普通农家的普遍习惯。

在平均每一户拿到326圆的长期无息贷款后，开垦事业开始顺利推进，但无奈的是收获并不多，而且开垦的成本也颇高。高成本的主要原因是雇用了工人，需要发放薪水。可以说，这是士族无法真正成为农民的原因。开垦完成后，土地成了高利贷的借贷对象，不再属于这些士族开垦者，许多士族再一次离散于各地。

安积野的事例证明，即使在得到政府大力扶持的前提下，士族的农民化也绝不是一件简单的事。这些最终没能成为农民的士族大部分沦落到城市底层，变成了无业无产的"穷民"。在农商务省编纂的《兴业意见》（明治十七年）中有这样的记述："士族大概皆薄资无产，其能充分保障自身生计者，盖不过十中二三。"可见，士族群体已经成了"不熟练劳动者"的主要来源。

在众多大名华族华丽转身为资本家的同时，他们的家臣即士族中的大部分却变成了无产者。为了适应19世纪后半叶的资本主义世界，封建统治阶层推动了明治维新，但这同时也使明治维新的性质变得很复杂——造成上述结果的原因正是如此。

4. 最后的士族叛乱

◇ "敬神党"与"秋月、萩之乱" ◇

被秩禄处分逼入绝境的士族们在明治九年（1876年）

秋至明治十年发起了一连串的武装叛乱。不用说，其中最大、最后的一场叛乱就是西南战争。明治九年十月熊本"敬神党"（所谓"神风连"）等发起的叛乱只不过是其前奏而已。

明治初年的熊本充斥着从国粹主义到欧化主义的各种派别。"敬神党"以明治三年去世的神秘神道家林樱园的晚年弟子大田黑伴雄与加屋霁坚为中心，是从肥后勤王党分离出来的一派，一直坚持激进的攘夷思想。该党认为佩刀是日本作为"神州"的象征，因此当陆军卿山县有朋提议的废刀令于明治九年三月二十八日发布时，他们认为政府的洋化政策即将完成，于是开始了激烈的反抗，最终于十月二十四日夜起事造反。

不过，要对熊本镇台与政要邸宅发动袭击，仅凭"敬神党"170余人的势力还远远不够。这群人以"神兵"自居，不愿使用铁炮，而是用复古的刀枪作为武器，因此，他们虽然重伤了县令安冈良亮（3日后死亡），斩杀了镇台司令种田政明少将且成功在兵营放火，但在迅速重整态势的镇台兵有组织的进攻下很快就败退了。

根据记录，"敬神党"一方战死28人、自杀87人、死刑3人、投狱43人（其中3人死于狱中）、逃亡5人、无罪7人，合计173人。由于死亡人数占总人数的比率非常高，因而此次叛乱被评价为"否定时代的人发起的一种集体自杀"（渡边京二语）。

接到"敬神党"起事的消息后，十月二十七日，福冈县旧秋月藩士族矶淳、宫崎车之助等人也率领230余人起兵造反。他们向小仓的镇台分营发起进攻，试图与山口县萩的前原一诚集团汇合，但由于旧小仓藩丰津士族未按计划前来接应，反叛军数日内即被镇台分营兵镇压。

翌日（即十月二十八日），原参议、原兵部大辅前原一诚率领山口县对政府不满的士族发起叛乱。他们在萩的明伦馆结成"殉国军"并计划对山口县厅发动袭击，但县令带领政府军率先对萩发动攻击，大阪镇台兵也赶来支援。十一月六日，总人数500余人的叛军被彻底击败，前原等人被处以斩首。

这一连串的叛乱尽管互有关联，但最终没有形成统一的领导，因此只能算是孤立分散的暴动。他们的诉求是反对废刀令与秩禄处分、维护士族特权，实际上违背了历史潮流，因此完全没有把民众发动起来。从这一点上来讲，旧萨摩藩士族发起的大叛乱——西南战争同样也不例外。

◇士族独裁国家——鹿儿岛◇

西乡隆盛在明治六年政变中下野后带领其追随者回到了鹿儿岛。其后，鹿儿岛拒绝执行中央政府的近代化政策，俨然成了一个士族独裁国家。自废藩置县以来，鹿儿岛县政由大山纲良一手把持，大山对中央政府推行的所有政策都不配合，拒绝将这些政策直接适用于鹿儿岛。

比如，鹿儿岛没有向士族课以政府决定征收的家禄税，且拒绝实施家禄的金禄定额化并继续向士族发放稻米，在金禄公债方面，该县将相当于10年家禄额的10分利公债交付给士族，而政府也不得不认可这一特例。

地租改正政策在鹿儿岛也难以推行。在萨摩藩，将领地分配给各个家臣的"地方知行制"一直延续到幕末，而家臣们将领地租给百姓耕作并收取高额租税，同时又留下一部分土地自种自收并向藩缴纳低额贡租。在地租改正后，前者变为百姓所有的土地，士族持有的土地则只剩下后者。不仅如此，自明治十年起，政府还向后者征收跟前者相当的高额地租，士族的不满由此达到顶点。

彼时，藩政时期的专卖制度在鹿儿岛实际上仍然继续存在，这也让农民的生活更加困难。茶叶与生丝的专卖在明治五年得以取消，但要运输到其他地区必须经过新设立的国产公司。另外，在政府下达砂糖自由买卖的通告后，大岛等属岛的"砂糖总买入制"本来已经废止，但鹿儿岛县未将此通告向外界宣布，还将所有产出砂糖的独家收购权授予少数几名鹿儿岛商人设立的大岛商社。

从以上事例可以看出，在废藩置县后，鹿儿岛与其说是

"县"，倒不如说仍然是一个保持原有状态的"藩"，在这片土地上几乎看不到文明开化的光辉。与其他地区相比，鹿儿岛的士族享受着更加优厚的待遇，而农民们的生活仍然非常艰辛。根据《鹿儿岛县史》中的数据，在明治十年，该县学龄儿童入学率仅有23%，低于青森县，在全国都属于倒数。考虑到该县的情况比较特殊——士族人数占总人数的26%，鹿儿岛县农民的凄惨境遇也就可想而知了。

自明治七年六月起，该县各地开始设立"私学校"，但这些学校只是强化士族独裁体制的工具，其招收对象仅限于士族青少年。县令大山纲良不但将县厅经费用于对私学校的扶持，还接二连三地将私学校职员任命为区长、校长、警部等，整个鹿儿岛县的县政都染上了浓厚的私学校色彩。可以说，此时的鹿儿岛已经变成了半独立于中央政府的"士族独裁国家"。

◇西南战争及其意义◇

当然，实行中央集权的明治政府不可能放任这种"国中之国"的存在。说到独裁，当时的明治政权也是处于大久保独裁的体系之下，但只要士族的各种特权逐渐在取消，这种独裁就与鹿儿岛的士族独裁有着本质不同。民权派出现后，政府也在积极摸索建立能够与之抗衡的统治体系。

事实上，鹿儿岛士族实质上的领导者桐野利秋、筱原国干、村田新八等人虽然采取了与中央政府对抗的强硬态度，却找不到发起武装政变、率兵上京的"大义名分"。明治九年（1876年）二月《日朝修好条规》签订后，造成西乡下台的"征韩问题"已经不再能够成为集结反政府士族的理由，而与民权派联合、发动群众的这一路线又与他们平时在鹿儿岛的所作所为完全相悖。

于是，在政府一方的挑衅（搬运火药、派遣密探）下，西乡仅向县令提交了一封简单的书信称"今般寻问政府之筋有之"，其后便在没有任何能够说服国民的"大义名分"的情况下于明治十年二月十五日率军从鹿儿岛出发。

岛津久光、岛津忠义两家也对西乡军采取了冷淡的态度。有人听闻岛津家也随西乡一同起兵，于是前来加入，但两家却全力辩解称"今回西乡等人之举动与我两家全无关系，我等亦不知其意欲为何，且未得彼等之通知"（市来四郎著《丁丑扰乱记》）。当岛津两家得知自己出资的第五国立银行在县令大山的委托下借款1万圆给西乡军后，立即下令取消了这笔借款。

此外，西乡军也没能根据眼前状况制定出正确的战略。西乡最小的弟弟小兵卫提出应当先从海路奇袭长崎，其后攻占整个九州，这其实是相当恰当的战略。但最终得到通过的还是桐野、筱原等人提出的正面进攻路线，即举全军攻打

熊本镇台的方案。由于守卫熊本镇台的士兵是从百姓中征召
的，所以桐野等人想当然地预测这些守军很快就会投降。

　　然而，对征召兵的弱点了如指掌的镇台司令长官谷干城
（土佐藩）少将在天下名城熊本城中守城不出，以周到严密
的战略迎战西乡军，双方的攻防战一直持续了近两个月。其
后，政府军主力南下直奔熊本城而来，西乡军被迫转为极为
不利的防守态势。

　　双方展开了以田原坂攻防战为代表的一连串激烈战斗，
不过其具体经过在桥本昌树的力作《田原坂》（中公文库）
有详述，此处不再赘言。在这里，笔者想讨论政府一方的征
兵动员能力到底达到了怎样的程度。

　　西乡军出发前往熊本城时，有7个步兵大队，总人数约
13000人。迎击的熊本城守军以第十三步兵连为主，总人
数为2584人，且其中2/3为征召兵。另外，从小仓赶来的第
十四连队330人和来自东京的内务省警视局巡查451人也与守
城部队会合，也就是说，防守一方总共有3365人。其后，西
乡军又纳入了征募兵与来自其他县的所谓"党萨诸队"，总
动员兵力据说达到了约3万人。政府一方的总动员兵力合计
45819人，其中"壮兵"（士族志愿兵）17913人。

　　此处的政府军"壮兵"实际上有很深的内情。明治九年
年末时，近卫及六镇台部队加起来也不过32777人，兵力不
足的状况让政府军苦恼不已。因此，士族兵的招募很早就被

提上日程，但大日方纯夫在其论文《西南战争中"巡查"的临时征募》（《日本历史》第三百六十二号）中指出，发起该提议者不是山县有朋而是岩仓具视。岩仓很清楚，如果公开招募士族兵，征兵制将会遭到彻底破坏，因此就提出了以募集"巡查"的名义将士族招募进来并派往战场的权宜之计。政府本来就时常派遣巡查前去镇压各地的叛乱或一揆，如前文所述，在熊本镇台也有政府派来支援的巡查。

于是从二月末起，各地相继开始以募集"巡查"的名义招募事实上的士族兵。四月时，伊藤博文在山口县招募"壮兵"1300人，此前他并没有用募集"巡查"的名义征兵，但这一次例外。根据山县在五月提出的方案，政府设立了由士族兵构成的"新选旅团"。此次招募也是由内务省负责，且同样是以招募"巡查"为名义。

然而从五月左右开始，士族们不再积极前来应募，岩仓甚至把旧藩主们找来让他们去做旧家臣的工作，但还是招募不到高质量的志愿兵。三月中旬在田原坂出现了一支士族巡查拔刀队，这支队伍战斗极为勇猛，让西乡军闻风丧胆，但他们并不是新招募入伍的士族。

如此看来，士族志愿兵是对征兵军事力量的一个补充，但其作用未必是决定性的。即使是在肉搏战中，征召兵也已经逐渐能够压制住西乡军拔刀队的猛攻。这要得益于一种新的集团战术，即数人摆出弧形阵列，手持装上刺刀的施耐德

此图描绘了西乡军攻击熊本城时其大本营中的景象。画中没有筱原国干的身影，或因其已于三月四日战死（杨洲周延所绘《鹿儿岛战争记》）

图10.4　西南战争

步枪，在离敌人六七米的位置同时发起射击，然后再用刺刀刺杀敌人。

政府军于三月二十日突破重重防守的田原坂，于四月十四日从八代方面登陆并突袭了西乡军的后方。政府军进入熊本城后，西乡军撤退至人吉。

此后一直到九月二十四日城山陷落，双方的战斗总共持续了5个月以上。由于西乡军的兵力、弹药日益匮乏，战斗实际上变成了处于优势的政府军对西乡军展开的歼灭战。虽说西乡军士兵坚韧过人，但由于他们一直孤立于民众，游击式的战斗并不适合他们。最后到达城山的西乡军仅300余人。九月二十四日凌晨四时，政府军对城山发动总攻，在战斗中负伤的西乡隆盛于上午七时自杀，结束了自己跌宕起伏的50年人生。

　　西乡军的败北证明了鹿儿岛的士族独裁体制不过是维新变革过程中的昙花一现。自此以后，士族叛乱再也没有发生。另外，如前文所述，政府虽然在大规模推行针对穷困士族的授产政策，但效果并不好。如此一来，士族被抛弃，只有华族得以存续并聚集到天皇周围，近代天皇制国家就在这样的状况下逐渐形成。

译者注

　　1.计算袋装物的量词。

　　2.熊本藩内所设掌管专卖垄断的部门。

　　3.原名三井高信。明治五年（1872年），越后屋从三井家独立后改名三越得右卫门。

　　4.管理三井家所有事务的最高组织。

　　5.幕府时代负责将军护卫工作的人员。

　　6.一种集体居住设施。

市民革命与工业革命

◇维新变革的目标◇

本书的叙述以西乡隆盛在城山之战中自杀结束。此时，曾在萨长同盟中与西乡联手的木户孝允已经不在人世。木户非常担忧西乡的状况，但他自己当时也已卧病在床。明治十年（1877年）五月二十六日上午六时，木户孝允去世，享年45岁。而此时西乡正在从人吉的阵地逃往宫崎。由于形势所迫不得不与盟友西乡刀兵相见的大久保利通也于明治十一年五月十四日上午八时左右被石川县士族岛田一郎等人暗杀，享年49岁。

所谓"维新三杰"在明治十年到十一年相继死去，这的确是维新变革中一个阶段性的象征。但正如前文所述，笔者并不认为维新变革到此就结束了。倒不如说，正因为维新变革还不能结束，所以西乡和大久保二人必须死于非命。

维新变革的直接目的是应对"黑船"带来的冲击，而要达成这一目的，就必须将变革推进到远超倒幕派士族所预想的地步。其结果，就是西乡和大久保的死亡。树立起有足够力量，能够让日本加入近代国际社会的政治权力，并建立起支撑政治权力的经济结构——这才是维新变革的最终目标。要做到这一点，就必须将倒幕派士族本身的存在彻底否定。西乡反对把曾在倒幕运动中拼死战斗的伙伴即士族阶层抛弃，因此成了叛军首领，最后兵败自杀。而一手瓦解了士族阶层、镇压了叛乱的大久保遭暗杀身亡。在他们死后，为了达成余下的目标，维新变革仍在继续。

◇市民革命的目标◇

在明治十年有一个尚未完成的目标，就是树立起有足够力量，能让日本加入近代国际社会的政治权力。此时，明治政权已通过废藩置县实现中央集权化，其后陆续清除阻碍引进机械化大工业的诸多封建限制，并且开始废除妨碍近代军事制度诞生的身份制度。

不过，以上都是在明治政权的主导下，为了对抗列强而采取的措施。就当时的体制而言，以弱小的资产阶级为中心的国民的意见几乎无法影响到政治。在明治十年左右，日本的基本政治形态是内务卿大久保利用天皇权威建立起来的独裁政治。

但是，这样的政治形态没有得到国民的支持（或者说认可），因此其权力实际上是非常不稳定的。能够让日本跻身近代世界的政治权力，并不是只有作为统一国家将权力集中的侧面，还必须将权力的支持基础尽可能扩大并统合起来。

在明治七年（1874年）一月的《民选议院设立建白书》中，板垣退助等人提出"夫政府之强者何以致之？天下人民皆同心也"的主张。该主张就在这一层面上尖锐地指出了"有司"（官僚）专制的弱点。明治十年六月西南激战正酣之时，在一封提交给天皇的《立志社建白书》（植木枝盛执笔）中，民权派首次自觉地基于市民自由理论提出自己的主张，民权运动终于开始明显带有市民革命的性质。所谓"市民革命"，就是追求实现"国民主权"（注意，此处并非人民主权），而"国民主权"则是指以资产阶级为中心的国民掌握主权的体制。

民权运动本身因政府采取的各种应对策略及武力镇压而失败。不过，民权派提出的参与政治的要求——尽管有所歪曲——还是被吸收到了明治二十二年发布的《明治宪法》中。维新变革在政治方面最后取得的结果，就是将实现国民主权这一市民革命的目标进行一定的歪曲解读后置入天皇大权（君主主权）的框架中，建立起表面上的君主立宪制——明治宪法体制。

◇工业革命的目标◇

还有一个目标，就是建立起能够承受世界市场激烈竞争的经济基础。在制丝业领域，只要设立类似于意大利、法国的手工业工厂就足够，但在棉纺织业等领域，就必须引进英式的机械化大工业。

如上所述，日本在面临市民革命的同时，又不得不进行工业革命，可见作为落后国家的日本要进行一番变革到底有多难。在英国，资本主义的初期形成与市民社会的建立是相互联结、并行推进的，而日本则不同，这使日本产生了异于英国的政治与经济形势。一言以蔽之，日本以牺牲民主化来推进工业化。

在英国，农村工业化在专制君主的领导下紧锣密鼓地进行，而担负这一任务的是被称作"中产生产者阶层"的个人。同时，作为将共同体从内部瓦解的一支力量，他们又担负着市民革命的使命。于是，工业化和民主化就这样完美地结合在了一起。可是对于日本这个落后国家而言，它所面临的最主要的问题，是对诞生于工业革命的机械化大工业的移植引进，而工厂劳动就需要设法将集团性生产力固定下来。这一点对于幕末经济的核心——此时刚刚开始发展出部分工厂手工业的小生产者阶层——而言是一个难以解决的问题。因此，政府、商人和地主开始着手进行工厂制度的移植引进。

在这一阶段，为了保证对外的经济独立性，首先需要极力排除外资，然后将与政府有直接或间接关系的商人（地主阶层）的资金动员起来。因此可以说，采用股份公司的形式（比如第一国立银行行长涩泽荣一于明治十五年设立的大阪纺织）将大都市商人的资金集中、引进最新型机械并实行外来女工昼夜两班轮换工作制，才是日本的工业革命的开始。在共同体继续存在的背景下，地主（商人）的资金与来自佃农家庭的女工联结在了一起，仍然保持着明显的前近代生产关系的农村被逐渐侵食，资本主义工业化则在这个过程中得到了发展。

在这一阶段，市民社会关系的健全发展并不是工业化的必要前提条件。当然，形成一个能够适应且愿意适应工厂集体劳动的劳动主体是必须的。但是，工业革命的推进催生了一个外来女工经过短时间培训即可掌握技能的轻工业机械体系，同时也使最新式工厂与半封建式农村之间产生了一种联结。

于是，在日本这个民权运动未能成功的近代天皇制国家，工业革命开始在各种保护政策下逐渐步入正轨。继明治九年至十三年制丝业、银行业的产业振兴之后，在"松方财政"的影响下，明治十九年至二十二年又有一波以棉纺织业、矿山业、铁道业为中心的产业振兴，这标志着日本的机械化大工业已经稳定并开始发展，也意味着日本进入了工业革命的新时代。可以说，维新变革在经济领域取得的成果就是这场工业革命的开始。正如本书前言中的引文所提到的，创立了大阪纺织的工业革命先驱者涩泽荣一哀叹于资产阶级缺乏独立性，而这其实是政府主导且以牺牲民主化为代价的工业化所造成的必然后果。

基本史料一览

此处列出与本书所涉及时代相关且易入手、阅览的印刷史料。〔　〕中内容为出版发行方等信息。

■对外关系

1. 『ペルリ提督日本遠征記』

〔土屋喬雄・玉城肇訳、全四冊　岩波文庫〕

受佩里委托，F. L. 霍克斯以佩里本人及士官的备忘录、日记为基础，编辑整理的正式报告。

2. 『ハリス日本滞在記』

〔坂田精一訳、全三冊　岩波文庫〕

T. 哈里斯于 1855 年 5 月至 1858 年 6 月所写日记编纂而成，编者为 M. E. 科森扎。

3. 「新異国叢書」

〔雄松堂書店〕

第一辑共 15 卷，第二辑共 10 卷。其中幕末相关资料有『ペリー日本遠征日記』『エルギン卿遣日使節録』『ポンペ日本滞在見聞記』『ゴンチャローフ日本渡航記』『アンベール幕末日本図絵』等。

4. 『大君の都』

〔山口光朔訳、全三冊　岩波文庫〕

首任驻日公使阿礼国的日本观察记录。

5.『一外交官の見た明治維新』
〔坂田精一訳、全二冊　岩波文庫〕

英国驻日外交官阿涅斯特·萨托的自传式记录。该书详细记录了文久元年至明治二年年初的日本国内外政局。

6.『ヤング・ジャパン』
〔ねず・まさし・小池晴子訳　平凡社、東洋文庫〕

幕末维新时期在东京从事过报业的英国人 J. R. 布莱克所整理的记录。

7.『大日本古文書・幕末外国関係文書』
〔東京大学出版会〕

据东京大学史料编纂。以年份顺序对嘉永六年之后的外交相关文书进行了编纂整理。目前已出版至文久元年四月，共 53 册，外加附录 8 册。

8.『大日本外交文書』

外务省将所藏主要文书进行编纂后自昭和十一年开始公开发表，截至昭和十五年已发行到第九卷（明治九年）。昭和二十四年后改称『日本外交文書』并继续刊行。

9.『米欧回覧実記』
〔田中彰校注、全五冊　岩波文庫〕

岩仓使节团随行人员久米邦武编纂的报告书，共 100 卷，明治十一年出版。

■维新史

10.「日本史籍協会叢書」

〔東京大学出版会復刊〕

日本史籍协会从大正四年开始刊行的明治维新重要史料，共 192 册。包括『岩倉具視関係文書』八、『大久保利通文書』一〇、『大隈重信関係文書』六、『木戸孝允文書』八、『奇兵隊日記』四、『昨夢紀事』四、『坂本竜馬関係文書』二、『中山忠能日記』三等。

11.『維新史料綱要』

仅记载了维新史料编纂事务局编『大日本維新史料稿本』大纲及引用史料出处的资料。收录时间范围为弘化三年至明治四年，共 10 卷。

12.『孝明天皇紀』

〔全五卷　吉川弘文館〕

官内省将孝明天皇的事迹以编年体的形式整理而成。明治三十九年出版，昭和四十二年至四十四年再版。

13.『明治天皇紀』

〔全一二卷、索引　吉川弘文館〕

记载了明治天皇在嘉永五年九月至明治四十五年七月的事迹，由官内省于昭和八年编纂完成，昭和四十三年至五十二年首次公开发行。

14.『復古記』

〔東京大学出版会復刊〕

戊辰战争时期官军一方的正史，原本于明治二十二年完成，共 15 册。

15.『法令全書』

收录了庆应三年十月以后的各种法令。内阁官报局于明治二十一年开始编纂。

■个人、诸藩

16.『昔夢会筆記』
〔平凡社、東洋文庫〕

为编写传记而召开的向德川庆喜询问旧事的会议记录。涩泽荣一编纂的『德川慶喜公伝』共 4 册也已由东洋文库刊行。

17.「海舟全集」
〔同刊行会編、全一〇巻　改造社〕

18.『岩倉公実記』
〔宮内省皇后宮職編、全二巻　原書房より復刻〕

19.『大久保利通伝』
〔勝田孫弥編、全三冊　同文館〕

20.「大西郷全集」
〔同刊行会編、全三巻　平凡社〕

21.『松菊木戸公伝』
〔木戸公伝記編纂所編、全二巻　明治書院〕

22. 『大隈伯昔日譚』

〔円城寺清編、立憲改進党党報局〕

23. 『尾崎三良自叙略伝』

〔三巻　中央公論社〕

24. 『水戸藩史料』

〔吉川弘文館〕

德川侯爵家编。内容以嘉永六年至明治四年水户藩的活动为中心，形式为编年体。

25. 『薩藩海軍史』

〔公爵島津家編纂所編、全三巻〕

内容以幕末萨摩藩海军为中心，同时广泛涉及幕府及诸藩的动向。

26. 『修訂　防長回天史』

〔全二冊　柏書房〕

末松谦澄著。该书大量收录了第一手资料，原本于明治四十四年完成，大正十年刊行修订版。

27. 『史談会速記録』

幕末维新诸事件相关者的回忆录，共 411 辑。

■社会、经济

28. 『百姓一揆総合年表』

〔青木虹二著　三一書房〕

网罗了近世至明治十年的一揆、骚乱、打砸事件的年表。

29.『自由党史』

〔遠山茂樹・佐藤誠朗校訂、全三冊　岩波文庫〕

板垣退助监修，明治四十三年刊行。

30.「明治前期財政経済史料集成」

〔大内兵衛・土屋喬雄編、全二一巻　改造社〕

收录了大藏省等机构所藏重要史料。

31.『五代友厚伝記資料』

〔日本経営史研究所編、全四巻　東洋経済新報社〕

由大阪商工会议所收藏的五代友厚相关文献整理编纂而成。

32.『雨夜譚』

〔長幸男校注　岩波文庫〕

涩泽荣一自传，内容至明治六年涩泽辞去大藏省官职之前。龙门社编『渋沢栄一伝記資料』（共 68 卷）也以此书作为主要的初期资料。

33.『三井事業史』

〔三井文庫編〕

包括三井文庫所藏史料构成的资料篇 4 冊及本篇 3 卷 6 冊。

34.『岩崎弥太郎伝』

〔東京大学出版会〕

昭和四十二年刊行的正史（上下册）再版。编纂工作由三菱集团
资助的岩崎弥太郎、岩崎弥之助传记编纂会完成。

■文化、思想

35.『明治事物起原』
〔石井研堂『増訂　明治事物起原』　春陽堂〕

对西方文明在日本的移植引进作了详细论述。明治四十一年初
版，大正十五年增订。

36.「明治文化全集」
〔明治文化研究会編、日本評論社。改訂版は日本評論新社〕

明治文化研究会将明治维新时期重要文献按领域编辑整理而成。
昭和二年至五年版本为 24 册，战后改订版为 16 册。

37.「日本思想大系」
〔岩波書店〕

本书相关文献有『吉田松陰』『渡辺崋山・高野長英・佐久間象
山・横井小楠・橋本左内』『幕末政治論集』『民衆運動の思想』『民
衆宗教の思想』等。

38.「日本近代思想大系」
〔岩波書店〕

将明治前期思想相关史料按领域编纂整理而成，包括『開国』『天
皇と華族』『宗教と国家』『法と秩序』『経済構想』等 23 卷及索引。

参考文献

　　此处列出幕末维新史相关参考文献及引用文献中时间距今较近且比较重要的著作。末尾数字为刊行年。

■通史、讲座

『明治維新』遠山茂樹　　　　　　　　　　　　岩波書店（1951）

『日本現代史Ⅰ　明治維新』井上清　　　　東京大学出版会（1951）

『日本の歴史（19）　開国と攘夷』小西四郎　中央公論社（1966）

『日本の歴史（20）　明治維新』井上清　　　中央公論社（1966）

『シンポジウム日本歴史（15）　明治維新』　　　学生社（1969）

『日本の歴史（23）　開国』芝原拓自　　　　　　小学館（1975）

『日本の歴史（24）　明治維新』田中彰　　　　　小学館（1976）

『岩波講座　日本歴史（14）　近代1』　　　　岩波書店（1975）

『岩波講座　日本歴史（13）　近世5』　　　　岩波書店（1977）

『日本近代化の世界史的位置』芝原拓自　　　岩波書店（1981）

『講座　日本近世史（9）　近世思想論』　　　　有斐閣（1981）

『講座　日本近世史（7）　開国』　　　　　　　有斐閣（1985）

『講座　日本歴史（7）　近代1』　　　　東京大学出版会（1985）

『日本歴史大系（4）　近代1』　　　　　　　山川出版社（1987）

『明治維新観の研究』田中彰　　北海道大学図書刊行会（1987）

『日本の歴史（15）　開国と倒幕』田中彰　　　　集英社（1992）

『日本の歴史（16）　明治維新』中村哲　　　　　集英社（1992）

『日本近代史（1）　維新変革と近代日本』　　岩波書店（1993）

■外交史

『増訂　明治維新の国際的環境』石井孝　　　　　吉川弘文館（1966）

『明治初期日韓清関係の研究』彭沢周　　　　　　　塙書房（1969）

『日本開国史』石井孝　　　　　　　　　　　吉川弘文館（1972）

『朝鮮の歴史』朝鮮史研究会編　　　　　　　　　三省堂（1974）

『岩倉使節の研究』大久保利謙編　　　　　　　　宗高書房（1976）

『朝鮮の攘夷と開化』姜在彦　　　　　　　　　　平凡社（1977）

『琉球処分論』金城正篤　　　　　　　　沖縄タイムス社（1978）

『幕末維新期の外圧と抵抗』洞富雄　　　　　　　校倉書房（1977）

『明治初期の日本と東アジア』石井孝　　　　　　有隣堂（1982）

『神戸事件』内山正熊　　　　　　　　　　　中央公論社（1983）

『黒船前後の世界』加藤祐三　　　　　　　　　岩波書店（1985）

『開国の使者』宮本孝　　　　　　　　　　雄松堂出版（1986）

■政治史

『戊辰戦争』原口清　　　　　　　　　　　　　　塙書房（1963）

『明治維新政治史研究』田中彰　　　　　　　　　青木書店（1963）

『明治維新の権力基盤』芝原拓自　　　　　　御茶の水書房（1965）

『明治維新政治史序説』毛利敏彦　　　　　　　　未来社（1967）

『日本近代国家の形成』原口清　　　　　　　　　岩波書店（1968）

『明治維新草莽運動史』高木俊輔　　　　　　　　勁草書房（1974）

『近代天皇制研究序説』下山三郎　　　　　　　　岩波書店（1976）

『戊辰戦争』佐々木克　　　　　　　　　中央公論社（1977）

『明治維新研究序説』千田稔・松尾正人　　　開明書院（1977）

『明治六年政変の研究』毛利敏彦　　　　　　有斐閣（1978）

『幕末・維新の政治構造』佐藤誠朗　　　　校倉書房（1980）

『公武合体論の研究』三上一夫　　　　御茶の水書房（1979）

『北関東下野における封建権力と民衆』

　　　　　　　　　　　　—秋本典夫　　山川出版社（1981）

『天皇制の政治史的研究』宮地正人　　　　校倉書房（1981）

『戊辰戦争論』石井孝　　　　　　　　吉川弘文館（1984）

『廃藩置県』松尾正人　　　　　　　　中央公論社（1986）

『明治維新の政治過程』大久保利謙　　吉川弘文館（1986）

『近代天皇制形成期の研究』佐藤誠朗　　　三一書房（1987）

『近代天皇制の成立』遠山茂樹編　　　　　岩波書店（1987）

『明治国家形成期の外政と内政』

　　　　　　　　—永井秀夫　　北海道大学図書刊行会（1990）

『王政復古』井上勲　　　　　　　　　中央公論社（1991）

『幕藩権力と明治維新』明治維新史学会編　吉川弘文館（1992）

■社会史

『明治維新の社会構造』堀江英一　　　　　　有斐閣（1954）

『士族反乱の研究』後藤靖　　　　　　　　青木書店（1967）

『村方騒動と世直し』佐々木潤之介編　　青木書店（1972-1973）

『新訂　華士族秩禄処分の研究』深谷博治　吉川弘文館（1973）

『日本近代建築の歴史』村松貞次郎　　　日本放送出版協会（1977）

『神風連とその時代』渡辺京二　　　　　　　葦書房（1977）

『改訂　明治軍制史論』松下芳男　　　　　国書刊行会（1978）

『維新政権の直属軍隊』千田稔　　　　　　開明書院（1978）

『維新政権の秩禄処分』千田稔　　　　　　開明書院（1979）

『世直し』佐々木潤之介　　　　　　　　　岩波書店（1979）

『部落「解放令」の研究』小林茂　　　　　解放出版社（1979）

『東京時代』小木新造　　　　　　日本放送出版協会（1980）

『徴兵制』大江志乃夫　　　　　　　　　　岩波書店（1981）

『安積野士族開拓誌』高橋哲夫　　　　　　歴史春秋社（1983）

『ええじゃないか始まる』田村貞雄　　　　　青木書店（1987）

『天皇の肖像』多木浩二　　　　　　　　　岩波書店（1988）

■経済史

『寄生地主制論』塩沢君夫・川浦康次　　御茶の水書房（1957）

『日本近代製糸業の成立』矢木明夫　　　御茶の水書房（1960）

『地租改正の研究』福島正夫　　　　　　　有斐閣（1962）

『明治維新の土地変革』丹羽邦男　　　　御茶の水書房（1962）

『明治維新の政局と鉄道建設』田中時彦　　吉川弘文館（1963）

『地租改正の研究』近藤哲生　　　　　　　未来社（1967）

『明治の貿易』海野福寿　　　　　　　　　塙書房（1967）

『地租改正と農民闘争』有元正雄　　　　　新生社（1968）

『明治維新の基礎構造』中村哲　　　　　　未来社（1968）

『小野組の研究』宮本又次　　　　　　　　新生社（1970）

『財閥形成史の研究』安岡重明　　　　ミネルヴァ書房（1970）

『日本資本主義成立史研究』石塚裕道　　　吉川弘文館（1973）

『円の誕生』三上隆三　　　　　　東洋経済新報社（1975）

『近世の物価と経済発展』新保博　　東洋経済新報社（1978）

『貨幣の語る日本の歴史』山口和雄　　　　そしえて（1979）

『茶の世界史』角山栄　　　　　　　　　中央公論社（1980）

『世界市場と幕末開港』石井寛治・関口尚志編

　　　　　　　　　　　　　　　東京大学出版会（1982）

『近代日本とイギリス資本』石井寛治　　東京大学出版会（1984）

『変革期の商人資本』丁吟史研究会編　　　吉川弘文館（1984）

『シンポジウム・歴史のなかの物価』原田敏丸・宮本又郎編著

　　　　　　　　　　　　　　　　　　　同文館（1985）

『日本の鉄道』野田正穂・原田勝正・青木栄一・老川慶喜編

　　　　　　　　　　　　　　　日本経済評論社（1986）

『アジア交易圏と日本工業化 1500-1900』浜下武志・川勝平太編

　　　　　　　　　　　　　　　リブロポート（1991）

■文化史、思想史

『維新の精神』藤田省三　　　　　　　みすず書房（1967）

『幕末政治思想史研究』山口宗之　　　　　隣人社（1968）

『福沢諭吉』遠山茂樹　　　　　　東京大学出版会（1970）

『文明開化の研究』林屋辰三郎編　　　　岩波書店（1979）

『文明開化』飛鳥井雅道　　　　　　　　岩波書店（1985）

『文明開化』井上勲　　　　　　　　　　教育社（1986）

『「文明論之概略」を読む』丸山真男　　　　岩波書店（1986）

『日本近代化の精神世界』宮沢邦一郎　　　　雄山閣（1988）

■人物史

『勝海舟』松浦玲　　　　　　　　　　　中央公論社（1968）

『大久保利通』毛利敏彦　　　　　　　　中央公論社（1969）

『西郷隆盛』井上清　　　　　　　　　　中央公論社（1970）

『幕末の豪商志士白石正一郎』中原雅夫　　　三一書房（1970）

『大村益次郎』絲屋寿雄　　　　　　　　中央公論社（1971）

『横井小楠』松浦玲　　　　　　　　　　朝日新聞社（1976）

『幕末悲運の人びと』石井孝　　　　　　　有隣堂（1979）

『明治維新の敗者と勝者』田中彰　　日本放送出版協会（1980）

『岩瀬忠震』松岡英夫　　　　　　　　　中央公論社（1981）

『怪商スネル』高橋義夫　　　　　　　　大正出版（1983）

『高杉晋作と奇兵隊』田中彰　　　　　　岩波書店（1985）

『女たちの明治維新』小松浅乃　　　　　　文園社（1986）

年　表

公历	和历	天皇	将军
1852 年	嘉永五年	孝明	德川家庆
1853 年	嘉永六年	孝明	德川家祥 （后改名家定）
1854 年	安政元年	孝明	德川家祥 （后改名家定）
1855 年	安政二年	孝明	德川家祥 （后改名家定）

日本国内大事（标 ＊ 为同时期世界大事）

6 月　荷兰商馆长唐克尔·库尔提斯通知幕府美国使节将于翌年来日。

7 月　肥前藩成功使用反射炉铸造大炮。

6 月　美国东印度舰队司令长官佩里率 4 艘军舰来到浦贺。幕府于久里滨受领美国总统菲尔莫尔的国书。佩里前往琉球。将军家庆去世。

7 月　老中阿部正弘就回复美国国书一事向诸大名、幕臣征求意见。幕府要求前水户藩主德川齐昭参与幕政。俄国使节普提雅廷率 4 艘军舰来到长崎。

12 月　普提雅廷再次来到长崎，与幕府官员签订国境、通商相关协议。

＊清朝，太平天国军队占领南京。

1 月　佩里率 7 艘军舰停泊于神奈川。

3 月　《日美和亲条约》（《神奈川条约》）签订。下田、箱馆开港。普提雅廷再次来到长崎。吉田松阴于下田请求搭乘美舰船偷渡遭拒绝，后被逮捕。佐久间象山被捕入狱。

闰七月　英国东印度舰队司令长官斯特林率舰队进入长崎。

8 月　幕府签订《日英和亲条约》。

11 月　普提雅廷所乘舰"戴安娜"号严重受损。

12 月　《日俄和亲通商条约》于下田签订。

＊英国、法国向俄国宣战（克里米亚战争，至 1856 年结束）。

3 月　幕府发布公告将梵钟改铸为大小火炮。法国舰队来到下田。英国舰队来到箱馆。

6 月　荷兰国王将汽船"森宾"号（后改名"观光丸"号）赠予幕府。

7 月　长崎设立海军传习所。

10 月　江户发生安政大地震。佐仓藩主堀田正睦就任老中首座。

12 月　《日荷和亲条约》签订。

公历	和历	天皇	将军
1856 年	安政三年	孝明	德川家祥 （后改名家定）
1857 年	安政四年	孝明	德川家祥 （后改名家定）
1858 年	安政五年	孝明	德川家祥 （后改名家定）

日本国内大事（标＊为同时期世界大事）

2月　幕府设立番书调所。

4月　江户筑地开办讲武所。

7月　美国驻日总领事哈里斯来到下田。

8月　哈里斯向下田奉行要求美日双方商议决定通商自由及通货交换比率相关事宜。

10月　幕府任命老中堀田正睦为外国事务责任人、海防月番专任。幕府设置外国贸易取调挂一职。

吉田松阴于该年开办松下村塾。

5月　日美双方于下田签订条约（《下田协约》）。

10月　哈里斯登城，向将军递交美国总统皮尔斯的亲笔信。

12月　哈里斯与幕府全权委托的下田奉行井上清直、目付岩濑忠震开始交涉日美通商条约相关事宜。

＊印度雇佣军兵变爆发（至1859年）。莫卧儿帝国灭亡。

1月　幕府告知哈里斯因需奏请敕许，通商条约签订推迟60天。

4月　井伊直弼就任大老。

5月　御玉池设置种痘所。

6月　下田奉行井上清直、目付岩濑忠震于停泊在小柴的"波瓦坦"号上与哈里斯签订《日美修好通商条约》。

7月　将军家定去世。幕府设置外国奉行一职。日本分别与荷兰、俄国、英国签订修好通商条约。

8月　"戊午密敕"事件发生。

9月　《日法修好通商条约》签订。"安政大狱"开始。

＊清朝与列强签订《天津条约》。

公历	和历	天皇	将军
1859 年	安政六年	孝明	德川家茂
1860 年	万延元年	孝明	德川家茂

日本国内大事（标＊为同时期世界大事）

5月　英国驻日总领事阿礼国赴任。幕府批准神奈川、长崎、箱馆于六月开港并与俄、法、英、荷、美五国开展自由贸易。

6月　幕府废止新"二朱银"并告知英美两国1美元可兑换3枚一分银。

7月　席博尔特再次来到长崎。

8月　幕府命令德川齐昭永蛰居，德川庆笃禁足，德川庆喜隐居谨慎。水户藩士安岛带刀切腹。

9月　美国长老派教会传教医赫本夫妇来到横滨。

10月　桥本左内、赖三树三郎、吉田松阴被处死。

12月　下田港关闭。

1月　军舰奉行木村喜毅、军舰操练所教授胜海舟等人乘坐"咸临丸"号前往美国。遣美特使外国奉行新见正兴、村垣范正与目付小栗忠顺等人乘坐美舰船出航。

3月　大老井伊直弼于樱田门外遭水户浪人等暗杀（"樱田门外之变"）。

闰三月　杂谷、水油、蜡、绸缎、生丝被禁止直接送往横滨而必须经由江户批发商店运出（五品江户回送令）。

4月　幕府设置国益主法挂一职。

5月　所司代酒井忠义请求关白九条尚忠协助取得将军家茂与皇妹和宫的婚礼敕许。

6月　《日葡修好通商条约》于江户签订。

7月　水户藩西丸带刀与木户孝允等人就水户藩终止条约、实施攘夷、长州藩善后工作等事宜签订盟约（丙辰丸盟约）。

8月　朝廷向幕府内部传达了和宫下嫁的敕许并提出恢复锁国、公武融合等要求。

12月　美国翻译官休斯肯在三田路上被浪人斩杀。幕府与普鲁士在江户签订修好通商条约。

公历	和历	天皇	将军
1861 年	文久元年	孝明	德川家茂
1862 年	文久二年	孝明	德川家茂

日本国内大事（标＊为同时期世界大事）

2 月　俄国军舰"波萨德尼克"号来到对马并试图占领该地。

3 月　幕府向法、荷、俄、美、英提出将江户、大阪、兵库、新潟的开市、开港推迟 7 年。长州藩士长井雅乐向藩主提出"航海远略策"。

4 月　幕府尝试在上海开展贸易。

5 月　高轮东禅寺英国公使馆遭浪人袭击，馆员负伤。

10 月　和宫离开京都前往江户。

12 月　幕府遣欧使节竹内保德等人从横滨出发前往欧洲就开市开港延期事宜进行交涉，福泽谕吉等人随行。

＊俄国发布农奴解放令。意大利王国成立。美国南北战争爆发。

1 月　老中安藤信正遭水户浪人等袭击并负伤（"坂下门外之变"）。

2 月　将军家茂与和宫举行婚礼。

4 月　岛津久光率领千余藩兵入京向朝廷建言。计划起兵的萨摩藩士有马新七等人被岛津久光下令斩杀（"寺田屋之变"）。

5 月　幕府使节竹内保德等人签署《伦敦备忘录》。

8 月　护卫岛津久光的萨摩藩士于生麦村斩杀英国人（"生麦村事件"）。

闰八月　幕府任命会津藩主松平容保为京都守护职。参勤交代制度放宽。

11 月　幕议决定服从攘夷敕旨。

12 月　朝廷设置国事御用挂一职。高杉晋作、久坂玄瑞等人在建设中的英国公使馆纵火。

＊俾斯麦就任普鲁士王国首相。

公历	和历	天皇	将军
1863 年	文久三年	孝明	德川家茂
1864 年	元治元年	孝明	德川家茂

日本国内大事（标＊为同时期世界大事）

2月　朝廷设置国事参政、国事寄人职位。尊攘派公卿参与朝议。

3月　家茂上洛。天皇行幸贺茂社并祈愿攘夷。新选组划归京都守护职管辖。

4月　幕府上奏五月十日为最终攘夷期限。

5月　幕府向英国支付"生麦村事件"等赔偿金共11万英镑（44万美元）。长州藩于下关炮击美、法、荷船只。幕府许可英、法两国守备部队驻守于横滨。

6月　美、法军舰对长州炮台发动报复攻击。高杉晋作等人成立奇兵队。

7月　萨英战争。

8月　"天诛组"在大和五条起兵。公武合体派发起武装政变，朝议发生巨大转变（八月十八日"大和之变"）。

10月　"生野之变"。

12月　池田长发等人前往欧洲就锁港相关事宜进行谈判。

1月　将军家茂入京。

3月　法国公使罗什就任。武田耕云斋、藤田小四郎等人于筑波举兵（"天狗党"之乱）。

4月　朝廷委任将军进行横滨锁港、海岸防御。

5月　使节池田一行于巴黎与法国签约。

6月　新选组袭击池田屋。

7月　佐久间象山遭暗杀。长州藩兵于京都御所各门与幕府军交战（"禁门之变"）。平野国臣等人在狱中被杀。幕府宣布终止与英、法、美、荷的条约。第一次征长战争。

8月　四国联合舰队炮击下关。

11月　因"禁门之变"被问责的3名长州藩家老被令自尽。

12月　高杉晋作等人袭击马关。

＊第一国际成立。

公历	和历	天皇	将军
1865 年	庆应元年	孝明	德川家茂
1866 年	庆应二年	孝明	德川家茂
1867 年	庆应三年	明治	德川庆喜

日本国内大事（标＊为同时期世界大事）

3月 长州藩对诸队进行再编并推行军制改革。

闰五月 英国公使巴夏礼就任。

7月 长州藩在坂本龙马及萨摩藩的牵线下从英商格洛弗手中购买步枪。

9月 英、美、法、荷四国代表率军舰来到兵库，要求下达条约敕许及
兵库开港。幕府横须贺制铁所举行开工典礼（所长为法国人维尔尼）。

10月 条约获敕许，兵库开港未获许可。

1月 西乡隆盛与木户孝允在坂本龙马的牵线下秘密缔结萨长同盟。

5月 幕府与英、法、美、荷签署改税约书。大阪、江户发生打砸事件。

6月 第二次征长战争开始，幕府军舰炮击长州藩领。武州一揆、信达
一揆。日本与比利时签订修好通商条约。

7月 日本与意大利签订修好通商条约。将军家茂去世。

8月 终止征长的命令发布。

12月 德川庆喜就任征夷大将军。孝明天皇去世。

1月 睦仁亲王践祚，二条齐敬就任摄政。

2月 将军庆喜在内政、外交方面听取了罗什的建议。

4月 坂本龙马就任海援队队长，该队改属土佐藩。高杉晋作去世。

5月 土佐藩板垣退助、中冈慎太郎等人与萨摩藩西乡隆盛等人在京都签
署讨幕密约。兵库获开港敕许。

6月 萨摩、土佐两藩在京都缔结包括"大政奉还"在内的七条盟约。

7月 三河地区"不是很好吗？"骚乱开始，后波及东海道、江户、京畿等地。

10月 萨摩藩大久保利通、长州藩品川弥二郎就王政复古策略与岩仓具
视等人达成协议。将军参见天皇，接到"大政奉还"敕许的通知。

11月 坂本龙马及中冈慎太郎遭暗杀。

12月 兵库开港，大阪开市。朝廷宣布"王政复古"，小御所会议召开。

＊巴黎举行万国博览会。

公历	和历	天皇	将军
1868 年	明治元年	明治	德川庆喜
1869 年	明治二年	明治	将军职位废止

日本国内大事（标＊为同时期世界大事）

1月　鸟羽、伏见之战（戊辰战争爆发）。冈山藩兵与外国兵爆发冲突（"神户事件"）。

2月　天皇发布亲征诏书。官制修改，定三职八局之制。总裁炽仁亲王（有栖川宫）任东征大总督。庆喜闭居于上野宽永寺。堺事件。《中外新闻》创刊。英国公使巴夏礼遭刺客袭击。

3月　相乐总三等人以伪官军名义被处死。西乡隆盛与胜海舟会面，两人就江户开城一事达成一致。《五条誓文》《五榜揭示》发布。

4月　官军进入江户。

闰四月　长崎发生镇压浦上基督教徒事件。政府制定政体书，定七官两局之制。

5月　奥羽越列藩同盟成立。官军于上野扫灭彰义队。"太政官札"发行。

7月　江户改称东京。

8月　天长节订立。天皇即位典礼举行。

9月　改元明治，定一世一元之制。会津藩投降。

11月　东京开市。

12月　榎本武扬等人占领虾夷地。

1月　横井小楠遭暗杀。天理教祖中山美伎开始撰写《御笔先》。

2月　造币局成立。太政官移至东京。

3月　公议所于东京设立。

5月　榎本武扬等人投降（戊辰战争结束）。

6月　政府批准诸藩主的版籍奉还，任命各藩知藩事（274人）。公卿、藩主改称华族。藩知藩事家禄制度发布，家臣改称士族。东京九段建立招魂社。

7月　大学校设立。政府制定职员令、改革官制，设置二官六省、集议院、开拓使等机构（二官六省之制）。

8月　民部、大藏两省合并。虾夷地改称北海道。

9月　大村益次郎遭袭负重伤（后死亡）。

12月　浦上基督教徒3000余人被流放。东京—横滨间电信线路开通。

＊世界第一条大陆横断铁路在美国竣工。苏伊士运河通航。

公历	和历	天皇	将军
1870 年	明治三年	明治	将军职位废止
1871 年	明治四年	明治	将军职位废止

日本国内大事（标＊为同时期世界大事）

1月　长州藩诸队脱队士兵包围藩厅。

2月　政府设置桦太开拓使。

3月　和泉要助获得东京府人力车经营许可。

5月　*The Far East* 创刊。

6月　神田孝平提出"田租改革建议"。

7月　民部、大藏两省分离。

8月　山县有朋开始着手军制改革。

9月　平民被允许使用姓氏。

10月　政府规定海军兵制参照英国、陆军兵制参照法国。

闰十月　工部省设立。

11月　日田县（现大分县）发生万人农民暴动。松代藩发生 7 万人规模农民骚乱。

＊普法战争开始。意大利完成统一。

1月　参议广泽真臣遭暗杀。政府确定开始发展邮政事业。

2月　政府决定从萨、长、土三藩征集亲兵。

4月　《户籍法》制定。

5月　"新货条例"制定。

6月　木户孝允以外的所有参议辞职，西乡隆盛就任参议。

7月　司法省设立。废藩置县。政府修改太政官制，设立正院、左院、右院。《中日修好条规》签订。

8月　政府不再限制理发及解除佩刀的自由。华族、士族与平民间的通婚得到认可。废除"秽多""非人"的称呼。

9月　允许农民自由种植作物。

10月　宗门人别帐（寺请制度）废止。

11月　岩仓具视等人前往欧美。津田梅子等 5 名少女作为第一批女留学生前往美国留学。

＊德意志帝国成立。巴黎公社发表成立宣言。

公历	和历	天皇	将军
1872 年	明治五年	明治	将军职位废止
1873 年	明治六年	明治	将军职位废止

续　表

日本国内大事（标＊为同时期世界大事）

1 月　日本实施第一次全国户籍调查（总人口 33110825 人）。

2 月　土地永代买卖禁令解除。陆军省、海军省设立。福泽谕吉《劝学篇》第一册刊行。

5 月　陆奥宗光提出"田租改正建议"。

7 月　针对所有土地交付地券（壬申地券）。

8 月　学制公布。日本国邮便蒸汽船公司设立。田畑贡租米允许采用金纳方式。

9 月　新桥—横滨间铁路开通典礼。

10 月　人口贩卖及娼妓年季奉公被禁止。官营富冈制丝厂开业。

11 月　政府发布采用太阳历的诏书，定十二月三日为明治六年一月一日。

1 月　征兵令制定。

3 月　定神武天皇即位日为"纪元节"。

5 月　遣美欧副使大久保利通回国（副使木户孝允于 7 月回国，大使岩仓具视等人于 9 月回国）。

6 月　横滨生丝检验公司开业。第一国立银行设立。

7 月　《日本坑法》公布。地租改正条例公布。

10 月　正院决定将西乡派往朝鲜。由于岩仓的奏报，遣使朝鲜计划无限期推迟（"征韩派"败北）。西乡辞去参议及近卫都督职位。副岛种臣、后藤象二郎、板垣退助、江藤新平等人辞去参议职位（明治六年政变）。

11 月　内务省设立（内务卿由大久保利通担任）。

12 月　政府制定秩禄奉还法令。

＊朝鲜闵氏一族掌权。

公历	和历	天皇	将军
1874 年	明治七年	明治	将军职位废止
1875 年	明治八年	明治	将军职位废止
1876 年	明治九年	明治	将军职位废止

日本国内大事（标＊为同时期世界大事）

1月　东京警视厅设立（归属内务省）。板垣、副岛等人提交《民选议院设立建白书》。

2月　佐贺之乱爆发。正院决定以琉球岛民被杀害为由"出兵台湾"。明六社成立。

3月　《明六杂志》创刊。

4月　板垣等人于高知创立立志社。江藤新平被处死。

5月　大久保、大隈于长崎会见西乡从道，决定"出兵台湾"。日本军队登陆台湾。

6月　北海道屯田兵制度公布。西乡隆盛于鹿儿岛设立"私学校"。

9月　《朝野新闻》创刊（主办人成岛柳北）。

10月　日本就"台湾问题"与中国签订互换条款（获得"赔款"50万两）。

1月　英、法两国公使宣布撤离横滨驻军。

2月　大阪会议召开。政府发布公告规定平民必须持有姓氏。爱国社于大阪结成。

4月　左院、右院撤销，元老院、大审院、地方官会议设立。

5月　《桦太千岛交换条约》签订。

6月　《谗谤律》《新闻纸条例》制定。

9月　江华岛事件发生。

2月　《日朝修好条规》签订。

3月　废刀令发布。

6月　天皇出发前往东北巡幸。

7月　三井银行、三井物产开业。

8月　金禄公债证书发行条例制定。

10月　神风连之乱、秋月之乱、萩之乱爆发。

12月　三重县农民一揆。

公历	和历	天皇	将军
1877 年	明治十年	明治	将军职位废止

日本国内大事（标＊为同时期世界大事）

1 月　地租减轻。

2 月　西南战争爆发。

4 月　开成、医学二校合并，东京大学成立。

5 月　第十五国立银行开业。内阁顾问木户孝允去世。

9 月　西乡隆盛自尽（西南战争结束）。

＊俄土战争爆发（至 1878 年结束）。

文库版后记

　　本书最初由小学馆于1989年出版，当时为"大系日本历史"丛书的第12卷，书名为《开国与维新》。出版近30年后，讲谈社学术图书出版部门的稻吉稔找到我，希望将这本书加入"讲谈社学术文库"并出版。该文库曾经出版过我的另一本书《日本的工业革命》，当时稻吉稔给予了我不少帮助。从1868年算起，2018年刚好是明治维新150周年，所以他们想出版一本面向一般大众的明治维新启蒙书籍。

　　与30年前相比，关于明治维新的实证研究已经有了极大的发展，但是从世界史的视角对明治维新进行全方位综合论述的启蒙书籍，至今都很少见到。30年以前，小学馆之所以会找我这个专门搞经济史研究的人来担任系列丛书中明治维新时期那一本的执笔者，大概是由于我在剑桥留学期间阅览了英国怡和商会的文献资料，并出版了《近代日本与英国资本》（东京大学出版会1984年版）一书。想必，他们期待我能站在世界史的角度对明治维新展开一番论述。我想，或许从这一点上来看，本书在今天仍然有其意义，所以我便应允了本书的再次刊行。

　　说到明治维新的传统研究资料，于1951年相继刊行的远山茂树所著《明治维新》（岩波书店）与井上清所著《日本现代史Ⅰ：明治维新》（东京大学出版会）在今天仍然评价很高，被视作研究领域内的"两大名著"。远山以国内阶级对抗为主线，对近代天皇专制国家的形成进行了论述；井上则认为日本的对外民族对抗使国家保持了独立，并对此给予了高度评价。当开始撰写本书时，我就在想，能不能在书中把远山和井上各自的理论统合起来。要做到这一点就必须弄清楚，为了维护国家独立，德川幕府和明治政府所采取的"当权者的对策"与为其提供支援的"民众的对策"各自发挥了怎样的作用。而在本书中，讨论的重点则放在了位于两者之间的豪农豪商群体所采取的"商人的对策"。

在我撰写本书的时候，无论从实践角度还是从理论角度，不受发达国家控制的"内部动力型发展路线"的可行性都已经开始受到质疑，人们认为引进发达国家资本的"开放经济化路线"更为有效。但是在19世纪后半叶，引进外国资本很可能为帝国主义提供控制日本的机会。因此，明治政府不得不设法解决这个两难问题，即在逐步排除外资的基础上实现近代化。

本书以政治、经济为中心，讨论了在对外关系紧张的背景下担负起维新变革使命的人们的真实状况，并尝试阐明近代日本实现"自力工业化的奇迹"的真实过程——我想，这就是这本书在今天出版的最大意义。

本书以世界史的视角，提出了这样一个观点：在英国商人还在热衷于中国贸易，未能预见到日本贸易的可能性的时候，美国的佩里之所以率先前来打开日本国门，并非出于"救助遇难船员"的人道目的，而是为了推进美国与亚洲之间的贸易，即出于经济目的。纽约贸易商帕尔默等人对佩里的支持在美国史学界可谓众所周知，但日本史学界对美国议会文献资料的研究还很少，这使仅依靠研究外交文书而得出的"人道论"大行其道。但是，后来的研究表明，所谓"人道目的"只是佩里向议会提出的一个牵强附会的理由（P. B. 威利著、兴梠一郎译，《黑船所见的幕末日本》，TBS-BRITANNICA于1998年引进）。现在，"人道论"在学界已经几乎站不住脚了。另外，在讨论明治六年十月"征韩论"论战的性质时，本书强调了当时统治朝鲜的是坚持强硬对外政策的大院君政权，且论战发生在同年十一月王妃闵氏一族掌权之前——这两点在迄今为止的研究中常被忽视。总体而言，本书强调了当时的明治维新史研究在"站在交涉对象的立场上看日本"这一点上做得还很不够。

本书的另一个特别之处是对居留地的正面评价。一些人强调横滨等通商口岸的居留地带有殖民地的性质，但本书提出，居留地作为"民族壁垒"，起到了防止外国商人侵入内地的作用。A. G. 弗兰克最初提出"从属发展论"，认为发达国家的控制力会涉及贸易商品的国内流通并夺取其中的贸易利润。石井摩耶子所著《近代中国与英国资本》

（东京大学出版会1998年版）对怡和商会在中国的利润分配数据进行研究，证明了上述理论的正确性。本书基于石井摩耶子著作的研究成果，强调了德川幕府与明治政府坚持拒绝外国商人进行内地通商对于资本积累的决定性意义。日本之所以能成功拒绝外国商人的内地通商，不仅是因为有权力的强制，民间商人在通商口岸开展的顺畅的现金交易也发挥了作用。而其背后的原因是包括旧特权商人在内的国内汇兑系统的蓬勃发展。在幕末维新时期，阶级层面上逐渐趋向反动化的旧特权商人在对外层面（民族层面）发挥了巨大作用。拙作《经济发展与汇兑金融》（有斐阁，2007年版）通过分析开港前"三都"汇兑商的经营状况，对这一问题进行了深入研究。现在，在对幕末经济发展的评价上，"生产者群体断绝论"已经被抛弃，"商人群体连续论"逐渐得到实证。我想，阐明"自力工业化的奇迹"的关键就在于此。

但是，我并不认为只要动员了近世商人的资金积累就能轻易完成近代工业化，还有一点我们也应当留意：明治政府动用强权进行严酷剥削，以此筹集出了工业化的资金，其结果则是国内形势逐渐紧张，而这样一种状态使国民的关注点开始转向对外发展。本书之所以论述了以牺牲民主化为代价的工业化所包含的问题，就是为了传达这层意思。

1989年夏天，即本书刚刊行时，历史学研究会近代史部会在岐阜县长良川畔组织了一次夏季集训。当时，大家针对本书及同系列的坂野润治所著《近代日本的出发》进行了一场合评会。我现在都还记得，在对我书中的政治史叙述进行评价时，维新政治史专家们称赞书中"8000名亲兵的存在一方面使实施废藩置县成为可能，同时也成了迫使政府废藩置县的直接原因"的观点颇有深度。那时，原口清恰好在史学界发起了一场关于废藩置县的讨论，我也就诚惶诚恐地写下了自己的看法。没想到这个观点引起了大家的注意，还得到了一定的好评，这确实让我松了一口气。不过，不知道是不是因为专家不愿意引用启蒙书籍里的观点，我提出的这个假说在此之后似乎便被无视了。直到最近，我读了"日本近代历史"丛书第一卷、奥田晴树所著《维新与开化》（2016年出版），在其中看到了"'御亲兵'使废藩置县的实施成为可能，而要维持其存在，也必须实施废藩置县"这段文字，非常感动。这仿佛是在告诉我，我的观点没有错。这个例子可以证明，本书所展开的讨论在今天更有其意义。

明治维新已经过去150年了。当时，日本全国上下拼命追求的目标是抵抗住来自欧美和亚洲的各种外部压力，并设法在保持政治与经济独立性的前提下实现近代化。当时的许多日本人鼓吹攘夷论，与开国论者尖锐对立。由于攘夷论者总是进行破坏工作，所以很多政治史学家对他们的评价极低。的确，这群人曾对外国人发起恐怖袭击，也曾鲁莽地对外国船只进行炮击。但我们也必须意识到，这些行为缘于攘夷论的内核即"独立精神"的高扬，是对外国人控制日本的抵抗。一开始，民间商人将外国人视作"禽兽"，但通过一次次的市场交易，他们也渐渐明白对方和自己一样，都是"人类"。当然，面对强大竞争对手时产生的紧张感也是一种健全的民族主义情感，但"独立精神"才是推动幕末维新时期的人们积极展开活动的最强大的内驱力。由此，日本人开始走上一条"为攘夷而开国"——既不是单纯的"攘夷"也不是单纯的"开国"——的新路线，并推动着日本政治和经济的变革。我想，回顾明治维新的一个现实意义，就是能从那时的日本人身上学到"独立精神"这种品质——这恰恰是现今的日本人身上最为缺乏的。

石井宽治

2018 年 1 月